台灣學運報告

1945-1949

藍博洲 著

我們的青春像烈火樣的鮮紅
燃燒在戰鬥的原野
我們的青春像海燕樣的英勇
飛躍在暴風雨的天空
原野是長遍了荊棘
讓我們燃燒得更鮮紅
天空是布滿了黑暗
讓我們飛躍更英勇
我們要在荊棘中燒出一條大路
我們要在黑暗中
向著黎明猛衝

——〈青春戰鬥曲〉

目錄

前言

日據時期的台灣學運

風俗習慣語言都不同
異族統治下的一視同仁
果然就是虛偽的語言
虛偽多了便會有苦悶
向海叫喊
還給我們祖國啊！
還給我們祖國啊！

——巫永福〈祖國〉

台灣的學生運動始於二十世紀二〇年代日本帝國殖民統治時期。基本上，它是台灣人民反帝民族解放運動的一環，而且是重要的一環。

一九二一年十月成立的台灣文化協會，其主要成員便是總督府台灣醫學校、師範學校、商工學校、工業學校的學生。

嗣後，日本國內學生運動急速蓬勃，左右兩翼思潮在社會運動中激烈鬥爭，通過由日本本土赴台灣任教者的影響，台灣的校園情勢也日趨緊張。於是，以一九二二年二月間引發的台北師範學校第一次騷擾事件為開端，日據下的台灣學潮於焉澎湃而起。

一九三一年以降，日本統治階級急速法西斯化，隨著「九一八」事變以來的侵華政策，台灣人民反帝民族解放運動在殖民當局的鎮壓檢舉中慘然窒息，殖民地台灣的學運也暫時中止。

一九三七年七月七日，日本帝國主義發動侵略中國的盧溝橋事變，中日戰爭全面爆發。八月十五日，台灣軍司令部宣布：台灣全島進入所謂「戰時體制」。隨著中國人民展開的抗日戰爭，台灣人民的抗日民族革命運動也進入了一個新的歷史時期。在這個新的歷史時期中，台灣人民的抗日民族革命運動已經擺脫了長期以來孤軍作戰狀態——對內它已經通過一九三〇年的霧社事件而聯繫了原住民的抗日運動，對外則有日本和中國人民的支持；在性質上，它也不再只是台灣一地人民反對日本殖民統治，要求民族解放的運動而已！基本上，它已經納入國共兩黨重新合作的中國抗日民族統一戰線，並且成為世界反法西斯統一戰線的一個組成部分。許多愛國的台灣青年學生，例如鍾和鳴與吳思漢等等，紛紛冒著生命危險，間關萬里，潛回大陸，尋找重慶或延安的抗日根據地，積極投入祖國的抗日戰爭行列。

與此同時，日本帝國在殖民地台灣大肆進行著所謂的「皇民化運動」。它的第一步就是廢止漢文：一九三七年四月一日起，一切學校、商業機關都不准使用漢文，同時台灣各報章雜誌的漢文版也一律撤廢。

相應於「漢文撤廢」，它也同時強迫推行所謂的「國語普及運動」，台灣人民不分男女老幼都被迫在日常生活中使用日語。據一九三九年的統計，台灣總督府用來推行日語的機構——國語講習所及簡易國語講習所，全島合計達一萬五千一百二十六所，講習生達八十九萬一千六百六十人；台灣人能解日語者約有二百五十六萬八千餘人，達四八・七四％。①

一九四〇年二月十一日，也就是日本「皇紀紀元二六〇〇年」紀念日，日本殖民當局通過戶口規則的修訂，制定台灣人改換日本姓名的規則。台灣的「皇民化運動」也通過這樣的「改姓名運動」進入最緊張的階段。儘管不改姓名會有種種不利，據統計，一直到半年後的八月十一日止，那些希望能夠「看起來更像日本人」而改姓名的台灣人卻只有一百六十八人而已。②為了鼓勵更多的台灣人改用日本姓名，同年十一月二十五日，台灣精神動員本部公布了〈台籍民改日姓名促進綱要〉，制定一種獎勵方法，規定說日語的家庭為「國語家庭」，在諸如物資配給等實際生活上給予和日本人同等的待遇。這樣，到一九四三年六月時，改姓名的台灣人已達十萬人之多。

一九四三年起，為了使台灣人民在「皇民化」下變為日本帝國主義的「順民」，台灣總督府又開始實施義務教育制度。一年之間，台灣學童的就學率便從一九四二年的六四・八一％激增至八五％。按照日本當局的預定，到了一九四五年，台灣人的就學率，男子應為九三％，女子是八四・七五％；平地須達九〇％。

可以說，這個時代的台灣青少年都受過日本帝國主義的麻醉教育。而這種所謂「皇民意識之發揚」的教育，同時也會使台灣人民的民族解放意識消沉。③

在這樣的時代接受日本帝國主義教育的台灣青少年，果真日後被教育成「皇民意識發揚之一代」的話，也不是什麼教人意外之事吧！然而，在日本帝國主義殖民統治下的台灣青年依然自覺地批判道：「風俗習慣語言都不同／異族統治下的一視同仁／顯然就是虛偽的語言／虛偽多了便會有苦悶」。就在這樣艱困的環境下，他們熱烈地「向海叫喊」：「還給我們祖國啊！還我們祖國啊！」儘管「未曾見過的祖國／隔著海似近似遠」，可那「夢見的，在書上看見的祖國」仍舊是「流過幾千年在我血液裡／住在我胸脯裡的影子／在我心裡反響」。④

因此，即便客觀的歷史條件是那樣嚴苛，台灣本土有組織的社會運動又已經被打壓下來了，殖民地台灣的青年學生卻如同其他抗日志士一般，仍然在軍警密布、特務如毛、敵我力量懸殊，白色恐怖嚴重威脅，缺乏領導與組織的條件下，在島內自發地發動了幾次零星分散、各自作戰的反日鬥爭。

首先，一九三七年，台北二中學生林水旺、李沛霖等自發地發動一起「青年思漢事件」的民

①《台灣的社會教育》（昭和十四年），頁七四；轉引汪知亭《台灣教育史》（台北：台灣書店，一九六二年增訂再版），頁一一八。

②黃昭堂《台灣總督府》（台北：自由時代出版社，一九八九年初版），頁一七八。

③蘇新《憤怒的台灣》（台北：時報文化出版公司，一九九三年初版），頁八四—八五。

④巫永福〈祖國〉（陳千武中譯）；轉引陳少廷《台灣新文學運動簡史》（台北：聯經出版公司，一九八一年初版三刷），頁一五四—一五七。

族鬥爭。這個學生反日事件鼓舞了後來的台北二中學生唐志堂和陳炳基等，重新展開反日學生運動。

一九四一年六月，台灣總督府在台灣各地成立「皇民奉公會」分會，全面推動皇民化運動。在這樣的歷史條件下，就讀台北帝大醫學部的何斌和幾個同班同學，以及包括郭琇琮和曹永和在內的士林當地中等學校以上學生，組織了一個帶有反日性質的、推動「地方文化啟蒙活動」的青年團體──士林協志會。為了取得日本統治當局的許可，於是以文化團體的名義正式申請，並獲批准，由何斌擔任首屆會長。八月二十三日至二十五日，借用士林公學校的校舍舉辦「士林文化展」，內容包括：防諜展、防犯展、鄉土展、產業展、無線展、醫學展、攝影展和放電影與娛樂晚會等幾個部分。通過「鄉土展」，士林協志會介紹了台灣的鄉土文化，也就是不同於日本文化的漢民族文化，起到了抗拒日本殖民當局皇民化政策的作用。⑤

一九四四年四月，日本憲兵隊以「密謀響應祖國，反抗日本」的名義，在台北一帶的校園展開連續三天的檢舉行動，祕密逮捕了台北帝國大學醫學部蔡忠恕（一九一八－一九四五）、郭琇琮，台北二中和工業學校的唐志堂、陳炳基和劉英昌，台北商校雷燦南等學生領袖，及其他具有抗日民族意識的台灣學生近千人。不久，雷燦南因為寧死不出賣同志，終被刑求致瘋而死。就在台灣光復前夕的一九四五年六月，恰巧落在台北監獄的盟軍炸彈，竟使得以「大學內抗日民族運動首領」之名被捕的蔡忠恕無緣再見耀眼的陽光，於獄中結束了他短暫的一生。⑥

日本帝國主義針對台灣北部校園心懷祖國的學生所展開的這場檢舉行動，不但逮捕了近千名具有反日意識的台灣學生，而且造成學生領袖雷燦南與蔡忠恕的犧牲。然而，從運動的觀點來看，這次的檢舉事件也為這些原本組織分散的、不同學校的學生，提供了擴大串聯與團結的機會。台灣光復後，這些學生運動的活躍分子便再度以郭琇琮、陳炳基等人為中心集結起來，為實現台灣的民主自治與國家統一而展開另一階段的台灣學生運動。

⑤士林協志會主催〈士林文化展覽會目錄（鄉土展之部）〉，一九四一年。

⑥一九四六年四月十五日，《台灣新生報》以〈民族純血的脈動〉爲題，揭露此一事件的眞相。陳碧笙《台灣地方史》（北京：中國社會科學出版社，一九九〇年七月增訂本），頁二八七。詳見藍博洲《日據時期台灣學生運動：一九一三—一九四五年》（台北：時報文化出版公司，一九九三年四月十日初版一刷）。

第一章 光復初期的台灣學生聯盟

小兒離開了母親
夜裡不斷的哭著
兒在陰暗殘暴裡
慈母為兒斷心腸
求不得　見不得
暗中相呼五十年
夜來風雨而已散
一陽來復到光明
啊！
光復　我父母之邦

——王白淵〈光復〉①

一九四五年八月十五日。一個天氣熱得叫人昏昏欲睡的夏日午後，日本天皇宣布無條件投降的「玉音」，通過收音機聲音低雜的廣播，傳入被日本帝國殖民統治了五十年的台灣人民的耳中。「台灣要復歸祖國的消息一傳到之後，全省人民狂歡沸騰」，「一般民眾，張燈奏樂，燃爆掛旗，張貼標語，歡聲若雷，抑鬱五十年之積憤，有如山洪爆發，發洩無遺，每逢典禮送迎，其場面之熱烈偉大，前所未見」。「尤其是學生，更興奮得無法形容。」②

九月三日，黃埔二期出身的台灣義勇隊總隊長李友邦將軍（台北蘆洲人）特派副總隊長張克敏，攜帶「中華民國國旗」一面，搭坐美國太平洋艦隊司令柯克上將的飛機抵台。第二天，張克敏將這面象徵收復台灣的旗幟，在當今的台北賓館，冉冉升起。台灣光復後的第一面中華民國國旗於是在中國的領土台灣飛揚飄蕩。③

張克敏，又名張士德，據說是日據時代台灣農民組合中堅分子，因為日警通緝而逃亡大陸，入黃埔四期，參加抗戰。④他以國民黨上校軍官的身分回台，籌畫成立國民黨三民主義青年團中央直屬台灣區團，極力拉攏有影響力的青年學生入團。

①一九四五年十月十日《台灣新報》。

②韓石泉《六十回憶》，一九六六年六月。有為〈台灣學生在民變中的活動〉，《新台灣叢刊》第一輯（香港：新台灣出版社，一九四七年九月二十五日），頁五〇。

③嚴秀峰〈台灣義勇隊與抗戰〉，收錄於嚴秀峰編《紀念李友邦先生論文集》（台北：世界綜合出版社，二〇〇三年），頁一七四。

④陳希聖〈一個曾在日帝統治下被迫徵召反正投誠勇敢的鬥士〉，前引嚴秀峰編《李友邦先生紀念文集》，頁一三七。

十月二日，《台灣新報》全版介紹了成立不久的三民主義青年團的性格及主要任務，並鼓勵台灣青年加入這個「引導中國往正確方向前進的民間政治團體」。

在「光復」的歡喜氣氛中，台灣學生也開始從事各種不同觀點不同立場的活動，從而覺得有統一學生運動的必要，於是由台北的學生組織發起，經過幾次的學生幹部會議之後，於九月三十日早上九點，在台北市「台灣第一劇場」召開學生大會，正式成立戰後台灣第一個自發性的學生組織——「台灣學生聯盟」。軍委會中美合作所閩南區指揮部上校參謀黃昭明、張士德「大佐」、林茂生、陳逸松及謝娥等社會知名人士蒞會致詞，學生代表簡寬德報告了學生聯盟創設的目的和經過。當天下午，舉行了市內大遊行。⑤

台灣學生聯盟集合了全島中等學校以上的男女學生，各校原來的學生組織也改為該聯盟的支部。他們的民族意識強烈，「渴望著祖國的文化，因此他們的主要任務是要起來排除日本法西斯思想，研究祖國的學術文化，尤其是三民主義的精神」；他們「自動起來提高自身對祖國的認識」，積極主辦以「脫離日治、迎接祖國」為主題的宣傳、演講及教育等活動。⑥

《台灣新報》指出：「台灣學生聯盟與三民主義青年團緊密聯繫，發揚民族精神，建設鄉土文化，實踐國父遺教，作民眾先鋒，展開有力的學生運動。它的行動綱領包括：㈠訓練自治精神；輔導國軍進駐台灣、協助維持本島治安、宣揚三民主義；㈡發揚中華文化：普及國語運動、建設三民主義之新台灣、推進新生活運動、促進中日合作。」⑦

從十月五日前進指揮所的接收官員抵台，經十月十日台灣民眾第一次慶祝國慶，到十月二十四日陳儀蒞台，十月二十五日陳儀行政長官主持的日軍受降典禮；台灣學生聯盟與三民主義青年團也與其他人民團體一般，抱著「歡天喜地」的心情熱烈迎接、慶祝。

然而，隨著陳儀接收政權在政治、經濟、財政、社會等方面的種種惡政，使得光復的「蜜月期」提早結束，台灣人民解放的狂喜也迅速轉化成不滿和怨憤，乃至幻滅了。

洪瑤楹：我出生於一九二八年三月，時值日本殖民者統治台灣時期，嘗盡被外國入侵者統治的滋味。一九四五年五月，正在台中一中讀書的我，因下中國象棋，被日本老師痛打，受到「訓誡」處分。六月，又因沒有給日本警察敬禮，被連打帶踢捆綁拘留。此類對台灣人的歧視屢見不鮮，使我深深感受到做日本殖民統治下的台灣人的屈辱。「我是中國人」的強烈民族感刻印在了心中，從此便盼望台灣光復回到祖國懷抱。⑧

張克輝：一九四五年春天，為應付盟軍登陸作戰，我們彰化商校三年級以上學生被日本軍部徵召入營，編為台灣一三八七〇部隊的一個中隊。八月十五日中午，見習軍官把我們集中起來，聽天皇裕仁向全國廣播接受盟國〈波茨坦公告〉實行無條件投降的詔書。因聲音嘶啞，聽不清楚他在講什麼，只聽到〈波茨坦公告〉、「無條件投降」等單詞。看來日本投降了。當晚我們都很興奮，討厭的戰爭終於結束了……人群在夜間活動，在吶喊。不少家庭焚香祭拜列祖列宗在

⑤一九四五年十月一日《台灣新報》。楊克煌《台灣人民民族解放鬥爭小史》（武漢：湖北人民出版社，一九五六年十一月第一版第一刷），頁一九七。前引蘇新《憤怒的台灣》，頁一一七。
⑥前引有爲〈台灣學生在民變中的活動〉。
⑦一九四五年九月二十九日。
⑧洪瑤楹〈考取公費生 走上革命路〉，收錄於《紀念台灣省公費（派）生升學內地大學六十五周年》（北京：九州出版社，二〇一二年三月），頁七二—七七。以下洪瑤楹證言皆同。

天之靈——台灣光復了！此後幾天，台灣各地遊行慶祝，歌仔戲、布袋戲、龍燈舞獅全部出動。鑼鼓動地，爆竹喧天。到處張燈結綵，街上紮起牌樓。⑨

林東海：當時，我在台中第一中學讀書，看到市民自動捐款搭彩樓，牌樓上用特大號字書寫「還我河山」幾個大字。為了迎接祖國軍隊和接收人員，台中市內到處張燈結綵，人們趕做國旗，家家戶戶爭先恐後懸掛國旗。⑩

洪敏麟：我是南投草屯人，升上州立台中一中三年級時，我們被徵召當「學徒兵」。日本投降之後，學校改制，我們這些四年級的學生就被編進高中二年級。當時，台灣人都沉醉在回歸祖國的興奮當中。雖然我們只是學生，可是我們認定祖國一定比日本較優秀，因此也對未來抱著很大的希望。⑪

陳炳基：一九四四年四月，我被日本憲兵隊逮捕，之後，因為尚未成年而判「起訴猶疑」，關了兩個多月就出來了。在獄中，我不但認識了同時入獄的郭琇琮、李蒼降等人，而且通過他們而認識了一九三七年台北二中反日事件的學長林水旺等人。日本敗戰後，我們這些坐過日本牢而先出獄的台北青年很自然就聚在一起了。我們到台北二中懲罰那些平時歧視、虐待台灣學生的日本老師，並在二中門口召開學生大會，要這些日本老師面對國旗，向台灣學生道歉。⑫

柯旗化：高雄中學大約從九月中旬開始上課，除了極少數日本老師留用外，從校長到各科老師都換成台灣人……校內的氣氛發生變化。不只台籍老師，連日籍老師也開始講究民主作風，尊重學生的人格。每天早晨到學校時向奉安殿行禮的規定已取消，聽到「天皇陛下」也不必立正了。言論完全自由，任何事情都可以討論。我們初次嘗到沒有拘束的自由生活，覺得很幸福。⑬

陳炳基：我們計畫搞一個學生聯盟，每天在往雙蓮座路口的蓬萊婦產科前舉行演講會，就「脫離日治、迎接祖國」的主題，向一般青年學生及市民演講。當時，郭琇琮等人還沒有出獄，所以主要由林水旺和我兩人主持。

林雪嬌：我是郭琇琮的遺孀。當時，張士德聽說郭琇琮對台灣知識青年有很大的號召力，於是親自到台北監獄的牢房裡，把郭琇琮接出來，極力拉攏他參加三青團。郭琇琮在坐牢之前就已經與協志會的核心分子一起研讀過三民主義，並且成為三民主義的信徒。我曾經問他：那時，時局這麼壞，你怎麼會信三民主義呢？他回答我說：我很贊成三民主義的兩種主張，第一是聯合弱小民族抵抗強權和帝國主義的民族主義；我們台灣人就是沒有民族主義的觀念……第二是民生主義的平均地權和節制資本；像我家這麼大、這麼有錢，就應該要節制一點。雖然我爸爸每到七月普渡就會散財給整條街乞討的窮人，可我認為，這樣的救濟只是部分救濟；只有把整個

⑨張克輝〈難忘的一九四五年——回憶「彰化學生聯盟」〉，收錄於張克輝《故鄉的雲雀崗》（台北：人間出版社，二〇〇一年），頁一〇五—一〇七。

⑩林東海〈紀念「二．二八」起義四十週年〉，收錄於台灣民主自治同盟編《歷史的見證——紀念台灣人民「二．二八」起義四十週年》（北京，一九八七年），頁九〇—九四。以下林東海證言皆同。

⑪洪敏麟證言，一九九七年三月二十八日，台中。以下洪敏麟證言不另作註者皆同。

⑫陳炳基證言，北京，一九九〇年四月。詳見藍博洲《沉屍．流亡．二二八》（台北：時報文化出版公司，一九九一年六月初版），頁六五—九六。以下皆同。

⑬柯旗化《台灣監獄島——柯旗化回憶錄》（高雄：第一出版社，二〇〇二年六月修訂再版），頁三五—三六。

不公平的社會制度加以改造，大家才都可以過上幸福的日子……郭琇琮對實際的政治權力並沒有什麼野心，因此就以學業未完而婉拒了張士德要他加入三青團的邀請。⑭

陳炳基：台灣光復後，全省各地一片祖國熱，大大小小都認真學習國語和三民主義。但是，對於大陸的國共鬥爭，或者是蔣介石的法西斯統治，大部分的台灣人民都不清楚。許多青年都誤認三青團是真正實行三民主義的青年組織而加入了。通過謝娥的介紹，我和唐志堂、李蒼降及劉英昌也都加入了三青團台北分團的籌備工作。籌委會的主任是名律師陳逸松。組織部長是舊台共林日高，也許是因為這樣的關係，其他參加三青團的舊台共還有潘欽信、蕭來福及王萬德（在新竹）等人。謝娥則負責主持婦女股。當時，我年紀輕，並沒有參與實際工作，雖然這樣，我還是常到三青團找李蒼降、唐志堂、劉英昌他們。那段日子裡，我所接觸到的那些抗日的老台共們，無形之中給了我不同於一般政客的身教。後來，我又在書攤上買到一些用日語寫的、關於台共在日據時代的鬥爭史。這樣，對於這些人及其信仰與鬥爭，我自然有了起而效尤的想望。

張克輝：十月初，台灣學生聯盟在台北市成立的消息傳到彰化後，彰化的青年師範學校、工業學校、中學、女中、家政女學校和我校等六校代表經協商成立了「台灣彰化學生聯盟」。「學生聯盟」是鬆散的組織，各校只管自己，誰也管不了誰，只是舉辦大型活動時，大家集中研究措施，並分頭去辦。當時，彰商學生分為市內生與市外生，因為市外生參加活動有許多不方便，所以除參加大型活動外，「學生聯盟」的日常事務由市內生分擔。「彰化學生聯盟」主要舉辦了如下幾件事，即舉行慶祝光復演講會、歡迎「國軍」、組織大遊行、興辦「救濟流落軍伕義演晚會」、成立棒球隊。⑮

曾重郎：當時，我是新竹中學四年級（日本制中學的畢業班）的學生，被選為新竹中學學生自治會負責人。不久，台灣學生聯盟新竹支部成立，我又被新竹中學、新竹師範、新竹商校、新竹農校、新竹高等女學校（即以後的女中）、新竹家政女學校（以後改名新竹市立中學）等校的代表推為台灣學生聯盟新竹支部總負責人，出席過在台北公會堂舉行的台灣學生聯盟代表大會，並代表新竹支部發了言。⑯

鄧凱雄：我是台南市人。一九四四年入學台灣總督府立台南高等工業學校，二年級時學校改名台灣總督府立台南工業專門學校，光復後改為台灣省行政長官公署立台南工業專科學校。一九四五年十一月十七日，據稱此日為世界學生紀念日，台南市中等以上學校（包括男女）就組織台南市學生聯盟，來慶祝台灣的光復。台南市學生聯盟的成立大會在西門町的延平戲院（舊名宮古座）舉行。這次成立大會的典禮秩序及會場布置，完全依照中國式國民儀禮之樣式來實施，可說是台南市有史以來頭一次舉辦的模範儀禮。會中，政府接收主任委員韓聯和也來參加致賀辭。我們為了慶祝聯盟的成立也舉辦盛大的遊藝會，各學校都派有男女代表，演出歌唱或遊藝節目。其中由台南一中干育德老師自編、自導、自演之話劇《新生之朝》是轟動全市，演出最成功的節目，廣受台南市各界的好評。這時候，台南市的學生團結一致，意志高

⑭林雪嬌口述證言，一九八七年四月，台北市。

⑮前引張克輝〈難忘的一九四五年──回憶「彰化學生聯盟」〉，頁一一〇─一一一。

⑯曾重郎〈終生難忘的情誼──紀念台灣「二．二八」起義四十週年〉，收錄於前引台灣民主自治同盟編《歷史的見證──紀念台灣人民「二．二八」起義四十週年》，頁九五─一〇一。以下曾重郎證言皆同。

旺，對回歸祖國實抱有絕大無比的希望和憧憬。⑰

一 協助維持治安

柯旗化：從日本軍隊復員返鄉的青年們，儘管有不少人失業，但能享受到過去未曾有過的自由空氣，且沒有戰死能平安地歸來，也算是件值得慶幸的事。憧憬著民主及「台灣人的台灣」的青年紛紛加入從大陸回來的台灣人所組織的「三民主義青年團」，各地也都有青年會的組織，青年們都準備為建設新社會而努力奮鬥。中等學校的男女學生也組成學生聯盟，做清掃道路等服務工作……三民主義青年團的團員出來維持治安。⑱

台灣新生報：十一月初，高雄工業學校的日本學生，用炸彈投擲街上行人，造成數人受傷。高雄學生聯盟調查發現，鳳山的日軍兵器庫房遺失了十多顆同型炸彈，因此要求公署接管委員會嚴加究辦。同樣，在十一月間，台中市原日本人統治階層如市議員、律師、醫師、消防局總長、台中放送局長等成立「改進黨」，並出版建言書，向政府提出建言，其名：「統治台灣的殖民政策」。這些日人平素就仇視台人，視台人為牛馬，台灣民眾閱該書後莫不痛心疾首，憤慨不已，醞釀進行報復，台中學生聯盟和楊逵組織的新生活促進會，為免造成進一步的暴動，於是將該日人首魁六人拘押於台中某派出所，以待國軍之指揮進而懲辦。⑲

二　學習國語與國歌教唱

潘淵靜：我在就讀台北高等學校時參加了士林協志會，也因此認識了郭琇琮。日本投降，台灣光復後，為了戰後台灣的建設，我從台大醫學院轉到工學院土木系。這段時期，士林協志會的活動也達到空前的高潮。我們借用士林信用合作社禮堂辦了一個國語學習班，一面學國語，一面研讀三民主義，努力瞭解祖國大陸的情況；同時也在士林慈諴宮廟口，通過郭琇琮的教唱，學會了第一首中國的抗戰歌曲——〈義勇軍進行曲〉，以及「三民主義、吾黨所宗」……[20]

高蒼樹：我是郭琇琮帝大醫學部的同學。這段期間，郭琇琮還應在台灣廣播電台主持音樂放送節目的呂泉生之請，每天從士林走到新公園的電台，教唱國歌。[21]

呂泉生：光復初期，台灣民眾熱烈要求我在電台教唱國歌。我於是去找當時正在瘋三青團的陳逸松。我記得，當時呂赫若與張冬芳也在場。我把民眾的反應告訴陳逸松，並問他有沒有歌譜？他就拿了一本趙元任編的中學音樂課本，打開第一頁給我看說，這就是。我看到上頭寫著「三民主義、吾黨所宗……」就懷疑地說，這是黨歌嘛！他笑笑說，大家都唱這條……我只好接

---

⑰鄧凱雄〈險被槍殺的工學院生〉，原載《自立晚報》本土副刊，一九九一年九月二十三、二十四日。以下鄧凱雄證言皆同。
⑱前引柯旗化《台灣監獄島》，頁三六—三七。
⑲一九四五年十二月十一日。
⑳潘淵靜證言，一九九〇年四月，北京。以下皆同。
㉑謝聰敏〈反對運動的領導者〉。

受。但是，我接著又提出一個難題；我說，那些歌詞，我雖然會看，卻不會念，要怎麼教？這時，呂赫若就說，士林有個叫郭琇琮的青年，正在教國語……我於是就去請郭琇琮到電台，教唱國歌。㉒

曾重郎：我們積極舉辦國語講習班和祖國歷史展覽，喚起同學的民族自豪感。後來，台灣省行政長官公署教育廳委派廣東省籍的辛志平先生來擔任新竹中學校長，他來到新竹中學後，不僅對校內教育很認真，連對學生聯盟的演講會也積極參加。

林東海：因為我們過去一直受日本統治者的強迫奴化教育，好多人只會講日語，不會講普通話。我和同學們都感到不會中文是恥辱，大家希望祖國親人來到台灣時，有共通的語言，全校的師生投入學習中文的熱潮。

洪敏麟：我們想說，既然我們已經是中華民國的國民了，那麼，我們首先就應該認真學國語。除了學習國語，我們也很認真的學唱一些抗戰歌曲。我們學唱的第一首中文歌曲就是〈義勇軍進行曲〉。荒謬的是，誰也不知道它後來竟會成為中華人民共和國的國歌。我記得，台灣一光復，各學校就開始教唱那首歌；後來，只要有什麼節慶遊行的時候，我們學生就唱那首歌。

張克輝：依山建在雲雀崗上的彰商雖沒有鑼鼓和鞭炮聲，卻掀起一股學國語（普通話）的熱潮。我也買了一本自學國語小冊子，在雲雀歡鳴的山坡上高聲朗讀：「你好嗎？好久不見了」，「謝謝，我很好」；「我是中國人，你是中國人嗎？」，「是的，我也是中國人」……一天下午，我放學路過孔子廟，聽到從裡面傳出來的歌聲，歌聲那麼激昂，令人奮發。我循聲進廟，在大成殿西邊的一間房子裡，有一群中學生在學唱。教唱的是一位大學生C君，他告訴我們，這首歌就是響徹唐山、喚起四萬萬民眾的著名的〈義勇軍進行曲〉，還有一女生S君在彈著風琴伴奏。那一天，我和那群中學生都很興奮，放開喉嚨，高聲地唱，民族的自豪和驕傲，在胸中激盪，熱血沸騰，彷彿置身於硝煙瀰漫的衛國疆場。儘管我們當時不會漢語發音，歌詞還用羅馬字拼音，校園裡卻人人都唱起〈義勇軍進行曲〉。「起來，不願做奴隸的人們」一句，很快打動了曾經失去祖國的台灣青年的心。特別是那雄壯的旋律，喚起了我們愛國主義的豪情。雖然頭次學唱祖國之歌，但歌聲卻那麼激昂。同學們熱血沸騰，對前途充滿信心，法西斯的暴政再也嚇不倒我們了，我們在祖國的土地上昂首闊步。㉓

王振華：我是台南北門蚵寮人，日本投降之前，考上成功大學之前身台南工業專門學校，讀的是應用化學科。民國三十五年改名為台南省立工學院，應用化學科也改為應用化學系。我的北京話，是在市內關帝廟學的，那時有位李國澤先生，光復後自大陸回來，會說北京話，他開班教我們，那時我們是為了要回歸祖國，而高興地學北京話。㉔

㉒呂泉生口述，一九九〇年十一月二十七日，台北天母。

㉓張克輝〈故鄉的雲雀崗〉與〈孔子廟裡論人生〉，前引張克輝《故鄉的雲雀崗》，頁一七、五五。

㉔許雪姬〈王振華先生訪問紀錄〉，收錄於中央研究院近代史研究所「口述歷史」編輯委員會編《口述歷史》第三期「二二八事件專號」（台北：中央研究院近代史研究所，一九九二年二月一日），頁一四五－一五六。以下王振華證言皆同，不另作註。

三　第一次慶祝國慶與迎接祖國軍

十月五日，台灣行政長官公署祕書長兼台灣警備總司令部前進指揮所主任葛敬恩「率領第一批文武人員自陪都出發，當天便安然到達這別離祖國懷抱五十年來的台灣首府——台北，受到同胞們的熱烈歡迎，使（他）本人感到非常榮幸，非常愉快……」。七日，他發表〈告台灣同胞書〉指出：「本人奉命前來台灣，成立前進指揮所，以備忘錄遞台灣總督，所負主要任務是注意日方實施情形，調查一般狀況，並準備接收工作，以待國軍及行政長官陳儀將前來履新……本人還要奉告各位同胞，我們的軍隊就是久經戰事而又徵調頻繁的忠勇將士，不久就要開到台灣了，這些部隊都是輾轉奮戰經過數千里而來的，外表上雖不免感到辛苦，但精神上卻異常健旺，他們開到之後，本人相信必能做到軍民合作，融洽無間的地步，並且一俟軍隊開到，我們的行政長官陳儀上將也將隨時蒞臨，與各位相見，屆時一切政務以及接收事宜，便可全面展開。」[25]

十月十日，台灣省前進指揮所召集島都各界士紳，在台北公會堂舉行隆重的慶祝國慶典禮。當天，《台灣新報》發表題為〈台灣省首度慶祝國慶獻詞〉社論強調：「這一天就是我們祖國同胞，從荊棘中由血汗掙得出來的最光榮的頭一次國慶日，也就是我們台胞脫離了地獄般的苦海，而歸宗到我祖國懷抱裡，最令人感奮，而最值得大書特書的頭一次國慶日，台胞的感激、興奮與狂歡，實非區區的筆墨所能表現的。」

十月十七日，祖國軍來了。當時的台灣警備總部參謀長柯遠芬後來評價說：「台灣光復，歡迎祖國的行列，當以中小學生為最，看到穿草鞋戴斗笠，破破爛爛的軍隊，小孩子都哭了，倒不是感於這樣可憐的軍隊，竟能和日本人抗戰八年勝利而哭，而是對祖國有點瞧不起。」[26]

蘇友鵬：我是台南善化人。一九四三年三月南二中畢業，考取位於芝山岩的台北帝大預科理科醫組；因為在士林街上租房子住，認識了何斌、郭琇琮等協志會的朋友們。十月十日，台灣光復後的第一次國慶。郭琇琮與士林協志會的成員們將士林一帶的學生與社會人士集合起來，公開慶祝。那時候，日軍還足以控制整個台灣。儘管如此，由於這是孫中山先生建立民國以來，台灣同胞第一次能夠公開慶祝國慶，大家都很興奮。在會場上，郭琇琮以一口流利標準的北京話，帶領全體與會者唱國歌和國旗歌，恭讀國父遺囑，最後，再高唱〈國父紀念歌〉與〈義勇軍進行曲〉。㉗

黃稱奇：回到醫專，校園荒草叢生……很多行政上的問題，都由杜聰明教授來處理……杜教授主張，同學要趕快學習北京話及台灣話，因此也請一位林老師來教「漢文」，據說是杜教授的漢文老師……這些時候，晚上常有「學生聯盟」的召集……常常都是晚上集合，地點多半在靜修高女或旁邊的蓬萊產婦人科醫院。很多場合都是醫專三年級的周連彬前輩主持。與會的學生都是台北市內各中等學校的學生，像這樣戴著方帽的學生（指大學生）只有幾個而已……女學生的態度都很積極，她們比男生更踴躍發言，舉止也都比男生更活潑。會中有練習國歌、〈義勇軍進行曲〉的時間，國歌已經練得差不多了，可是〈義勇軍進行曲〉就很難。大家用日本假名

㉕錄自《台灣省通志，卷十「光復志」——收復準備篇》，頁四三—四五。

㉖柯遠芬〈台灣二二八事變之眞像〉及一九九一年一月二十一日口述證言，台灣省文獻委員會編印《二二八事件文獻續錄》（南投：台灣省文獻委員會，一九九五年六月修訂版），頁五五二—五五三及七二三。

㉗蘇友鵬證言，一九八七年四月，台北。以下皆同。

（日本的注音符號）注音……還是以一副很認真的臉孔來練習。大家趕著十月十日的雙十節，因為要遊行而加緊練習……因此大家走出靜修的大禮堂，在電燈照明之下，在校庭走圈圈，一邊唱一邊走，雖然唱得走調，但是大家還是一本正經地走圈圈呢。街上每天都有「弄獅陣」，他們不是等不及雙十節，大半都是衝著日本人來的。他們主要是向日本警察示威……十月十日的雙十節，街頭處處有牌樓，是台灣式的……雖然遊行的隊伍亂七八糟，像是烏合之眾，有獅陣、有龍陣，（我）們唱得也相當離譜，可是大家都很賣力的在演唱。㉘

蘇友鵬：十月十七日，台灣民眾期待了五十年的祖國，終於以國軍第七十軍及部分長官公署官員為代表，分乘四十餘艘美軍艦艇，抵達基隆。台灣學生聯盟也與其他人民團體一般，抱著「歡天喜地」的心情，大力動員各校學生，前往基隆碼頭、台北火車站前或各個交通要道，大聲唱著剛剛學會不久的〈歡迎歌〉，熱烈迎接。一個個挑著鍋子、食器，背著雨傘、被褥的國軍，秩序零亂地從夾道歡迎的民眾前面走過。目睹眼前這種景象的民眾因為期待的落差而感到失望了。這時，我們這些青年學生立刻替祖國來的軍隊辯解，說經過了八年的辛苦抗戰，祖國當然是窮困的；也因此，祖國的軍隊才會這樣啊！

張克輝：十月中旬的一天，一度平靜的（彰化）火車站又熱鬧起來了。站內及廣場上擠滿了人群，許久不見的舞龍、舞獅也出現了。人們喜氣洋洋地等待著祖國部隊的到來。我和同學們擠在歡迎的隊伍中，心情激動地等待著一個莊嚴的時刻。火車進站了，「祖國萬歲」的口號聲此起彼伏，大家都使勁地伸著頭，爭睹國軍的形象。我用力擠出人群，看到了幾個校級軍官、提皮包的副官以及勤務兵，一行人趾高氣揚地向歡迎的人群揮手，同排在隊伍前面的社會名流握手。接著，進入了廣場前的一家頭等旅館。幾天後，傳來了消息，有大批國軍進城。市民們興高采烈地打掃街道，修整坑坑窪窪的地方。學校也組織同學歡迎，我們都興奮等待著這一天的到來。終於盼來了。這一天，國軍經過的主要街道兩側，都站滿了民眾團體和學校的歡迎隊伍。我們早早就來到了指定地點，等候了許久，不見國軍的影子，但大家都沒有怨言，耐心地等著。突然，前面傳來鑼鼓聲，人們不約而同地喊起來：「歡迎國軍。」國軍過來了，我也驚呆了。這哪像正規的軍隊，彷彿是游擊隊。但心中馬上有一種聲音告訴我：就是這樣看似虛弱的軍隊打敗了裝備精良的日本軍隊，於是敬仰和驕傲之情又充盈了我的心房。㉙

翁肇祺：當時我就讀於台南市長榮中學，我和同學們一起到台南市車站，迎接「國軍」和接收大員。我的家鄉張燈結綵，鑼鼓喧天，載歌載舞，家家戶戶祭祖貼門聯，許多商店實行大減價，招待接收大員和外省籍同胞。㉚

王振華：我們到（台南）火車站去迎接陳儀帶來的軍隊，軍隊中的士兵有的打赤腳，有的穿草鞋，綁腿鬆垮垮，以扁擔挑竹籃，內有鍋碗瓢盆等吃飯用具，也有臉盆，看到這種軍容，有人說中國兵怎麼會如此呢！但很少人笑他們，我們都非常感動而流淚，說這樣的軍隊居然還能打贏日本，真是了不起，當時我們真的如此想。

㉘黃稱奇《撐旗的時代——台北帝大醫專學生手記》（台北：大千出版社，二〇〇一年十月初版），頁一六一—一六六。

㉙張克輝〈故鄉的火車站〉，前引台灣民主自治同盟編《歷史的見證——紀念台灣人民「二·二八」起義四十週年》，頁八〇—八一。

㉚翁肇祺〈回憶台灣「二·二八」事件〉，前引台灣民主自治同盟編《歷史的見證——紀念台灣人民「二·二八」起義四十週年》，頁二九。以下翁肇祺證言皆同。

鄧凱雄：因我被選為台南市學生聯盟的會長，我時常聯絡各校學生，派員到火車站去歡迎國軍的進城。若干尚未被遣回的日本籍學生也自動來參加我們歡迎的行列。但是我們一看軍隊服裝不整，官兵背雨傘、穿草鞋、以扁擔挑大鐵鍋後，就心哀落膽。我們歡喜的心情變成落膽悲哀，更自覺得寒心自虐的可笑。

黃稱奇：十月二十四日，陳儀來了。（我）這一天沒有到松山機場去……據說那些跟著陳儀一起來的國軍，穿得髒亂不堪，這還不打緊，說是有些兔唇，甚至駝背、殘障的都有。這個晚上在學生聯盟會上，那些教過國歌、〈義勇軍進行曲〉的幹部解釋說：「這隊『國軍』才是救國的英雄，以這種不像樣的裝備，骨董般的武器，連那些殘障都為國家挺身而出，這才是我們的模範啊！這才是祖國偉大的地方！」[31]

四　台灣學生聯盟停止活動

十月二十五日上午十時，在台日軍投降典禮在台北市中山堂舉行。台灣省行政長官兼警備總司令陳儀「奉中國陸軍總司令何（應欽）轉奉中國戰區最高統帥蔣（介石）之命令，為台灣受降主管」。他通過廣播，正式宣布台灣日軍投降，說：「從今天起，台灣及澎湖列島，已正式重入中國版圖，所有一切土地、人民、政事皆已置於中華民國國民政府主權之下，這種具有歷史意義的事實，本人特報告給中國全體同胞，及全世界周知。」[32]

二十六日，一般市民團體及學生聯盟為慶祝光復，並歡迎陳長官，舉行遊行。晨，萬餘之中等學校以上學生，揮揚青天白日旗，陸續集合於台北公會堂。上午十時，以大學為先，高專、開南商工、商工專修、台北二中、台北三中、淡水中學、國民中學、商工土木、測量工商、北商、北四中、大同實業之男子學生，家政、淡女、北一、二、三、四女、靜修女、修德、宮前女、成蹊女等依次排列，樂隊高唱〈義勇軍進行曲〉，步武堂堂出發，由北門口歡迎門轉入太平街，經北署前、御成町街路，而達省公署前大廣場。十一時五十分，陳長官衣淡黃色軍常服，出現於公署二樓陽台，滿面笑容，由張錫祺參議通譯，對學生說：「今天得面接你們青年真是歡喜。我要說三民主義是什麼……」長官致詞後，萬餘之學生一齊高呼中華民國萬歲，樂隊齊唱莊嚴之國歌，而後再開始行進，經由北門、西門、艋舺、港町、太平通至靜修女學校，高呼萬歲而散。㉝

十一月十七日，陳儀於蒞台後的第二十三日公布了所謂〈人民團體組織臨時辦法〉，命令所有的人民團體自即日起停止活動，然後再嚴令解散。「學生聯盟」也不能例外。

陳炳基：台灣學生聯盟成立後不遺餘力普及國語和三民主義的宣傳，但是，由於日本帝國主義長期的奴化教育和對外封鎖，一般地說，台灣學生的政治思想比較落後，又因該聯盟的指導者之中，進步分子很少，所以後來一個時期為反動派所乘，接受了「御用紳士」的領導，擁護蔣政權，反對進步思想，排斥進步學生，造成了其後學生運動的許多障礙。因為這樣，我和那些進

㉛前引黃稱奇《撐旗的時代——台北帝大醫專學生手記》，頁一六七。
㉜〈台灣省行政長官兼警備總司令陳儀正式宣布台灣日軍投降廣播詞〉，一九四五年十月二十五日播講。錄自《台灣省通志，卷十「光復志」——光復紀盛篇》，頁五八。
㉝一九四五年十月二十七日《民報》。

步學生就決定讓台灣學生聯盟的組織順勢解散。

張克輝：到了十二月，「學生聯盟」很快就停止活動。「學生聯盟」是台灣歷史特殊階段的產物。日本投降，台灣光復，新政權尚未運作，學校的領導人未配備，一切尚處在真空狀態時，有了這個學生組織生存和活動的空間。政府、學校開始上軌道後，它自然會消失。但是可以肯定，「學生聯盟」在這歷史特殊階段起到了應有的作用。㉞

五　從狂喜到失望

王振華：當時我們是台南市最高學府的大學生，我記得行政長官陳儀要來，我們為了表示歡迎，在原來叫作宮古座，後改名為延平戲院的地方演戲，因為在日本統治之下，台灣人普遍都有強烈的民族意識，所以我敢說，一百個台灣人中有九十九個人都很興奮能回歸祖國懷抱。

張克輝：沒有幾天，我們就發現下榻在頭等旅館的那些軍官們經常挽著他們的接收夫人，在火車站廣場上散步，國軍們乘車不買票，買東西不給錢，也漸漸多了。更令人不滿的是那些接收大員仗勢欺人、中飽私囊的劣行。火車站裡的那幾個接收大員，不懂業務，整天東遊西逛，工資卻比台灣職工高出許多。國軍的形象變壞了，人們開始私下議論，後來就公開罵娘了。

翁肇禎：國民黨當局接收台灣後，在台灣實行殘暴的反動統治，台灣人民受著種種壓迫和剝削，人民心中的希望不久就破滅了。

陳炳基：隨著陳儀接收政權在政治、經濟、財政、社會等方面的種種惡政，國民黨的真面目也暴露出來了。一九四六年三月二十九日，李蒼降、唐志堂、劉英昌和我，以三青團的名義，在台北公會堂搞慶祝活動。之後，三青團台北區團部的書記長佘陽卻把我們四人叫去訓話。「台北區團是共產黨的一個根據地，」佘陽嚇唬我們說：「你們年紀輕，不懂政治，可千萬不要被共匪利用啊！」當時，我們一致認為在這樣的客觀狀況下，繼續待在三青團也做不了什麼事，因此決定離開三青團。於是我們一起去找謝娥，向她表明了我們的想法與決定，同時也試著說服她要堅持站在民眾的立場，離開三青團。但謝娥並沒有接受。我們即從此分道揚鑣了。李蒼降在他叔父李友邦的引介下到杭州中學學習；唐志堂回汐止老家當個小學教員；劉英昌仍然暫時留在三青團，以免因為四人同時離開而引人注意；我自己則於六月考進法商學院（後來改制為台大法學院），繼續念書。

王振華：陳儀在二二八之前曾經來過延平戲院，我去聽演講，他長得肥肥的，胸前佩肩帶，高聲的、並舉手做手勢說，我們不貪污、不揩油、不偷懶，這是我第一次聽到揩油兩個字，我問坐在我旁邊的李國澤先生，他才解釋給我聽，我才瞭解什麼叫揩油。

林東海：蘇武異邦牧羊十九年終歸漢，台灣人民受異族統治五十年，日夜盼望回到祖國懷抱的日子終於到來。接收人員到達台中市，全市學生和市民列隊在馬路兩旁，揮舞小旗和花束高唱〈義勇軍進行曲〉和〈蘇武牧羊〉等歌曲歡迎他們。室內鑼鼓喧天，鞭炮聲不停。醒獅的、舞龍的、踩高蹺的，一隊接一隊，熱鬧非凡。我想：祖國的親人一定會像母親疼愛兒子那樣，給

㉞張克輝〈難忘的一九四五年──回憶「彰化學生聯盟」〉，前引張克輝《故鄉的雲雀崗》，頁一一七。

我們帶來溫暖。哪知，國民黨政府來到台灣後，到處搶購糧食、砂糖，米價、糖價迅速高漲。接著是通貨膨脹，工廠倒閉，大批工人失業……失望代替了期望，我也失望地等待著。

曾重郎：在一次學生聯盟新竹支部的大會上，各校代表紛紛登台發言，抨擊國民黨派來的接收官員腐敗無能，譏諷國民黨官員來台灣名曰接收實為「劫收」，形容貪官污吏為一群「豬官」。對國民黨貪官污吏搜括民脂民膏造成的工廠停工、物價飛漲、民不聊生極為不滿，個別代表甚至哀嘆國民黨的黑暗統治比日本的殖民統治還糟糕。看到大家的激憤情緒，我在大會上發了言，贊同大家對貪官污吏的抨擊和對國民黨的失望，但強調我們貧窮落後的祖國需要我們去改造和建設，我把祖國比作母親，說我們好比是被遺棄多年的孤兒，突然回到母親的身邊，發現自己的母親是一個缺胳膊缺腿的殘廢。我說我們的母親雖然是個殘廢，但畢竟是我們的母親，我們不能因此而嫌棄她。我的發言博得眾多掌聲。辛志平校長參加了這個大會。他聽了我的發言後疾步上講台，做了如下的補充。他說，我們的母親並不是殘廢，我們的祖國是一個地大物博的偉大祖國，需要用我們的智慧和力量去建設。他的這番話給予我很大的震動和啟發，進一步激發了我的愛國主義覺悟，誘導我跳出狹小的台灣島，擴大視野，更深地去瞭解自己的祖國。

六　追悼抗日烈士雷燦南與蔡忠恕

是的，隨著來台接收官僚為了爭奪權利而表現出愈來愈嚴重的貪污腐化作風，熱愛祖國的台灣學生普遍感到失望了。但是，日據末期因抗日而繫獄的台北帝大醫學部學生郭琇琮及其領導的學生聯盟的積極成員卻通過這一次的結盟，為光復初期台灣學生運動的開展打下了一定的基礎。以郭琇琮和陳炳基等為主的日據末期以來的進步學生，也隨著台灣社會矛盾的深化，逐步形成一股進步的力量。

一九四六年二月二十五日，郭琇琮與十幾名本省青年，在台北市中山堂開了一場文化問題懇談會，決議發行啟蒙本省青年男女的青年文化雜誌《夏風》。㉟

三月二十四日下午，烈士雷燦南的追悼會在淡水舉行。受難同志郭琇琮以國語致詞，熱烈讚揚雷燦南的氣魄與犧牲精神；李蒼降代表祭讀悼文，嘆曰：「嗚呼！烈士一去，昔日的堂堂風采不可復見，口若懸河的論辯聲亦告消失……未見光復而身先死，誠為千古恨事。」㊱

四月十五日，《台灣新生報》以〈民族純血的脈動〉為題，報導了一九四四年北部學生大檢舉的真相，並介紹了頑強抗日而犧牲的蔡忠恕的生平事蹟。

蔡忠恕，台北人，與林水旺、李沛霖、顏永賢、楊友川等人同屬台北二中第十二屆學生。一九三八年三月畢業後，考入集台灣全省青年精英於一堂的台北高校第十四屆理科甲班。當時全班共有二十八名學生，其中日本人二十四名，台灣人只有四名；其中一人即是台北一中畢業的台北士林人郭琇琮。一九四一年三月十日，蔡忠恕與郭琇琮同時畢業於台北高校，進入台北帝國大

㉟一九四六年二月二十六日《人民導報》。
㊱藍博洲《尋訪被湮滅的台灣史與台灣人》（台北：時報文化出版公司，一九九四年），頁二五一—二五二。

學醫學部就讀。㊲

七月七日，台大醫學院又在抗戰九週年紀念日的當天上午，在學校大講堂舉行蔡忠恕烈士追悼會。會場中央懸掛著一幅蔡忠恕遺像，英靈兩側的輓聯分別寫著：

甘以天下為己任，是真革命！

光我民族而流血，不愧英雄。㊳

上午十時，追悼會正式開始，由幸免於死的郭琇琮主持，醫學院院長杜聰明代表宣讀祭文。祭文強調：

……如今本省同胞，重歸祖國懷抱，河山光復，人物翻新，隔絕聲教五十年，復見漢官威儀，君之英魂有知，亦可含笑於九泉耳，且君之大志，雖屈於生前，而獲伸乎身後，雖重壓其生前，而弗能湮沒於身後，雖折翻於生前，而獲收功乎身後：則君生雖不幸，而死可謂有幸，君之不昧英靈，差堪告慰矣，君之愛民族心，可無遺憾矣，君之奮鬥精神，庶幾不泯矣……㊴

七　郭琇琮醫師與各地學生投入防疫工作

因為戰爭的破壞，光復後的台灣，到處可見殘垣斷壁和堆積如山的垃圾。由於環境衛生太

差，再加上外省軍民陸續來台，港口檢疫失去管制等等因素，一九四六年，天花、霍亂、鼠疫等傳染疫病，在台灣各地流行起來。㊵

最先受到霍亂侵襲的是基隆。

在南部，四月二十六日，霍亂菌首先從環境衛生很差的台南市灣裡入侵，然後在貧民居住地帶的西區及北區猖獗。㊶

據統計，台南地區，到了五月三日，已經有十八人因霍亂死亡；六月五日，患者已達一百一十二人。㊷

七月一日，台南市灣裡村又再出現霍亂；㊸並且如預料中的以台南為根據地，向南部一帶蔓延；㊹到七月十二日為止的統計，南部地區因霍亂流行已有三百多人死亡。㊺

八月二十五日，也就是農曆七月十五日中元節，台南縣警察局以避免傳染霍亂的理由，禁止

㊲吳建堂《台高會名錄》（台北：台高會，一九八二年），頁二〇。
㊳莊永明〈蔡忠恕事件〉，收錄於莊永明《台灣紀事》（台北：時報文化出版公司，一九八九年），頁二四九。
㊴一九四六年七月五日《民報》。
㊵吳國興〈地方衛生行政與軍隊衛生勤務之我見〉，載於一九四七年十一月十一日《台灣新生報》。
㊶一九四六年七月九日《台灣新生報》社論：〈加緊防疫〉。
㊷一九四六年五月三日、六月五日《台灣新生報》。
㊸一九四六年七月二日《民報》晚刊。
㊹一九四六年七月二十八日《人民導報》。
㊺一九四六年七月十三日《台灣新生報》。

新營民眾開演廟戲，因而爆發了激烈的警民衝突事件。[46]

高雄縣濱海的貧窮漁村——彌陀及高雄縣與台南縣交界附近的頂茄萣，也難逃霍亂的無情襲擊。

一時之間，人心惶惶。

郭琇琮是個徹頭徹尾的理想主義者。他學醫並不是為了賺錢，而是為了救世，曾經立志要當台灣的「史懷哲」。他原本應於一九四四年九月畢業台北帝大醫學部第六屆，因為反日坐牢，出獄後才通過補考，於一九四五年九月畢業，成為台北帝國大學醫學部第七屆畢業生。[47]他先到台大醫院第一外科服務，然後又到衛生局防疫課任職。

一九四五年台灣光復後，台灣省行政長官公署將原台灣總督府警務局衛生課改制為民政處衛生局，並指派浙江上虞籍的著名醫藥、生理學家經利彬博士為首任局長。[48]同年十二月底，衛生局完成全省衛生機構的接收工作，隨即在經費困難、日籍公衛人員離去的條件下，負責推動全省的衛生行政工作。

當時，除了郭琇琮之外，台北帝國大學醫學部出身，在衛生局工作的年輕醫師還包括：第二屆的詹湧泉博士（技正），第三屆的賴肇東（技正兼技術室主任），第四屆的何斌、許夢蘭（技正）等人。[49]

士林協志會主要發起人何斌，原在台大附屬醫院皮膚科當醫生，可他認為醫生的主要職責應是使人不生病，而不是看病；面對疫病流行的現實，於是毅然離開台大附屬醫院，轉到長官公署民政處衛生局任職，從事防疫工作。就年紀而言，何斌大概比郭琇琮大兩歲；因為年紀較輕的關係，郭琇琮在士林協志會起初扮演的角色是第二號人物；可到後來，他在思想上、行動上都表現

得比何斌更進步。如果說郭琇琮是左派，何斌是「中間偏左」，也不為過。㊿

那麼，郭琇琮為什麼也選擇從事防疫工作呢？

一九四六年十月一日和三日，郭琇琮在《台灣新生報》發表的〈在防疫面顯露的社會相〉一文，做了充分的表白。

郭琇琮認為：光復以後，台灣從祖國的手中取得不少東西，渴望卻遙不可及的東西終能自由地獲得，但遺憾的是，不想要的東西——如天花、鼠疫、霍亂之類，同時也緊握在手中。然而，面對天花、鼠疫、霍亂，就像在激變的條件下，對台灣的一切建設一樣，需要全體同心協力，付出更多的耐心、努力與勇氣。就像黃河氾濫時，老百姓為了防止堤防的崩潰，只有將一個一個沙包投入激流中。

因為這樣的認識，在疫病流行的彼時，郭琇琮選擇了從事防疫的工作。他以衛生局工作幹部的身分，領導由少數剛離開台灣大學醫學院校門的醫生，以及大學生組成的青年學生隊，在基隆、台南、彌陀、頂茄萣、宜蘭等地，展開巡迴治療和公共衛生的推廣工作。

㊻一九四六年九月十三日《台灣新生報》社論：〈談台南警民衝突事件〉。
㊼八木俊一《東寧會會員名簿》第十八號（東京：台北帝國大學醫學部同窗會，一九七三年十月三十一日），頁四〇。邱仕榮編《國立台灣大學校友通訊錄：醫學院之部》（台北：國立台灣大學醫學院，一九七四年），頁九。
㊽章子慧編《台灣時人誌：第一集》（台北：國光出版社，一九四七年三月），頁一四六。
㊾前引章子慧編《台灣時人誌：第一集》，頁一四八、一七二、一二〇。
㊿前引潘淵靜證言。

郭琇琮斷言：「如果沒有學生的協助就無法撲滅這次的霍亂。」

在「光復以後最先受到霍亂侵襲的基隆」，郭琇琮和那些青年學生們，尤其是當地的女學生，奮力推展霍亂防疫工作，並「在十日間奏起凱歌」。

在台南，當局防疫體制未完備前，台南工學院的學生已經在努力進行檢病的戶口清查工作了；台南一中的學生們眼見市政府的工作進展遲緩，也自動地組織起來，進行防疫工作。將近兩百名男女學生，無視於炎熱的天氣，在街頭默默地進行勸導民眾注意飲食衛生或協助交通管制的工作。

有一天，郭琇琮和一群女學生、護士及警察，搭乘防疫專車，花了近兩個鐘頭的車程，來到進行預防注射的某村落。天空正下著豪雨。那些負責執行交通管制的警察們，雖然都帶著雨具，卻以天雨的理由，拒絕下車執勤；那些沒帶雨具的女學生和護士們，二話不說，一個個拎著便當，默默下車，在大雨中，進行協助交通管制與預防注射的工作。

當郭琇琮以感激的目光注視著這些被淋成落湯雞的女學生們美麗的身影的同時，心中自然產生「凡是吃台灣米的其他地方的人都要對台灣懷有深刻的愛情」的強烈要求。他更認為，如果沒有當地年輕學生們的協助，防疫工作隊就無法完成在台南市的預防注射工作。

為了避免疫情繼續擴大，政府當局訂定了各種防疫禁令，例如禁止那些窮人家的孩童販賣檸檬汽水。因為這樣，這些面對霍亂威脅生命安全的窮人，在經濟上又首先遭到打擊而陷入生活的悲慘困境。基於憐憫心，郭琇琮及其他防疫工作人員紛紛慷慨解囊，捐助這些可愛的失學孩童。然而，面對現實，他們既無奈而又沉痛地知道：這樣的捐贈只是杯水車薪，它只能減輕他們自己精神上的負擔而已；如果，政府當局只知一味徹底地強行防疫禁令，卻不能有完善配套的經濟救濟辦法，那麼，對這些窮苦民眾來說，還是等於宣告他們的死刑。

就像電影《漁光曲》那般，郭琇琮與那批年輕的防疫工作人員進入頂茄萣時首先看到，在那裡所展開的竟是都市人無法想像的、徹底陷於貧困的生活——他們平均四天只吃三餐，而且只是攙入一點白米的雜穀飯；大部分的村民，不管男女，只穿條簡陋的褲子，共同過著赤身露體的生活……一句話，與沉醉於酒色狂亂的溫柔鄉的台北及其他大都市比起來，根本是天壤之別。因此，不難理解，當這些貧窮無知的村民面對兇惡的虎疫侵襲時，也就只能求助於神祇了。

通過先前防疫工作的經驗總結，郭琇琮及防疫工作隊的青年學生們深刻地認識到：沒有人不愛惜自己的生命，一概仰賴神祇，只是封建性尚未打破的必然現象而已。因此，為了遏止如此猖獗的霍亂，首先還是要先使得民眾對科學有所理解與認識，幫助他們打破對神祇的迷信，進而信賴科學，自覺地與防疫工作隊協力，一起向霍亂菌戰鬥。

由於這些窮苦的居民無法使用自來水，而且將近兩百個人共用一個廁所，廁所與水井便成了感染源，造成居民一個接一個死於霍亂的悲劇。因此，他們首先要改變村民「進入隔離醫院就是邁向墳場的第一步」的錯誤觀念。他們隨即展開不分晝夜、不屈不撓的啟蒙工作；積極整頓隔離醫院，更新醫療方法；同時也救濟入院患者的家屬生活。漸漸地，一部分村民被他們誠懇真摯的工作態度感動了而接受指導，一起投入防疫工作；當其他村民違反防疫禁令時，他們就會加以責問、開導。這樣，隨著治癒出院的人愈來愈多的事實，到後來，那些村民自然就完全信賴科學了；當他們發現自己有可疑的症狀時，立刻就會自動到醫院求診。

因為這樣，相對於新營的血腥衝突事件，郭琇琮與防疫工作隊的青年學生們在彌陀的防疫工作，卻是一片和氣靄靄，而且在短時間內便奏起凱歌。

郭琇琮與防疫工作隊的青年學生們深深體認到，「想要發動強權的方式與真心為民眾而融入民眾間的方式差異」，而且因為在這樣的偏僻鄉村看到它通過防疫工作締建了堅固的自治基礎，因而「在強調一定要地方自治」的當時，「對台灣的將來抱持無限的希望。」

在宜蘭、頂茄萣、彌陀的防疫工作，除了少數像郭琇琮這種剛離開校門的年輕醫生外，其餘工作都由還在就學的年輕學生們來推展。在整個分層負責下，他們親手建立隔離醫院；設立檢驗室，做培養基並進行檢驗工作；檢查廁所、水井的衛生，然後編號，每天消毒……為了表現與民眾一起向霍亂進行持續艱苦鬥爭的決心，他們跟民眾吃同樣粗糙的食物，在狹窄的房間裡擠同一條毯子睡覺，而且常常不分晝夜地通宵工作……他們因此取得民眾的信賴，終於遏止住難纏的霍亂，默默地完成任務。

總的來說，通過郭琇琮及防疫工作隊青年學生們全省巡迴的防疫工作，台灣在光復一年間的種種社會相也顯現了出來。一方面是科學退步、迷信復活的現象；另一方面則是青年學生們在防疫工作中所展現的令人敬佩的崇高身影。他們異口同聲地說：「為了建設台灣，學生應該團結起來。」

因此，作為學生領袖的郭琇琮對未來感到樂觀地說，「一想到將來學生在台灣社會所占有的地位時，就覺得胸中充滿希望。」因為，「從學生們這種強烈的責任感與崇高的精神當中，可以找到台灣及中國強而有力的指導者與建設者。」[51]

㊿郭琇琮〈林至潔譯〉〈在防疫面顯露的社會相〉，一九八九年九月二、三日《民眾日報》副刊。

第二章

二二八前夕的反美學運

這是什麼話！麥克阿瑟！
你管制日本，還是管制台灣？
你管制戰勝國，還是管制戰敗國？
你管制敵國，還是管制友國？
……
我們站在聯合國人民的立場，
有權向你抗議，
有權向你提出嚴重的抗議。

——邦人〈向麥克阿瑟抗議〉①

一 警察毆打紀念五四遊行的學生

一九四六年五月四日，台灣各地舉辦紀念「五四學生運動」的活動。

從此以後，一波又一波結盟規模更大、運動性質更加激進的學生運動，也隨著台灣社會內部的階級矛盾及大陸的內戰情勢演變，而逐日提升運動的層次。

廖德雄：我是台中神岡鄉大社村人，民國十七年（一九二八年）生，台北商業職業學校高商部畢業。曾任台北商業職業學校學生自治會長、台北市二二八事件處理委員（學生代表）、台灣忠義服務隊副總隊長兼糧食組長。父親廖進平曾參加台灣省政治建設協會，二二八事件後被捕，身亡。民國三十五年（一九四六年）五月四日，為紀念五四運動而舉行的大遊行是台灣光復後的第一次大遊行。這次遊行是由政治建設協會所主導，因為該年農曆過年之際，台北發生了好幾起搶米事件，民眾有錢也買不到米，所以政治建設協會想以慶祝五四運動為藉口，動員人民團體集體遊行，抗議陳儀政府執政失當。當時我已是台北商業學校高二的學生，便聯合台北五所學校（台灣商工、台北工業、成功中學、延平學院、台北商業學校）學生自治會及學生參加遊行，並由我擔任學生隊總指揮。另外各地角頭組織，如獅鼓陣也參加。該次遊行算是順利結束，最後由我父親及呂伯雄攜帶抗議書面呈陳儀，他們三人並由二樓陽台走出，面對群眾……

①一九四六年十二月二十五日《人民導報》。

當時憲政建設協會的成員如黃朝琴、林忠、劉啟光、游彌堅等半山並沒有加入遊行行列。②

陳德潛：我是基隆中學第十六屆的學生，曾在校內擔任班長及全校學生聯盟代表。當時基中老師們曾向我們介紹五四學潮的緣由與發展，記得在吳劍青校長任內，我因奉校長之命，曾率領全體同學參加台灣省首屆「五四學生運動」，以「反對貪官污吏」、「爭取自由」為主要號召。記得當時每位同學手搖青天白日滿地紅國旗，高唱〈義勇軍進行曲〉及〈我們在苦難中長大〉等歌曲，同時並喊口號，引來軍警與基隆市民的注意。然而當遊行隊伍自鬧區行進至郊外時，我們突然聽見槍聲，在學生隊伍裡竟出現制服軍警及便衣人員正進行抓人。我因是各校學生領隊之一，故也被抓去警局。記得當時刑警對我打罵道：「共匪！快招供！你的領導人是不是楊元丁副議長？」在左右圍毆的情況下，我突然感到眼前一陣暈眩而不支倒地。嗣後，因吳劍青校長以其性命向刑警擔保，說明我是品學兼優的模範學生，絕非共匪派遣在台的職業學生，因而救了我一命。③

周金波：我生於民國九年（一九二〇年），日本大學齒科畢業，在基隆開設齒科醫院。光復初期，我曾參加由李友邦、張邦傑等發起組成的「三民主義青年團」，擔任基隆分會文化部長一職。民國三十五年（一九四六年）五月四日，台灣各地舉辦紀念「五四學生運動」的活動。當時，我傻呼呼地，以為這是全國性的活動，故動員基隆市的學徒兵及外島管訓回來的「友仔」（市井少年）敲鑼打鼓，共約千餘人，遊行至派出所、市警局、憲兵隊前示威。結果，我被指控為主謀者而遭逮捕，關了兩夜，且被拷打刑求。④

吳克泰：我是宜蘭羅東人，本名詹世平。一九四四年，台北高等學校還沒畢業，我就自己前往上海，尋找到重慶參加抗戰的路。一九四六年三月，我回到台灣，一方面回到台大就讀，同時也在新聞界當記者。五月初的一天，陳逸松找我去，記得他的妻舅由基隆市選出的省參議員顏欽賢也在座。顏欽賢很生氣地談了基隆中學學生遊行紀念「五四」運動，被軍警打得很厲害。這件事該怎麼辦？陳逸松問我：能不能發動台大學生代表，向正在開第一次大會的省參議會遞抗議書。我說，我得親自去基隆調查一下，否則抗議書也沒有法子寫。他叫我去基隆找市參議會副議長楊元丁。我找了楊元丁，問了詳細情況，楊的兒子也被打得受了重傷，他敘述了軍警的暴行。我回來後，很快寫了呼籲書，經台大各學院代表簽名，送到正在開會中的省參議會。記得是議長黃朝琴問了大家要不要宣讀。顏欽賢大聲說「同意」，其他參議員也紛紛表示「同意」。這樣便由省參議會祕書長連震東用閩南語宣讀，宣讀後進行討論。這時，三青團的張泉和（台北高校、京都帝大畢業）來回串連，鼓動參議員們（其中包括林獻堂）通過決議支持。最後通過決議：派幾名省參議員再進行調查，回來報告。⑤

②黃富三、許雪姬〈廖德雄先生訪問紀錄〉，收錄於中央研究院近代史研究所「口述歷史」編輯委員會編《口述歷史》第四期「二二八事件專號」（台北：中央研究院近代史研究所，一九九三年二月一日），頁五五—七四。以下廖德雄證言皆同。

③黃克武、李郁青〈陳德潛先生訪問紀錄〉，收錄於呂芳上計畫主持《戒嚴時期台北地區政治案件相關人士口述歷史》（台北：北市文獻會，一九九九年九月），頁一四三。

④吳文星、陳君愷〈周金波先生訪問紀錄〉，前引中央研究院近代史研究所「口述歷史」編輯委員會編《口述歷史》第四期，頁二四五。

⑤吳克泰證言，一九九〇年四月，北京。詳見藍博洲《沉屍・流亡・二二八》，頁三七—六三。以下吳克泰證言不另作註者皆同。另見《吳克泰回憶錄》（台北：人間出版社，二〇〇二年八月），頁一五九。

人民導報：五月十一日，正當省議會將要閉會時，顏欽賢議員忽然緊急動議，要求警務處長和基隆警察局長臨席參議會，說明基隆學生「五四遊行毆打事件」。接著，連震東祕書長宣讀台北市各校學生代表遞交的關於該事件之請願書。結果，議決派顏欽賢、林日高、劉傳來、林連宗等參議員前往基隆調查，據其結果再決定參議會的態度……⑥

二 澀谷事件與「一二三〇」反美示威

一九四六年七月，東京傳來一個令人憤慨的消息：東京澀谷區的利益集團認為，在當地租用日本某大企業的空地擺攤維生的台灣人，侵占了他們的利益；所以不時唆使日本幫會流氓，尋釁生事。七月十九日，不堪其擾的部分台胞前往中國駐日代表團請願，歸途竟在澀谷區遭到三百多名日本人和日警攔車包圍；結果，日警開槍射擊，當場打死兩個台灣人（後來再死兩人），十四人以上受傷，並將其餘台胞拘捕，移送美軍第八憲兵司令部處理。

這則消息隨即引起台灣各界的激憤。

七月二十三日，《大公報》題為〈抗議日警槍殺我台胞〉的社論指出：身穿制服，代表日本國家的警察，在盟軍監視之下的堂堂日本國都，隨意開槍格殺行人，絕對不是一時的衝動，更不是有所誤會，而是完全有計畫的，是未死的日本法西斯向中國人民開槍。

七月二十六日，《和平日報》也刊載了台籍作家賴明弘的〈徹底消滅日人黷武主義〉，呼籲全國同胞：「一致起來，徹底征討日本人的黷武主義。」「立刻在各地召開大規模的民眾大會……議決緊急應付措施。」

八月二日，《人民導報》發表題為〈嚴加管束日本〉的社論；八月七日，再刊「旅滬台胞招待報界，要求政府：對東京日警虐殺華僑（台胞）事件採取有效步驟」的「上海通訊」。

十二月十日，當時占領日本的美軍所主導的所謂「國際法庭」的判決確定：三十六名被拘留的台灣同胞，除了二人無罪開釋之外，其餘三十四人分別判處三年或二年之苦役，期滿驅逐出境，在占領期內不得重返日本。此一判決隨即「引起全中國人民的不快，甚至是憤慨」。⑦

第二天，台灣各報也登載了澀谷事件宣判的消息。當天，恰逢首屆台灣省參議會第二次大會開幕，省參議員郭國基於是在臨時動議時建議大會：打電話給麥克阿瑟或我方駐日代表，表示反對。結果，議長裁決：現在電話打不通，沒辦法！請《新生報》明天登載台灣省參議會對澀谷事件之判決表示憤慨和致電反對的消息。⑧

十二月十四日，在上海的「台灣省升學內地大學公費生同學會」發表〈告同胞書〉，批判國際法庭的判決「十足偏袒日本人」，並指出這個判決反映了美國政府已在戰後的「遠東攤下滋長法西斯細菌的溫床」；最後並提出：盟軍總部立即釋放被拘台胞、立即逮捕擊殺台胞的兇手等四點要求。該會並聯合台灣旅滬同鄉會、台灣重建協會上海分會、閩台建設協會上海分會，致電國

⑥一九四六年五月十二日〈基隆五四遊行事件省參議會派代表調查〉。
⑦一九四六年十二月十六日上海《文匯報》社論：〈再談澀谷事件〉。
⑧一九四六年十二月十三日台北《人民導報》第三版。

民大會主席團，籲請大會為此事件的判決向美國提出抗議。[9]

台北各大中學生青年團體與台灣政治建設協會也呼籲我政府及全國同胞，對此不公之判決嚴行抗議交涉。

十二月二十日上午九時，台灣省學生自治會、台灣青年澀谷事件後援會、台灣政治建設協會等大中學生及各界人士，在台北市中山堂召開「反對澀谷事件宣判不公大會」，到會者五千餘人。會場內外及樓上樓下擠滿了情緒高昂的人群。演講者包括：法商學院學生陳炳基，三青團劉英昌，政治建設協會呂伯雄、廖進平、蔣渭川，以及台北市長游彌堅、憲兵團團長張慕陶、省參議員郭國基等等。十一時半，全體議決，致電各方表示不服，請我國民政府外交當局據理力爭，嚴向駐日美軍統帥部抗議交涉，撤銷原判，重行公平審判……十二時十五分，全體學生和與會者出發遊行，途經北門、延平路，轉建成街、中山路，至長官公署。行政長官陳儀當眾講演數分鐘，稱許學生與民眾愛國家、愛同胞之熱誠表現，願意接受民意，代為轉達中央。二時許，隊伍轉往省參議會與美國領事館……[10]

這場「反對澀谷事件宣判不公大會」終於發展為台灣有史以來的第一次學生反美示威遊行。

1. 美國駐台副領事柯喬治的說法

柯喬治（George H. Kerr, 1911-1992），一九三七年至一九四〇年期間，在台灣擔任台北州立第一中學（今建國中學）及台北高等學校（今台灣師範大學）英文教師，同時服務於ＯＳＳ（即ＣＩＡ，美國中央情報局前身）。一九四〇年回美國哥倫比亞大學研究。一九四二年至一九四三年，任職於美國國防部軍事情報總部，為企圖占領台灣的美國海軍某單位主管負責編纂訓練計畫。一九四四年起，擔任美國海軍情報中心武官。一九四五年二戰結束後，以美軍觀察團成員的身分再度來到回歸中國的台灣，隨後被指派出任美國駐台副領事，大力鼓吹「託管論」、「民族自決」。⑪

針對這場學生反美示威遊行，柯喬治在《被出賣的台灣》寫了一大段「證言」。

柯喬治：到了十二月，當陳儀代理人要籌畫「台灣人攻擊」美國領事館時，事情演變得更為嚴重了。

為此，他們想利用公眾對於歪曲報導的東京事件在台灣所引起的反應。他們鼓動一群曾在被占領的日本東京下層社會邊緣居住過的台灣人，來表明他們「中國公民」的新身分。在東京澀谷看守所曾發生過警察與暴民衝突的事件。暴動的主謀曾被麥帥總部逮捕、審判並驅逐出境。鄭南渭〔藍按：陳儀的宣傳機關人員〕因此攫取這「事件」，歪曲解釋為美國意圖振興日本軍國主義的證明，因此他們說台灣將有再重蹈日本控制的危險，他們以此來鼓勵台灣人反對他們「弟兄們」在日本所受的判決。

在台北，十二月十一日上午，代理祕書長嚴家淦設法與我見面，我當時任領事館總管〔藍按：

---

⑨一九四六年十二月十八日台北《大明報》；另見十二月二十日《人民導報》第三版；十二月二十一日台中《和平日報》。

⑩一九四六年十二月十九日《人民導報》第三版；十二月二十一日《新生報》、《和平日報》。十二月二十四日《自由日報》。

⑪「財團法人台灣和平基金會」（「葛超智（柯喬治）文物展」生平介紹）（台北市：二二八紀念館地下特展室，一九九九年二月二十八日至四月三十日）。

柯說領事恰好不在台北〕，嚴以極祕密、關心的語氣告訴我：行政長官的部下發現，台灣人第二天將有一項反美大示威的計謀，台灣政治建設協會（據嚴稱是以共產黨員為首的）計畫在附近的台北公會堂（中山堂）集會，會後，示威遊行隊伍將向領事館出發。

據嚴稱，行政長官對這件事深感遺憾，他將提供足夠的武力來保護領事館的安全。

我婉謝他提供武裝保護的好意，並向這位代理祕書長表示，大部分在台的美國人並不以為在台灣人手中有任何危險。然而，我沒告訴他，事實上，我與即將領導集會的「共產黨員」很熟，他已事先警告領事館，行政長官公署正在計畫把這項集會用來作為台灣人的反美示威。

在嚴離去之前，我隨即看出，行政長官會允許共產黨在屬於政府的公會堂集會，實在是件奇怪的事，而嚴稱這只是一件行政長官衷心要保證言論自由、集會自由的證明。

第二天〔藍按：正確日期應是十二月二十日〕早晨，卡車裝載憲兵及警察來到領事館門口，在附近街道上架起機關槍，形成一道雙重防線——一道明顯的路線，從領事館到公會堂的廣場上。從外表看來，似乎像是領事館已陷入危險中而必須要求陳儀派兵來保護一樣。

然而，到了中午，情況忽然改變，不請自來的保護隊沒向我們說一聲忽然解散，憲兵與警察匆忙向長官公署方向跑去。當集會解散之後，群眾向廣場四散，領導者們不顧事先為他們安排好的路線，卻轉向行政長官公署方向溢去，成群的人民舉旗向行政長官公署進軍，控告中國政府的懦弱，無法保衛政府權益及在東京的新中國公民（指台灣人）的權益。

當天下午，這位領導示威的所謂「共產黨員」——台灣政治建設協會主席（藍按：蔣渭川）——親自來美國領事館，要求我呈送「抗議」到東京給最高統帥。這份文件說明，國府駐日代表團並不代表被遞解出日本國境的台灣人。要事談過之後，他表示感謝領事館及美國政府在戰後整頓的困難時期內對台灣所有的幫助；他特別感謝美國對台灣青年的引導。這就是所謂「共產黨員」的值得注目的談話。⑫

2. 美國大使館「代辦」師樞安的說法

柯喬治認為，這場示威遊行實際上是陳儀以「保證言論自由、集會自由」的藉口而策動的反美陰謀；但陳儀卻把責任推給「共產黨」——台灣政治建設協會。

據瞭解，台灣政治建設協會的前身是成立於一九四六年一月的台灣民眾協會，主席張邦傑；同年四月七日改稱，並開始運作。實際上，它與共產黨一點關係也沒有；實際負責人蔣渭川更不是什麼共產黨員，而被認為是「CC」的活躍分子。⑬

按照柯喬治的說法，基本上，國民黨內的政學系（陳儀）與CC派（蔣渭川）都在這次的「反美」大示威中耍弄「兩面派」的鬥爭手法。一方面「允許」（長官公署）或「參與」（政治建設協會）這次的反美示威，一方面又同時告洋狀，互控對方是陰謀策畫者。嚴家淦先生更絕，硬是給蔣渭川扣上一頂「紅帽子」！當然，柯喬治並不因此認為蔣渭川就是所謂的「共產黨員」。

簡單地說，柯喬治是這樣看待這場反美示威遊行的：因為「台灣人對美國軍隊有良好的印象」，而「陳儀的嘍囉們（又）非常清楚地意識到台灣人瞧不起中國人！因此，陳長官的辦公室

⑫柯喬治（陳榮成譯）《被出賣的台灣》（台北：仲根雜誌社，一九八五年），頁八一—八二。
⑬吳濁流（鍾肇政譯）《台灣連翹》（台北：台灣文藝出版社，一九八七年六月二十五日），頁二〇三。

開始從事一項暗中破壞台灣人對美國政府和人民以及聯合國的信任的工作」。⑭

問題是，柯喬治又要如何解釋：與他很熟的、即將領導集會的「共產黨員」蔣渭川，事先向他警告「行政長官公署正在計畫把這項集會用來作為台灣人的反美示威」，但第二天，仍然前去「領導」這項反美示威遊行呢？

一九四九年，當南京陷落，國民政府遷都上海、尚未南遷之前，蔣渭川曾經由在台灣銀行國外部主辦外匯，精通英文的閩南人陳士賢陪同，前赴美國大使館，與「代辦」師樞安會談。師樞安與蔣渭川「一見如故」，在長達二個鐘頭的會談期間，除了向蔣渭川表示「華盛頓方面認為你（蔣渭川）是台灣民眾的領導者」之外，也提到了他對這場因為「澀谷事件」而引起的學生遊行示威行動的看法。

師樞安：前年（應是大前年）在東京發生日人欺辱台灣人的澀谷事件，因為駐日的美軍當局處理不當，惹起台灣民眾的不平，臨時有學生青年四、五千名整隊遊行示威行動，並大聲疾呼要求包圍美國大使館算帳。那時你（蔣渭川）應憲兵團長所要求，於中山堂廣場對行將出發的學生、青年演說，曉以大義說服，並派廖進平等帶出數百名工人及青年，首尾引道與監行，使遊行隊伍能守秩序。熱烈示威行列到達美國大使館時，遊行隊員均很整齊列隊於前條街路，廖進平等帶同約二十名代表進入館內，並無兇惡體態，很斯文而有禮儀，我們也以禮相待，結果都很平和地聽我們的解釋，達到他們的目的，只有站在街路的部分隊員三呼中華民國萬歲，隊伍整然，沿途解散，並無發生所謂包圍領事館情事。

澀谷事件之發生是日本浪人及失業青年之所為，日本警察之無能且助惡作為，美軍當局的處理實在也有失察之誤，在台灣反應很壞。我們接到種種情報，早已料及民眾會來包圍使館亂來，美國並無武裝部隊在此，萬一若發生庚子年的北京使館被圍案之重演，如何對付？我們都非常不安……

在民眾大會以及遊行示威的三天之前，我們這裡就已接到情報，青年學生群眾決定舉行示威遊行，呼集了更多民眾之後要來包圍美國大使館，替澀谷事件的犧牲者復仇。

這是非常可怕的情報，相信是正確的，但中國政府的治安機關似未知情，乃由我們通知憲警，但憲兵團自恃武力充足可以鎮壓，流血亦在所不惜。我們深知群眾心理是愈壓迫愈壞，所以建議張〔慕陶〕團長，最好請出德高望重而有領導群眾能力的社會人士出面參加，予以德化說服或引導，果然請出先生你〔蔣渭川〕出來。但張團長仍不放心，帶來數百名的憲警隊警衛，以及控制示威遊行的路徑，不准群眾來到美使館，結果被先生〔蔣渭川〕解散憲警隊，替以智識工友及青年等參加引導，始得平安無事達成很圓滿的結果。我們大使館〔領事館〕的人以及華府方面都非常感激先生〔蔣渭川〕的努力。⑮

3. 台北幾家報紙的相關報導

顯然地，師樞安的說法與柯喬治是有所不同的，特別是有關青年學生部分。通讀柯喬治所言，他不但有意忽視這場反美示威遊行的真正主體——學生，而且竟然連提都

⑭前引柯喬治〈陳榮成譯〉《被出賣的台灣》，頁八〇。

⑮蔣渭川〈蔣渭川政壇回憶錄〉〈寫於一九六二年九月〉，收錄於陳芳明編《蔣渭川和他的時代》〈台北：前衛出版社，一九九六年三月初版第一刷〉，頁二四五—二四六。

沒有提到！顯然，這位柯先生的「歷史證言」只是一種站在主觀立場的偏見罷了！

那麼，實際的情況究竟如何呢？

我們不妨先來看看當時幾家報紙對大會現場實況的報導。

大明晚報：澀谷事件宣判不公的消息傳來後，像一把利刃刺痛了台灣人民的心胸，受傷的心胸並不因此而緘默，今天（十二月二十日）上午九時許，在中山堂舉行的反對澀谷事件的集會，便像一股不可抗拒的海潮在翻騰，在怒號，把積壓在心胸的悲痛，由學生們用苦痛悲憤的聲音向全台灣六百五十萬人民控告。為了維護人類正義，為了爭取世界真理，參加這個集會的人民，擠滿了中山堂，當大會主席呂伯雄（省政建協會政治組長）報告開會意義後，接著由青年團劉英昌報告澀谷事件真相，台下群眾的反應像一堆熊熊燃燒的火，繼由法商學院學生陳炳基等人悲憤地演講，直到記者寫稿時止，空前激烈的大會還在熱烈進行。⑯

民報：在演講會中，尤以法商學院學生陳炳基君為會場中之異彩，其態度之認真，愛國之熱情，實令人莫不為之感動……⑰

自由日報：數千學生，大學生，中學生，男學生，女學生，甚至裡面也有老頭，老太太……每個人的心裡都燃燒著不平的憤怒的烈火……台灣學生自治會的代表在如爆竹炸裂似的掌聲裡走到台前，跟著八、九千隻眼睛都自不同的地點一齊對準了他。「各位親愛的同胞，你們都知道澀谷事件吧！澀谷事件的結果使我們台胞被逮捕了，是我們台胞被殺害了，然而最後我們的台胞還被判了罪刑，各位知道嗎？因澀谷事件被捕的台胞有三十六個人，這些人由國際法庭宣判二人，無罪開釋一人，服苦役三年，其餘三十三人均服苦役二年，而日本人呢？卻特別的受了盟邦的恩惠被判無罪，各位，我們中華民國是不是四強之一？」「是的！」群眾像放炮似發出了共鳴的回答。「我們既然是四強之一，既然是堂堂的戰勝者，為什麼還會在戰敗者的面前低頭，還會在戰敗者的面前受辱，還會讓戰敗者騎在我們的脖子上，欺侮我們，壓迫我們。」「對啊！不行！」群眾發出了雄偉的怒吼，這聲音像火山爆裂時一般的使天地都為之震動。「台灣在日本的鐵蹄下喘息了五十年，苦熬了五十年，然而在光復後的今日，仍然繼續的受他的欺侮，各位，這簡直是台灣同胞的恥辱，是我們整個中華民族的恥辱，為了拯救被關在牢獄裡的無辜的同胞，為了伸張正義，為了尋求真理，為了祖國的將來，為了中華民族的將來，我們應當籲請政府在外交上向國際法庭要求公正的裁判，我們要拿出台灣青年的力量，我們要發揮革命的精神，我們要提高強大的民族意識，我們應當團結一致誓死做政府的後盾，我們要爭取獨立國家的國格……」掌聲驀地裡從每個角落裡蹦了出來，打斷了他的沉痛悲壯的話語。他抹了抹頭額上的汗珠，繼續揮舞著拳頭，紅著臉，切齒怒目的用最大的力量嘶喊下去：「雖然日本被打敗了，但日本法西斯軍閥及其走狗仍然在躍躍欲試的想死灰復燃，仍然懷著再度併吞台灣剝蝕中國的野心，現在我們要嚴加防範，如果現在不徹底的把法西斯的細菌消滅掉，將來總有大禍臨頭的一日，各位同胞，只要你們的心沒有死，你們總該不會把法西斯強盜毒殺我們同胞，壓榨我們血汗的惡劣行為從你們的記憶裡忘掉吧！各位親愛的同胞，我們不能再放任他們那樣做了，我們應當首先團結起來，首先使自身健全起來，這樣才能發揮我們最大的力量，

⑯一九四六年十二月二十日。
⑰一九四六年十二月二十一日。

這樣我們才有希望，才有光明。」講演者在掌聲中結束了他的談話。⑱

4. 學生領袖陳炳基的證言

儘管在省府當局的《台灣新生報》與軍方的《和平日報》的相關報導中，並沒有提到陳炳基的名字，但是我們應該可以判定：《自由日報》記者所詳實報導的那名「台灣學生自治會的代表」，應該就是當年的學運領袖陳炳基。

最後，我們就來聽聽陳炳基的歷史證言。

陳炳基：當時我正在台灣省立法商學院專修科上學，並已成為各班學生代表的領頭人。我看到有關「澀谷事件」的新聞報導後，立即召集各班學生代表進行商討。會議決定以「台灣省立法商學院學生自治會」的名義，寫〈告全省同胞書〉的抗議書，發給所有大中院校，並送去《台灣新生報》報導，等待美軍國際法庭的判決結果後，再研究其後的行動。《新生報》雖然未刊登抗議書但卻報導了簡要消息。此外，我在校內張貼寫有「抗議日本迫害旅日華僑」、「抗議美帝扶植日本右派勢力」、「反對美帝的戰略陰謀」及「抗議國民黨政府不保護華僑利益」等內容的標語。我還親自去邀請台大文學院院長林茂生教授來我校大禮堂做講演。他慷慨激昂地痛斥了日本帝國主義對台灣殘酷的殖民統治，譴責「澀谷事件」，提高了學生的愛國主義思想覺悟。這些行動立即在社會上與校園裡發生反響。

我考慮到美軍國際法庭不可能有公正的判決，必須從各個方面準備好抗議行動。為使我校學生自治會能擔當起組織發動此次學運任務，首先我在學校裡義務推銷由開明士紳王添灯任社長的《自由報》。此報的政治觀點比較開明進步，並不時報導大陸內戰的客觀信息以及解放區的情況，因此受到不少學生的歡迎。為鍛鍊和鞏固學生自治會，我在校內還組織了幾次抗爭活動。大概在八月間，經各班學生代表的贊同，我們發動了「反對訓導處制度」的鬥爭。訓導處是國民黨用來控制、調查學生政治思想的機構。該處人員都是由特務組成。當時我校訓導處規定，學生每天都得簽到，上課要點名，並且他們動輒訓斥管教學生。經過這次抗議活動，簽到、點名等規定被取消了，訓導處對學生也客氣多了。我在這次學運中借題發揮寫了一張「第三次世界大戰能爆發嗎？」的醒目標題的大字報，請反日獄友、北京話教師徐征修改文字，然後貼滿學校的通告板。內容是：揭露美帝國主義在戰後企圖發動第三次世界大戰以爭霸世界的陰謀，要求國民黨政府停止內戰，實現民主政治，世界人民應團結起來保衛和平等。我們還在課堂上組織批判教務主任周一凱（民政處長周一鶚之弟）污衊、攻擊人民群眾和革命運動的反動言論。經過這些抗爭活動，學生自治會的凝聚力加強了，在學生中的威信提高了，為進一步開展學運創造了有利條件。我也自然地被推為學生自治會的總負責人。大概在秋天，我們學生自治會還應邀前去開南高級商工學校，幫助他們開展反對橫蠻管制學生的校長（台北市參議會議長周延壽）的罷課鬥爭，促使他們成立學生自治會，後來該校校長也被換了。

到了十二月十日，駐日美軍國際法庭竟然把被逮捕起訴的三十六名台胞中的三十四人都判為有罪，並立即驅逐出境。這種蠻不講理，傷害中華民族尊嚴的不公判決，激起了學生們的極大憤慨。於是我們各班學生代表馬上開會，決定立即發動全市大中院校學生，舉行抗議活動。大專

⑱關燕軍〈記一個雄壯的演講會〉，一九四六年十二月二十四日。

院校方面，我們首先串聯發動與我們一起同在法商學院上課的法商學院專科班學生（日據末期未畢業的原高等商業學校學生）和台大法學院先修班學生。他們當中有不少是我中學時期的同學和朋友，因此很快就把他們串聯發動起來。接著就把串聯發動的重點放在法商學院分校。該分校是為勝利後返台的留日大學生臨時設置的（後來他們陸續被分配到台大各院校而取消）。因為這次學運，是我們以「省立法商學院自治會」名義發起的，必須爭取他們的認可參與。我領了幾位我校代表前往分校拜訪他們的代表，虛心聽取和徵求了他們的意見和要求。我們歡迎分校的代表參與自治會的領導，並同意前往美國領事館提交抗議書以及前往省長官公署呈交請願書，均讓分校派代表出面，這樣，分校學生也積極地行動起來了。台大本校（當時有日據時期未畢業的台籍學生和新招收的農、工、文等院系先修班的學生，其中有少數從大陸前來的外省籍學生，人數還不多）和新建的師範學院兩校，除派別人去串聯外，我也親自去串聯，但他們尚未組織自治會，均未能找到權威性的學生代表，串聯發動工作受到一些影響。中學及職業高中方面，數量多而分散，發動工作較艱巨。我考慮到中學、職高都有三青團組織，因此就想到可請還在三青團台北分團工作的劉英昌出來幫助。他立即表示贊同並積極協助我們工作。我於是以法商學院學生自治會代表身分，與劉英昌同行，利用三青團的名義，到各校召集學生大會，進行演講發動。劉英昌演講，我就在幕後進行聯絡發動工作。有時我們分開活動，劉英昌到一個學校演講發動，我到另一個學校串聯發動。此外，我與台北女中校長陳招治女士及其丈夫黃朝生醫生熟識，因此就特別登門拜訪，請她相助。她也爽快地答應要積極支持學生的抗議活動。經過好幾天緊張的串聯發動工作，我們召集大中院校各校學生代表開會，討論決定十二月二十日上午九時先在中山堂大禮堂開大會，然後舉行遊行示威，抗議「澀谷事件」判決不公。會上，我主動承擔製作在抗議大會當天要散發的宣傳傳單。鑑於當時台灣青年學生的中文水平差，決定撰寫中日文兩篇文稿。我負責寫日文稿，但中文稿則難以找到有水平的學生。劉英昌於是推薦三青團台北分團宣傳股一位熱血愛國的莊姓外省青年幹部撰文。他聽取了我們所要求的內容後，第二天就寫好與日文稿大致相同的中文稿。傳單寫好後，因為沒有經費，印刷費又成了問題。我與劉英昌就想利用蔣渭川的三民印刷所免費印刷。當時蔣渭川任台灣省參議員、政治建設協會主席。社會上的進步人士都認為政治建設協會的後台是國民黨CC派，其成員的政治傾向不盡相同，而大多數屬於政客。蔣渭川此人歷來就不是什麼正面人物，但我們想，經濟上利用他一下未嘗不可。這樣，大約在抗議大會前兩三天，我與劉英昌一起去找蔣渭川幫忙。蔣渭川一口答應免費給予印刷，並保證在抗議大會那天早晨可去取印好的傳單。為便於當天在市區散發傳單，我還託家裡開運輸行的表弟巫金聲屆時供應我們一輛卡車使用。

十二月二十日早上，在大會召開之前，我委託其他學生代表把我們法商學院的隊伍帶去中山堂布置、照管會場，然後就與事先約好的幾位台大先修班學生在北門集合，乘坐巫金聲弄來的卡車，先去蔣渭川處取傳單。當我們拿到印好的傳單時，這才發現上頭除了「台灣省立法商學院學生自治會」之外，竟然加印了「政治建設協會」的署名。我感到驚訝和憤慨。沒想到，我們上了蔣渭川的當。我們原想利用政客，沒想到卻反而被人利用了。傳單的數量太大了。此時，時間已經不多了，我們無法一一塗掉蔣渭川加上的「政治建設協會」的署名，只好照發了。之後我們趕去中山堂參加大會。中山堂大禮堂內外人山人海。令我感到意外的是，主席台上除了大專院校的幾位學生代表之外，還有好幾個政治建設協會的人，而更令我不解的是，憲兵第四團團長張慕陶竟然也端坐在台上。因為參與的群眾及各種政治團體很多，大會很快就從單純的學生大會發展為市民大會。大會由劉英昌主持，他簡要介紹了「澀谷事件」及大會宗旨後，首先由我做主要發言。我控制不住激動的感情，聲嘶力竭地用閩南語控訴日本，抗議美國，抨擊國民黨政府媚美軟弱外交，並要求重新審理「澀谷事件」，嚴懲殺害旅日台胞的兇手。之後有台大先修班、師範學院、法商學院分校的學生代表先後發言。後來，政治建設協會的呂伯雄、廖進平、白成枝等人（蔣渭川被學生制止而未能發言）以及省參議員郭國基等政客，也爭先恐後地搶著麥克風發言不止。他們的發言重點把矛頭指向政學系的陳儀的施政，而不是國民黨本身，有偏離大會宗旨而藉機撈政治資本的傾向。我看情形不對，就在台下動員其他學生，制止他們發言。然後，我趕緊宣布：所有學生在中山堂前廣場集合，準備遊行。之後我去中山堂大門口前廊等候學生隊伍的整隊。此時憲兵第四團團長張慕陶緊跟在我身旁一再勸告：已開過大會，不要再遊行了。我不理不睬，默不作聲，當學生整隊差不多後即大聲呼喊：遊行出發。遊行隊伍浩浩蕩蕩，高唱〈義勇軍進行曲〉，高喊口號，有秩序地前進，沿途得到市民群眾的歡迎和聲援。憲兵第四團團長張慕陶派了憲兵在各路口，不讓示威遊行的學生與民眾隊伍前行。我們還是突破封鎖，前往美國駐台領事館，遞交抗議書；高喊口號之後，我們又轉往長官公署，遞交抗議書，批判長官公署推展媚美外交、不敢吭聲！然後結束示威遊行。

這次學運，可以說是抗戰勝利後在台灣的第一次大規模學生運動，它不但在社會上起到了政治啟蒙作用，也在台北的大中院校培養了一批學運的積極骨幹，為以後的學運打下了一些基礎，積累了一些經驗和教訓。但是，事後，三青團主任李友邦便派人通知我和劉英昌，說警備司令部準備要抓我們兩個。從此以後，劉英昌就離開了三青團。我們也暫時隱匿了一段時日。⑲

通過學運領袖陳炳基的證言及各報記者的現場報導，我們可以看到學生在這場複雜的「反對澀谷事件宣判不公大會」的政治鬥爭中所表現出來的純潔、堅定與熱情的理想主義；而這種理想主義的表現，正足以幫助我們廓清當時複雜的政治關係。

學生團體在整個反美示威遊行中的立場與態度，首先是抗議美帝扶植日本右派勢力、迫害華僑；同時抗議長官公署在事件處理過程中所表現的「媚美外交」；當他們發現「政治建設協會」的投機政客利用這場示威遊行來撈取個人的政治資本時，更是毫不猶疑地把他們噓下台。

這場台灣有史以來的第一次學生反美示威遊行，根本就不是柯喬治所指由「長官公署或政治建設協會的陰謀策畫」而搞起來的！柯喬治再怎麼嘮叨，也不過是他們美國人自己一廂情願的說詞罷了！

歷史的事實是：當台灣社會提供學生運動的物質條件已經成熟的時候，星星之火就足以燎原，並不需要任何人來搧風點火。

台灣學生反美帝的運動也沒有就此停止前進。

三　沈崇事件與「一九」反美遊行

就在台北學生「一二二〇」反美示威遊行剛剛結束的十二月二十四日晚上，北大先修班女學生沈崇路過北平東單操場時，被兩個美國兵拉到小樹林裡強姦。北平的一家民營通訊社——亞

⑲陳炳基證言及〈抗議東京「澀谷事件」判決不公的學生運動〉，一九九九年八月十五日。收錄於中華全國台灣同胞聯誼會編《為新中國誕生而奮鬥的台灣同胞》（北京：台海出版社，二〇〇四年十月），頁二九九—三〇七。

光社獲悉這一事件後，立刻在第二天下午向各報社發出這條新聞。各家報社收到這條新聞以後不久，又緊接著收到一則發自中央社的〈啟事〉：

「頃警察局電知本社代為轉達各報，關於今日亞光社所發某大學女生被美兵姦污稿，希望能予緩登。據謂此事已由警察局與美方交涉，必有結果。」

第二天（二十六日），北平《新生報》、《世界日報》、《經世日報》和《北平日報》不顧國民黨當局的禁令，照常登載了亞光社的新聞稿。《新生報》甚至巧妙地把中央社的〈啟事〉改編成新聞登了出來，暴露了國民黨當局封鎖消息的企圖。於是，抗日戰爭勝利後，廣大人民和學生長期鬱結在心中的怒火被點燃了。北平學生在認識到美國帝國主義要把中國變成它獨占的殖民地的危機時刻，首先喊出「美軍撤出中國」的第一聲。同時，從北平開始的抗暴運動迅速擴展為全國規模、波瀾壯闊的反美反蔣運動。⑳

就在這樣的洪流衝擊下，消息傳到台灣後，以台大為中心的台北學生也起來響應，迅速組織了「台灣省學生界抗議美軍暴行委員會」。

一九四七年一月九日，早晨九點，台灣大學、延平大學、台灣師範學院、法商學院、建國中學、第二女中、台北女師等台北各大專院校和各中學學生，以及一部分公務員、店夥工人，共約萬人，不分本省籍或外省籍，在中山公園（今二二八和平公園）廣場集合，舉行了一場台灣學生運動史上空前的大規模集會和遊行。遊行隊伍沿途唱著〈義勇軍進行曲〉，經公園路、重慶路、武昌路、衡陽路、中華路、延平路、民生路、寧夏路、南京西路、太原路、長安西街、中山路、

中正路，然後在美國領事館前呼英文口號，再轉中華路、重慶路，回到中山公園集合，然後散會。㉑

1. 柯喬治再發讕言

針對台北學生這場因為美軍暴行而再次引發的反美帝運動，「親愛的」美國先生柯喬治在《被出賣的台灣》一書中，仍然「處變不驚」地以他的台灣「託管」立場，把這場運動看作是「國民黨分子」為了挑撥台灣人與美國人民的感情，進而澆熄「美國人解救台灣人」的熱情而一手策動的。

柯喬治：到年底……一位在中國北部的美國軍人被拖入所謂「聖誕節強姦案」或「北京強姦事件」。鄭南渭的辦公室及陳儀所屬的教育機構很樂意渲染此事件。他們計畫在一月九日舉行一項新的「反美示威」，國民黨分子命令教員帶領學生遊行到美國領事館，一些反對以這件事來打擾學校功課的人，則遭到滲透在各大學校內的職業學生的辱罵、欺負、恐嚇及威脅。因此在一月九日，各街道上充滿了攜帶事先準備好印有反美口號的大量旗幟、三角小旗及其他標誌的年輕人。幾千人被帶領走過領事館附近的街道，像是永遠走不完似地，隊伍一再路過領

⑳施惠群《中國學生運動史：一九四五—一九四九》（上海：上海人民出版社，一九九二年二月），頁八八—一〇〇。

㉑一九四七年一月十七日上海《文匯報》「台北航訊」：〈台北一條鐵流〉。葉盛吉日記，一九四七年一月九日；轉引楊威理（陳映眞譯）《雙鄉記》（台北：人間出版社，一九九五年三月），頁二二〇。一九四七年一月九日及一月十日台北《人民導報》第三版。

事館大門，小學生們揮舞著他們不懂的標語，高叫別人教他們叫的口號。

事後，陳儀的嘍囉們以極尷尬的態度向富有敏悟力、瞭解事情真相的領事表示，對於「落後的」台灣人所做的反美示威感到惋惜，但是當天晚上——接連好幾天，年紀較大的學生及教師們私下來向外國人道歉有關「排外」遊行的事，他們是不得已被迫參加的。

在時間的安排上，「反美示威」運動確信被陳儀的嘍囉們小心地策畫著。鄭南渭的辦公室確信這件示威事件曾被外國報紙妥當的刊登過，由此也許可能引起美國人民的忿怒，然後使華盛頓方面產生對台灣人的偏見，而熄滅一切對於台北後來的事若有若無的關懷。[22]

2. 兩名學生領袖的證言

柯喬治的這段歷史見證，其實只是再一次暴露他作為美帝的「台灣託管運動牽線人」而對國民黨所抱的「偏見」而已！他仍然視而不見地湮滅了作為運動主體的學生所喊出來的反美帝，而且也反對國民黨發動內戰的口號。

讓我們再一次聽聽當年的學運領導人陳炳基與吳克泰的歷史見證吧！

陳炳基：沈崇事件發生時，因為學校正舉行期末考試，而且知道自己已被警備司令部列入「黑名單」，所以，我並沒有馬上在學校活動。然而，通過正在杭州高中就讀的李蒼降寄來的民主黨派的雜誌，我對大陸學生的運動狀況也非常清楚。因此，當台大學生為此而召開會議時，我還是冒險應邀前往。當天的會議由吳克泰主持，最後決議在一月九日舉行一場反美的集會遊行。

吳克泰：一九四七年一開年，我就到了《中外日報》任記者……這一期間外勤記者沒有採訪任務，我就先到台大去上課。一進校門，就看見了許多海報，包括上海報紙的剪報，內容都是關於美軍士兵強姦北大女生沈崇的事實和全國各地學生群起抗議、要求停止內戰、要求和平的。顯然，這是台大外省籍同學發動的。大多數的台籍學生熱烈地圍觀海報，雖然心中很同情，但畢竟對國內形勢，特別是國內學運很陌生，又有語言上的隔閡，基本持觀望態度……我感到這麼大的全國性愛國主義學運中，台灣學生不能保持沉默，要有所行動。因此，我在李登輝及我平常聯繫的台籍學生骨幹中進行了工作。一月七日，我又去台大上課。課間有一位浙江（舟山）籍的高個子先修班學生周自強（後讀電機系）來通知，全台北市的中學以上學生代表都來台大開會，要求我們本科「特別班」派代表參加……我就作為法學院最高年級學生代表參加了會議。會議在台大先修班的一間大課堂舉行，由周自強主持。課堂裡，各校代表坐得滿滿地，其中也有不少女中的代表。各校代表紛紛發言控訴美軍的暴行。討論中，有一位在長官公署供職的延平學院學生（台籍）發言說，學生讀書才是本分，不要搞什麼政治性活動。他被大家鬨了下去，不敢再發言了。輪到我發言時，因為我是原台北帝大留下來的最高年級的老前輩，而且是從上海回來的，熟悉國內學運的優良傳統，所以大家比較尊重。發言時，我先把國內學運概況做了簡要的介紹，之後又舉了在上海親眼目睹和親身遭遇到美軍橫衝直撞、胡作非為的例子，說明美國簡直不把我們中國人放在眼裡。我強調……現在國內各地的學生都起來抗議了，我們台北的學生能抱持沉默、置之度外、袖手旁觀嗎？我表示贊成組織抗議遊行示威。大家都同意我的意見決定遊行抗議了。周自強讓我繼續說下去，無形中我變成了會議的主持人。至於

㉒前引柯喬治（陳榮成譯）《被出賣的台灣》，頁八二—八三。

遊行的時間，我說愈快愈好，大家回去馬上準備，明晚八時在學校較密集的地方——延平學院再開一次會，檢查各校準備情況，後天早上在新公園集合。我在黑板上畫了一個遊行路線圖。最後，我根據在上海看到的經驗（強調）……最重要的是要組織糾察隊，從隊伍的兩旁保護遊行隊伍的安全。這樣，各校代表都回去分頭準備了。

陳炳基：國民黨知道我們的計畫後，立刻通知各校，不准學生參加這次遊行。我自己也被學校訓導處一名姓張的特務叫去訓了一頓，他警告我不要參加這次遊行；可我並沒有理會他，而且特地跑去找台北市參議員黃朝生的太太——台北女中的校長陳招治女士，要她幫忙動員學生。

吳克泰：第二天一早，我去台大，一進校門就看見姓陳的訓導處處長和幹事張泉和（均為特務）在向同學們進行恐嚇，叫他們絕對不能參加遊行。我到了周自強他們住的外省籍學生宿舍，看見他們在準備小旗、橫幅等。這時，周自強交給我〈為遊行抗議美軍暴行致台北市民書〉。我把較難懂的字句稍加修改。記得其中有一句「是可忍，孰不可忍！」，當時，一般台灣人看不太懂，但還是按照周自強的意見保留了。此稿不長，只有一頁紙，最後幾句口號記得是：「要求和平！」、「反對內戰！」、「美軍滾回去！」我把它譯成日文，讓不懂中文的廣大市民能瞭解。

陳炳基：一月八日晚上，各校代表在延平學院開行前會議。由於警備司令部已經放出要鎮壓的風聲，大家的壓力都很大。儘管這樣，當天晚上，除了台大醫學院以考試為由而反對之外，所有的人都決定九號的計畫一定要執行。會中並決定出台大學生自治會主席周自強當總指揮，台大學生丁某和台電總經理的兒子劉登民等負責表演活動，我則負責動員和傳單；同時也編組了維持秩序的學生糾察隊。

吳克泰：教室裡坐得滿滿的，女中的代表也都到場。大家推我主持了會議。我坐在講台上聽大家報告準備情況。會中，台大醫學院學生代表陳政德（三青團骨幹）等三人起來反對第二天遊行。要求改為第三天大遊行，理由是太匆忙來不及準備。大家都聽得出這是國民黨的緩兵之計，因此都不同意他們的意見。這時，周自強等人起來很憤慨地說：「你們要後天遊行，那就聽便，我們都準備好了，一定要明天遊行！」醫學院的代表就退了出去。會議中間發生了險情，延平學院的老師張冬芳（台北高校的前輩、東京帝大文學部畢業）進來在我身邊小聲地說：「台大校長陸志鴻和長官公署警務處長胡福相，坐著車來到了樓下，要找你們，請注意！」這是意外的緊急狀況。如果告訴大家，會場非亂不可。我沉住了氣，若無其事地把會開下去，心中琢磨著他們上來了如何對付。過了一會兒，張冬芳又進來偷偷告訴我，已經把那兩個人胡弄走了。這我才放下了心，把會議圓滿開完。

陳炳基：會議結束後，我和吳克泰立刻到老台共廖瑞發開設的印刷所印製傳單，然後聯絡家裡開運輸行的表弟巫金聲準備一輛小卡車和一面大鼓，同時動員一些發傳單的學生。當天晚上，我們就在王添灯的《自由報》過夜。

吳克泰：這一夜，我同陳炳基和延平學院學生、《自由報》助理編輯郭玉榮一起找印刷廠印傳單。先找了我們認識的承印《自由報》的印刷廠，出乎意料地被拒絕了。我們又找了另一家印刷廠（我在那裡印過名片），老闆聽說要三萬張傳單，一面印中文，另一面印日文（這是一筆不大不小的生意），很痛快地答應我們明早交貨的要求。我當場就付了款。等工人把中文、日文的字排好，打出了清樣，校對完後我們才走。當晚，我們就在《自由報》過夜。

陳炳基：第二天一早，我即趕到北門。我表弟已經依約弄了輛卡車和大鼓，帶著幾名學生在那裡等我。我們於是往中山公園（今二二八和平公園）的方向沿街前進。我們一面散發傳單，一面擊鼓號召。我們發完傳單，趕到集合地點，已經快到九點的集合時間了。廣場上的學生仍然寥寥無幾，到場的特務反而比較多。我們又分頭到各校動員。當我到公園附近的成功中學時，學校正在開朝會，我於是要求姓何（何敬燁）的校長讓我上司令台講話，但他不讓我上去，我就不管他，自己跳上去，抓了麥克風就講。因為我是成功中學的前身台北二中畢業的，再加上一直都在搞學生運動，大部分的學生都認識我；因此，當我講完話後，成功中學的學生就紛紛湧向中山公園廣場。然後，我又趕到建國中學，沿著教室敲鑼宣傳，立刻就有很多學生跟著湧到中山公園廣場。

吳克泰：印刷廠用較結實的茶色油光紙連夜趕印了三萬張。第二天即一月九日一早，我們開卡車去的時候（卡車是陳炳基表兄弟巫金聲僱來的），傳單已經印好捆好了。我們把一捆捆傳單搬到卡車上，先開到太平町。陳炳基和郭玉榮在車上一邊敲著臉盆（因為沒有鑼鼓而以臉盆代替），一邊散發傳單。我從駕駛台窗戶探出頭來往回看，街上許多行人在搶傳單看。我們在主要街道撒了傳單後，八點左右把車開到了新公園旁，學生來了一些，但有些稀稀拉拉。這一定是發生了情況，遇到了阻力。我們首先把車子開到成功中學。陳炳基是老學長，而且因反日被日本憲兵隊關過，學生們都認識。他很客氣地向正在講台上做朝會訓話的校長說：我要講幾句話，請你先下來行不行。校長當然不肯。陳炳基就徑自跳到台上去，發表了簡短的演說，學生們聽了陳炳基的話，立即排著隊奔向新公園去了。我們又到了商業學校、北一女、北二女等學校去動員。北一女的校長（女性）是國大代表，她把大門鎖起來不讓學生們出來。我們敲著臉盆從外面大聲喊話。早已忍耐不住的北一女同學們紛紛越牆而出……我們又到了建國中學，校長是開明進步人士陳文彬。我們沒有遇到阻攔，一喊話學生們就列隊走出了校門。當我們把卡車開向新公園的路上時，看見一隊又一隊的各校學生邁向新公園。此時，我看見了劉甲一和李登輝兩個大高個子走在台大學生隊伍的最前面，也看見了台北家政女中教務主任莊縮帶領該校學生，經過台大醫院門前進入新公園。我們在博物館前的西北角把卡車停下，搬下了傳單分發給已經集合好的各校學生。進了公園足球場，我看到了極為動人的場面。偌大的足球場，已經擠滿了台北市中學以上的各校學生，至少也有一萬人。沒有想到，最前面有用杉木和木板臨時搭起來的一個大講台，不知是哪些人在夜裡趕搭起來的，估計是周自強他們。我看見了周自強等人在主席台上。台電公司總經理劉晉鈺的兒子劉登民因其父親受憲兵隊警告而好幾天沒有露面，也儼然在主席台上。

陳炳基：當大會開始時，台灣省警備總司令部參謀長柯遠芬即出面制止，他一再向學生強調說：「蘇聯有多壞、多壞，同學們千萬不能被人利用來反美！」我於是就在學生隊伍中帶頭喊：「滾！滾下來！」學生們也跟著我喊而把他噓下台。

吳克泰：警備總司令部參謀長柯遠芬擠上主席台講話。他滔滔不絕地說：美國是我們的友好盟邦，不應該反對，我們應該反對的是蘇聯……講得沒完沒了，企圖以三寸不爛之舌軟化學生。學生隊伍周圍都是穿著黑色中山裝（大都是布製）的國民黨特務。這天碰巧我也穿著黑色毛呢中山裝。有些特務以異樣的眼光看著我，我若無其事地混在特務中間看著、想著如何對付柯遠芬……就在這個時候，從台大先修班隊伍跑出來一個台北二中的後輩（姓名已忘）。他小聲問我怎麼辦？我也小聲地告訴他：「馬上開始遊行。」我這一句話很快從學生隊伍傳到了周自強那裡。周自強馬上高舉起手，大聲地下達命令：「我們不聽了，馬上開始遊行！」同時把手使勁地甩下來。學生隊伍就井井有條地按順序走出了會場，舉著橫幅，揮著自製的小旗，上街遊行了。柯遠芬被甩在主席台上，氣得咬牙切齒。我活到二十二歲，第一次看到「咬牙切齒」是什麼模樣。

陳炳基：大會結束後，隨即由台大的丁姓同學（一說周自強）指揮，上街遊行。學生們井然有序地高舉由台大的外省學生準備的寫有抗議口號的旌旗，一路高唱抗戰歌曲〈義勇軍進行曲〉，一路高喊：「Good-bye, U.S Army!」「美軍滾出去！」「中國兒女不可侮！」等口號。當遊行隊伍回到中山公園，台大學生推我上台講話時，我便當場呼籲：立刻組織全省性的學生聯盟！

吳克泰：學生們陸續地走出會場。此時，我還不放心，便騎著自行車跟著隊伍走。隊伍兩旁有我強調的糾察隊。遊行隊伍首先經過榮町，到了中山堂附近的「美國新聞處」，然後從港町到了「美國領事館」，高呼口號「美軍滾回去！」等。是否遞了抗議書或我們印的傳單，我已記不得了。此時，我才發現我提議的避開這兩個敏感地點實在是過慮了。還是周自強他們比我強。這次遊行如果不去這兩處，它的政治效果就要大打折扣。遊行隊伍浩浩蕩蕩地從港町轉到太平町，拐到警察分局（北署）往南經過圓環，往東再拐兩個彎經過設在建成小學舊址的台北市政府到中山北路，再往南到長官公署前。我所設計的路線已經走完了。遊行的同學們一路上情緒高昂，一直唱著〈義勇軍進行曲〉。那時，他們也只會唱這支歌，其他國內的進步歌曲還不會唱。不過，〈義勇軍進行曲〉在這次遊行中被唱到，是最恰當不過了。我也不知道這是誰提議的，或許是不約而同地唱起來的。我以為遊行到此結束就解散了。其實不然，學生們還不願意就此解散，再度回到新公園開大會，各校學生代表紛紛上台演講。陳炳基說，他上台高呼「組織全台灣的學生聯盟」，這是我後來聽說的，不在原計畫內。㉓

3.「一九」運動的意義與啓發

學生領袖陳炳基與吳克泰親身經歷的歷史見證，雖然在一些細節的描述上略有出入，可它們卻有力地再度顯示出柯喬治「美國人觀點」的無知與偏見。

然而，美國人為了自己的陰謀怎麼去解釋歷史並不重要，重要的是：經歷了一月九日的這場「反美抗暴」示威遊行之後，原先因為「語言隔閡」而互相陌生的外省學生與本地學生，已經通過這次的反美學運而團結起來了；校園裡進步的外省學生與本地學生也結合起來，開展全省性的學生聯盟的組織。

林義萍：我是福建福清人，一九二五年生。一九四六年八月下旬來台，就讀台大化工系。我在上海讀中學時，就在學校搞抗日學生運動了。到了台灣以後，我聽說，本省學生也搞過一些運動。可我因為跟他們還不熟，沒有參加。一九四七年一月九日，因為北大「沈崇事件」，台北學生響應北京學生的號召而發起的反美遊行，是我來台後最早參加的一個運動。我向來就反對美國帝國主義。只要是反美、反國民黨腐敗的遊行，我一定積極參加。那時候，遊行的主題是「反美抗暴」；當然也是愛國的！我於是以「學生個人」的身分積極參與。我帶著相機沿路記錄了整個遊行活動的過程。這些照片，一方面自己留下來當資料；一方面也寄到上海，給一些剛從學校畢業、有心要來台灣念書的同學，讓他們瞭解這裡的情況。就我個人的看法，這個運動算是當時台灣學生運動中規模最大的一次；以後雖然也有幾次，但就是沒有這麼大。當然，

㉓以上吳克泰證言皆引自《吳克泰回憶錄》，頁一八七－一九四。

從另一方面來說，也是因為當時的國民黨還沒有那麼注意台灣；所以，這次的運動才能這樣沒事就過去了。㉔

吳克泰：令我感到意外的是，這次學運規模這麼大，國民黨當局早有察覺，也想盡辦法阻撓，卻沒有一個人被打或被捕，事後也沒有人被追究。我一直在想，這究竟是為什麼？連警備司令部參謀長柯遠芬都披甲上陣了，難道陳儀會不知道嗎？我因此深深領悟到群眾力量的偉大。不用說集合了一萬群眾，就是兩三千人，特務憲警就無法下手鎮壓了。

陳　實：我是福建人。一九四六年到台灣教國語，並就讀台大農經系。就我的瞭解，相對於大陸，當時，台灣的學生運動並不活躍。後來，從內地到台灣來念大學的外省籍學生漸漸多了起來，我們這些外省學生大體都受過大陸學運的洗禮，因此就克服語言的障礙，透過與本省同學一起讀書、辦壁報及搞社團活動，開展台灣進步的學生運動。可以這麼說，台灣光復後的學生運動，是在大陸內戰和學生運動的推動和鼓舞下，逐步從小到大發展起來的；它的矛頭直指美國帝國主義和國民黨腐敗政府。我們的具體行動就是為了抗議美軍暴行，而於一九四七年一月九日在台北發動的愛國示威運動，也就是「一九」事件。㉕

吳克泰：「一九」學生運動是台灣學運史上空前的。經過這次學運，外省、本省學生之間的隔閡已經消除了……後來，我發現中共主辦的《群眾》雜誌圖文並茂、詳盡地報導了這次台北學生的反美遊行活動。中華人民共和國成立後，於一九五〇年十一月派伍修權為團長、喬冠華為顧問的代表團去聯合國。伍修權在安理會上發言……抗議美國侵略台灣、干涉朝鮮，要求美國和其他國家撤出軍隊。其中提及這次台北學生的反美遊行，強調台灣人民是反對美國干涉中國內政的。

陳　實：「一一九」事件的意義，首先在於它是由台灣青年學生發動的一次愛國群眾運動。長期遭受帝國主義壓迫的台灣人民，素有愛國主義的光榮傳統。在歷次反抗外國壓迫和反動統治的愛國運動中，台灣青年正如同大陸青年一樣，總是起著先鋒作用。過去面對日本帝國主義的侵略是這樣，在面對美軍暴行和國民黨的腐敗時也是這樣。其次，「一一九」事件說明，台灣人民的命運和大陸人民的命運是緊密聯繫在一起的。國民黨在大陸發動的內戰，不僅遭到大陸人民的反對，也遭到台灣人民的反對。同樣地，國民黨接收政權在台灣貪贓枉法的作法，不僅引起台灣人民的不滿，也引起在台灣的大陸同胞的不滿。當時參加抗暴示威的，有很多就是從大陸來的外省學生，當然更多的是台灣本省的學生。我們在運動中團結一致，並肩戰鬥，結成親密的友誼。「團結就是力量」，是學生們的共同行動綱領。這種在運動中結成的友誼，在後來的「二二八」事件與「四六」事件中，進一步發揮了團結的力量。第三，「一一九」事件是台灣光復，台灣人民第一次以街頭遊行示威的方式，表示對國民黨當局惡劣行跡的不滿和反抗。這對以後台灣愛國民主運動的開展是有一定影響的。經過「一一九」事件鍛鍊而湧現出來的許多積極分子，大都成為日後愛國民主運動的骨幹。在「二二八」事件中，他們站在實際鬥爭隊伍的前列，起了帶頭作用。

㉔林義萍證言，一九九八年九月三日，北京。收錄於藍博洲《麥浪歌詠隊》（台中：晨星出版社，二〇〇一年），頁一一七—一三二。以下皆同。

㉕陳實證言，一九九〇年四月，北京。前引藍博洲《麥浪歌詠隊》，頁一四五—一六二。以下皆同。

第三章 在二二八的鬥爭與犧牲

五百天，
五百天的日子
還沒有過完，
祖國，祖國呀，
獨裁者強迫我們
把對你的愛，
換上武器和紅血
來表現！

——摘自臧克家〈表現——有感於「二・二八」台灣人民起義〉①

北平美軍強姦案引起的學生抗暴運動，從北平開始迅速擴展到全國各地，發展為全國規模的反美反蔣運動，標誌了中國學運進入一個新的歷史階段。據統計，從一九四六年十二月三十一日到一九四七年一月，參加罷課、遊行示威的學生人數已經達到五十萬人。二月二十四日，全國各省市二十八個單位在上海成立「全國學生抗議駐華美軍暴行聯合總會」，統一領導協調全國學生的抗暴運動。學生抗暴運動於是成為下一階段內戰戰場上第二條戰線——「反飢餓、反內戰、反迫害」——形成和發展的起點。②

雖然隔著一道海峽，經歷了一九四七年一月九日的一場「反美抗暴」示威遊行之後，台灣地區的學生運動與大陸學生的反美反蔣反內戰運動完全匯合在一起了。從此以後，原先因為「語言隔閡」而互相陌生的外省學生與本地學生也團結起來，通過搞讀書會、辦壁報及各種社團活動，在校園裡開展進步的學生運動，同時，在這個基礎上，逐步開展全省性的學生聯盟的組織。

這時，戰後以來台灣社會因為接收政權一年來的政治壓迫和經濟剝削所積累的矛盾，已經到達隨時可能引爆的飽和點了，一股山雨欲來的低氣壓沉沉地壓在台灣島上。

二月二十七日晚上，台北延平路上查緝私菸而引起的警民衝突，立刻引燃了全省人民積壓已久的怨悱，一場全省性的人民蜂起爆發了。

學生領袖陳炳基、吳克泰等進步學生在現場目睹了這一導火過程，並且積極地投入群眾抗議

---

①原載一九四七年三月八日上海《文匯報》。

②前引施惠群《中國學生運動史：一九四五—一九四九》，頁九八、一〇三。

的鬥爭行列。全台灣各地的中、大學生，也彷若潔白的野百合一般，在寒冷的早春三月，紛紛以他們的熱情投入民眾的戰鬥行列，在淒風冷雨中努力綻放。

隨著事件的演變，台灣的學生運動也進入到更加激進的武鬥層面。台北地區認識到處理委員會「妥協路線」的進步學生，準備在三月五日凌晨發動一場「武裝」行動，最終卻因「驟雨不斷」、「聯絡不周」及「武裝不夠」而未能落實。國軍登陸後，這群學生不得不逃亡、隱匿；有些人因身分暴露而不得不流亡海外與大陸；大部分留在島內的人則繼續參與二二八以後台灣人民的「新民主主義革命」，並於五〇年代白色恐怖時期遭到槍決或監禁的對待。

相對地，那些參與處理委員會系統下的忠義服務隊，在台北市區維持市內治安的數百名學生，卻昧於時事的變化，直至國軍登陸當天「還照常站崗整理交通」，因而在當天晚上消失於圓山的槍響之後……

一 台北地區

1.二月二十七日晚上

監察院：二月二十七日，台灣省專賣局業務員會派專員葉德根率領職員鍾延洲、傅學通等五人，會同警察大隊警員四人赴淡水查緝私菸，下午六時左右轉回台北，在台北太平町小春園晚餐。後往萬里紅酒店附近查緝。遇婦人林江邁攜帶私菸五十餘條，當場被葉德根、鍾延洲二人扣留，該婦人哀求放還，正爭執之際，群眾圍集情勢洶湧，該婦人被擊受傷。市民睹狀乃進而圍毆查緝員警，另一查緝員傅學通逃至永樂町，情急鳴槍，彈中路人陳文溪，當即斃命。於是群眾益憤，即湧至台北警察局，要求交出肇事員警，予以懲辦。結果將葉德根等六人送憲兵隊看管，旋即轉解台北地方法院訊辦。③

陳炳基：當時，我正在事變現場斜對面，一家由台北市參議員駱水源的妻子開的順榮行店內看報紙，一聽到事情發生的消息，就立刻趕到現場。這時候，這夥惡棍已經被過往的群眾圍住。憤怒的指責、咒罵、呼打聲四起。這夥惡棍看到情勢不妙就衝破包圍，跑進位於十字路口的一家冰淇淋店——「光」，然後把門反鎖。數百名群眾馬上又團團圍住「光」冰淇淋店的小屋，怒吼聲震天價響。我於是和憤怒的群眾衝進店裡去揪惡棍，但過道狹窄，小屋前只能站幾個人，打不開房門，千來名武裝警察趕到，擋在店門前面，不讓我們上前。在他們掩護下，惡棍從後門溜走，沿著延平路向北逃跑，並回頭開槍打死了緊追在後的群眾陳文溪，最後躲藏在警察署北局。群眾見打死無辜，更是怒氣沖天，有的追去包圍警察局，有的把惡棍丟棄的大卡車翻倒燒毀。群眾愈集愈多，後又連夜湧去包圍憲兵團、省《新生報》社，強烈要求嚴懲兇手，如實報導兇案。我預感到群眾憤怒無比，一場大風暴就要來臨。

③楊亮功、何漢文〈關於台灣「二·二八」事件調查報告及善後辦法建議案——第一、事變之經過〉，一九四七年四月十六日。轉引陳興堂主編《南京第二歷史檔案館藏台灣「二·二八」事件檔案史料》（上卷）（台北：人間出版社，一九九二年二月初版），頁二六〇—二七四。以下監察院報告皆同。

吳克泰：就在「二二八」迫近的時候，中國話劇界泰斗歐陽予倩先生率領新中國劇社來台演出，給台灣吹進了清新的空氣，因而受到熱烈的歡迎。二月二十七日晚上，我同歐陽先生約好，帶延平學院學生葉崇培和藍明谷前去，向他請教如何組織和開展學生界的戲劇活動。歐陽先生親切地一一給他們指點。談話結束，大約八、九點鐘的時候，我們從下榻的旅館出來。④

葉崇培：我是高雄苓雅寮人，一九四六年考進台北延平學院，並投入當時進步的學生運動。那時候，我白天在台灣省教育會工讀，編小學教科書的參考教材；藍明谷是我的同事。通過就讀師範學院的雄中同學陳金木及台大學生楊建基的關係，我已經把讀書會搞到這兩個學校了。因為每個月有固定的收入，我就用這點錢來買書報、雜誌給大家看。一般說來，我們的讀書會，使用的教材還是以民主黨派的刊物為主；只有那些確定要吸收到組織裡頭的學生，才讓他看一些有關社會主義的書刊。記得，我曾經在台北圖書館借到一本埃德加・史諾寫的《西行漫記》，讀過以後，我對國共鬥爭以及紅軍長征的狀況才比較理解。因此，我就告訴其他同學，讓大家輪流去圖書館借來讀。日據時期接觸到孫文的《三民主義》時，我們就已經非常興奮了；一旦涉獵了科學的社會主義理論時，我們當然也就更加振奮了！後來，我經由吳克泰拿到著名的劇作家簡國賢編寫的劇本《趙梯》，就想藉著共同演一齣戲的方式，擴大團結其他幾個讀書會。我把劇本分發給這些讀書會成員，讓他們分頭閱讀，然後再分配角色。二月二十六日晚上，簡國賢特地從桃園趕來，為我們講解劇情。據他說，「趙梯」其實是台灣話「該打」的諧音。它主要是想通過反映當時社會上司空見慣的種種無法、無理的事，激勵人民起來抗爭，打倒這些社會上的不平。聽完簡國賢的解說後，我們當場決定：從第二天起，也就是二月二十七日晚上，開始排練。然而，那天晚上，當我在延平學院上完課，就要趕去排練時，延平路上竟傳出了發生暴動的消息。我們的演戲計畫及其他讀書會的活動也只好被迫取消了，大家都起來響應人民起義。⑤

吳克泰：當時，我是台大學生，又是《中外日報》記者。大約九點鐘左右，我在回報館編輯部的路上，遇上了追捕兇手的群眾，隨即參加了群眾的鬥爭。群眾團團圍住了警察局，幾次衝進警察局長陳松堅的辦公室，要求交出兇手加以嚴辦。警察局長驚恐萬狀，支吾其詞，拖延時間；後來才說兇手已經交給憲兵隊了。群眾立即包圍了附近的憲兵隊，並派代表進去交涉，要求交出兇手加以嚴辦。憲兵隊始終沒有負責人出來，不肯將兇手交出。群眾抑制不住怒火，緊緊包圍著憲兵隊，不達目的誓不罷休。我在那裡遇上了同報記者周青，便同他商量寫一篇報導趕發出去。周青從事件一開始就在場，由他寫前半段，我寫後半段即群眾包圍警察局和憲兵隊部分。報導寫完後，採訪主任、副社長兼總編不敢發。經過一番爭執之後，印刷廠的工人出來說話了，他們說，如果這篇報導不發，就要把印刷廠燒了。這才把報導發了出去。稿子發排以後，我和周青又回到了憲兵隊；同時帶去了《中外日報》專員、新聞界前輩徐淵琛（五〇年代犧牲）和由北京回台的文化人陳本江（聽說後來長期被關押、出獄後病故）。這天夜裡下著濛濛細雨，天氣相當冷，但是上千名群眾一直包圍著憲兵隊，呼口號，要求交出兇手。我們也同群眾一起堅持到天亮。

廖德雄：二月二十七日傍晚，家父〔廖進平〕與白成枝、黃朝生、張晴川、呂伯雄、王萬得等台

---

④前引吳克泰《吳克泰回憶錄》，頁二〇三—二〇四。

⑤葉崇培證言，一九九〇年四月，北京。前引藍博洲《沉屍・流亡・二二八》，頁一三三—一三五。以下皆同。

灣省政治建設協會的成員正在天馬茶坊的隔壁萬里紅酒家二樓開會。事件發生後，又為此臨時開會商議，決定隔天舉行抗議活動。當天晚上十一點多父親回家，就對我說稍早曾發生查緝私菸之事，又說隔天早上八點人民團體要在台北橋頭及龍山寺集合，準備先至專賣局抗議，要局長交出肇事的員警。並叫我隔天到校召集各校學生，在十一點後帶著學生至長官公署向陳儀抗議。

2. 二月二十八日

監察院：是日台北全市騷動，群情如狂，商店輟市，工廠停工，學校罷課，流氓三五成群，手持刀棍，途遇外省人不能通台語日語者輒被兇毆……事態益見擴大，情勢紊亂已極，省警總司令部乃宣布臨時戒嚴。

洪敏麟：我當時是師範學院二年級學生，知道發生動亂是在事件發生之翌日上午八時前，在第二宿舍前面馬路上，人力車夫所住之大安町處，目擊台北師範學校校長，被一群年輕人從人力車上推落在地。看到上項光景，我立刻想到城裡看看到底發生什麼事，因為那情景令我感覺十分的不平常，那一群年輕人以粗暴語言怒罵，而校長（福州籍）也以台灣話回答：「我不是阿山仔。」在這之前我根本不知道他會說台灣話，而在雨勢剛歇的道路上仍甚為潮溼，到處有小水窪，校長摔倒在地時，身穿之中山裝沾滿泥水，狼狽不堪，在在顯示事件之不尋常。

在城內，充滿恐怖的寂靜感，馬路上來往行人極少，衡陽路和重慶南路之交叉處，有武裝士兵站崗，那些士兵身材瘦小，穿著寬大而已褪色的軍服，綁著綁腿的腳，看來就像細細的棍棒，裝有刺刀的槍似乎和他們的身高一般長短，兩眼警戒地看著我這兒，街頭上到處都站有像這樣的軍隊。那時我仍不知道在今早已發布戒嚴令，但見店鋪都已停止營業，空氣中充滿暴風雨前之寧靜的恐怖氣氛，我乃折回宿舍。就在此後，從圓環處過來的情緒激昂民眾，就開始襲擊在小南門附近的公賣局了。⑥

柯旗化：我住在台北市郊外和平東路二段師範學院學生宿舍。二十八日，吃過午飯，我約幾個舍友一起走出學校宿舍大門，要去中山堂看電影。來到中山堂附近的重慶南路時，我們看到公賣局台北分局前聚集了很多人，群眾的情緒很激昂，有幾個人爬上分局三樓，一個接一個把裝箱的酒和香菸拋擲下來。滿地是破碎的酒瓶，香菸則被點火燒掉。我們覺得這比電影還要精彩，就決定取消電影，在現場看了約半個小時後，趕回學校宿舍告訴其他同學親眼所見的一切……校內也起了騷動，有幾個學生指斥大陸人的軍訓教官為軍國主義的象徵，是法西斯分子，將他們關進學校倉庫。不過學生還是能明辨是非。溫厚的台北師範校長在師範學院學生宿舍附近被群眾包圍，險些遭到群眾圍毆時，師範學院的學生救了他，勸戒群眾不要莽撞。⑦

陳炳基：清早，我先趕去台大法學院（原法商學院），向同學們報告血案經過，鼓動大家投入抗議鬥爭。之後，和一批同學去台北專賣分局參加抗議鬥爭。成千上萬的群眾匯集此地，憤怒之極。痛打查緝人員，搗毀辦公傢，又把分局所有的香菸、錢款、物品等統統拋到馬路上焚燒，並在分局大樓牆上掛了「嚴懲兇手、厚恤死者遺屬」、「撤銷專賣局」兩條長幅標語。

⑥洪敏麟〈二二八目睹及思惑〉，收錄於台灣省文獻委員會編印《二二八事件文獻續錄》（南投：台灣省文獻委員會，一九九五年六月修訂版），頁六九一—六九九。此節洪敏麟證言皆同。

⑦前引柯旗化《台灣監獄島》，頁七五—七六。

吳克泰：大約清晨六時左右，天剛朦朧亮。在細雨薄霧中，我發現穿著黑色制服、帶著長槍的警察大隊，正從西面的鐵路線上由南向北緩緩移動，包圍群眾。我告訴群眾：情況危急，立即向相反的方向散開。我也離開憲兵隊，到朋友家休息。大約八點多鐘的時候，我被一片嘈雜聲驚醒。走出大街一看，到處是憤怒的人群，口號聲、鑼鼓聲響成一片，整個台北市沸騰起來，自然形成了總罷工、總罷課、總罷市的局面。醞釀已久的火山終於爆發了。群眾首先把憤怒集中到肇事的專賣機構，砸爛了專賣局所屬台北專賣（批發）公司。我趕到那裡的時候，馬路上人山人海，一堆堆香菸和鈔票扔在馬路中間燃燒。大街上和火車站廣場上，國民黨大官坐的小轎車東一輛西一輛地車底朝天在燃燒。這時，大部分群眾已經湧向省長官公署（事件後改為省政府）請願。

陳炳基：直到中午時分，我同幾個積極分子，鼓動群眾前往電台，要求廣播台北事件，號召全省響應抗議鬥爭。因台長溜走而未成。有幾個群眾喊叫：「到長官公署去！」我順勢跟著連連大呼，鼓動大家前往。請願隊伍於是以載有大鼓的人力貨車為前導，猛擊大鼓、鈸，浩浩蕩蕩，高呼口號前進。

廖德雄：當時，我是台北商業學校學生自治會會長，二月二十八日一早七點多我到學校後，預計將二十七日晚上所發生之事告訴學生，是時學校已自動停課。我乃分別與台北市五所學校自治會會長聯絡——台灣商工高同學、台北工業學校林同學、法商學院張同學、成功中學×姓同學、延平大學的李姓同學。我們決定組織學生隊加入社會人士的遊行行列，其中台灣商工動員學生三、四百人，人數最多；台北工業學校近三百人，次之；再其次是台北商業學校一百五十多人，成功中學五十多人，至於延平大學的學生只有幾個，混編在學生隊中。當時學生身穿制服，分成四路向著長官公署前進，約好在下午二點左右至警務處集合，預備分批包圍長官公署之後門及側門。未料，學生隊在前往警務處途中，遠遠就看到長官公署的頂樓布滿憲兵及機關槍，對著今忠孝西路火車（站）前的群眾做持續且密集之掃射，群眾聽到槍聲後，四處奔散……陳儀軍隊原只對著社會人士開槍，後見學生隊到來，有幾名憲兵轉過頭來持槍對著學生隊，不過，並未開槍。台灣省政治建設協會的成員並未料到陳儀軍隊竟對著群眾開槍，一時大亂，加上有幾名群眾中彈身亡，政治建設協會成員乃決定立刻中止抗議活動，並派了一名成員冒險帶訊至學生隊集合處——長官公署已開槍了，此行宜作罷，並要學生隊盡速撤離。我們因此退回學校，我同各校自治會會長討論後，決定靜待情勢變化，並聽從台灣省政治建設協會之通知後再行動。

吳克泰：長官公署的衛兵從屋頂上用機槍猛烈掃射，當場有幾名群眾被打死，數十名群眾被打傷。這是對群眾的憤怒火上加油。在台灣最高行政機構長官公署的這一嚴重挑釁把事態進一步擴大了。被激怒的群眾分成了幾路，一路湧向小南門的專賣局，一路湧向新公園開群眾大會。

陳炳基：大約下午一時，先頭隊伍到達長官公署前院入口處。請願群眾正與阻撓前進的衛兵說理交涉時，公署屋頂突然響起猛烈的機關槍掃射，前頭十來名群眾應聲倒地而亡。我正在犧牲者不遠處，險些遭難，匍伏地上閃避。手無寸鐵的和平請願群眾竟遭如此慘殺，新仇舊恨，群眾狂怒了。紛紛散開，四處追打官吏、士兵、大腹便便的商人。「打阿山」的怒吼聲響徹街頭。全市罷工、罷市、罷課，無數群眾湧上街頭，官辦機構、外省人企業公司、警察派出所統統遭到搗毀，昔日耀武揚威的貪官污吏和警察倉皇逃命，派出所都被群眾占領，革命風暴席捲了全市。當時，憤怒已極的群眾一時分不清好、壞人，亂打外省人實屬難免，後來明白過來，許多老實正派的外省籍公教人員都受到民眾保護。

葉崇培：在自發的群眾性暴動中，誤傷是會有的，「打倒阿山」一類含義不清的口號也出現過。但是，透過現象看本質，我們看到起義鬥爭的矛頭是直指貪官污吏，要求政治民主和政風清廉。當天早上，我照常上班。平常很安靜的辦公室顯得亂烘烘，都在議論頭天晚上發生的事。同我一個辦公室裡有兩位外省籍的女同事，一位徐小姐蘇州人，一位高太太南京人。高太太到得比較晚，說在路上差一點挨打，她說明了自己是編教材的，給看了證件才幸免。徐小姐聽了，有些緊張，要我上街看看。我看到確有人挨了打，抱著流血的頭，好像在跑向醫院。我還看到幾台小轎車被推翻，四輪朝天，在著火。當時，台北市內小轎車不多，坐車的差不多是大官或大商人。群眾主要找這些人打。我立即回辦公室，叫那兩位女同事繞道回家；其他同事也囑咐她們：這幾天不要上班，以免惹麻煩。這些情況說明，群眾並不是完全不分青紅皀白地打外省人，而且第二天就根本被制止，我沒有再見到類似情況。不少外省籍同學還參加我們起義的隊伍。

陳　實：記得事件發生的前一天，即二月二十七日晚上，我正好住在台北城裡一位福建同鄉家裡。同鄉是氣象局一般職員。當晚就聽說，專賣局查緝人員和警察無理毆打賣菸女販和開槍打死一個圍觀群眾。聽到這些消息，大家對這樣的胡作非為都憤憤不平。可以說，這反映了一般外省人的心情。第二天上午，全市已經罷市、罷工、罷課，氣氛顯得十分緊張。午後，突然有二、三名本省籍同胞衝進同鄉家裡。我和同鄉一家人趕緊從後門跑出去，我因慢了一步被打了一下。跑出來後，我躲到附近新公園假山後面。因為那些人衝進來的時候，還喊著「打倒官僚」、「打倒貪官污吏」的口號。這就很清楚，他們真正要反對的是誰。所以，我雖然挨了打，並沒有怨恨打我的人。我認為，這完全是一場誤會，這個帳應記在反動當局頭上。其次，所以發生誤打，是因為當天中午廣大群眾湧向台灣長官公署請願，衛兵用機槍掃射，當場打死打傷許多老百姓，這才進一步激怒了廣大台胞，把仇恨集中在絕大多數是從外省去的官僚身上。再說，那些不明真相的人衝進來以後，對同鄉家裡的東西絲毫沒有動，這就戳穿了所謂「暴民搶劫擄掠」的謊言。當我初步弄清楚事件性質之後，開始下決心用實際行動表示對台灣同胞的支持。於是，我向台灣同學借來一套舊學生制服穿上，和他們一起投身到鬥爭中去。

吳克泰：大約下午二點，群眾又衝進廣播電台，向全台灣廣播了台北事件的真相，號召全省人民起來，參與打倒貪官污吏的鬥爭。

廖德雄：我回學校後不久，台灣商工的高同學來找我，他說，有部分民眾要至新公園占領廣播電台，邀我同去。我便找了本校幾個自治會的成員，大約在下午二點半左右到達廣播電台，而台灣商工則有四、五十位同學前去，加上一般民眾約有一百多人。我們包圍電台後，最初門口警衛不讓我們進去，但看我們人多，只好讓步。當時林忠不在電台，另由一位主管見我們，學生、民眾強占住播音室後，我便出來，而高同學及十多名同學仍待在裡面。大約十分鐘後，就有十多名荷槍的士兵前來，他們見我們人多，並未動武，又趕不走我們，只好屈服撤退了。我們大約在兩點半時占領了電台，這時政治建設協會便派人前來電台，本來是要叫蔣渭川來對全省廣播，但因找不到他的人，於是改派王添灯。王添灯在下午三點左右來到電台廣播，但由於當時機器所限，聚集在外面的我們，並無法聽到他廣播的內容……我在王添灯廣播結束後，於四點左右離開，當時仍有些學生、民眾留在電台。

吳克泰：下午三點，陳儀宣布戒嚴。許多群眾不知道已經戒嚴，繼續攻擊市中心的新台公司。天剛黑下來，巡邏的武警就利用戒嚴令在市內到處射殺過路行人。我也一樣不知道已經戒嚴，路過新台公司前面，恰好遇到一批便衣警察瘋狂射殺群眾的場面，急忙躲進一家小醫院才得幸免。

陳炳基：長官公署慘案之後，我趕回台大法學院召開學生大會，報告慘案經過，抨擊暴政，鼓動同學投入戰鬥。之後趕到延平學院，參加幾個大專院校學生代表的會議。這些學生都是前幾次反美、反內戰學運的領導人和骨幹。大家認為：絕不能妥協，必須堅持鬥爭到底。只有武裝制服反動武裝，才能取得真正勝利。會後，當我離開會場與一名師範學院姓鄭的學生走下樓時，有兩個人在樓梯口等著我們。我記得，一個是李中志，另一個好像就是葉紀東（崇培）。後來，我才知道，李中志這個人是地下黨指派的台北地區武裝起義總指揮，聽說他在日據時期當過日本軍隊的砲兵。我們三個人邊走邊談，從延平學院（台大法學院操場對面）一路走到台北橋我家附近。在路上，李中志告訴我，如果要搞武裝起義他可以供應我們。當時，我還不知道他的身分背景，但我猜他大概是地下黨的人。因此，我就對他說，有武器就好，把它交給我們，我們就可以合作。從此以後，我就按照他的布置，串聯各校的學生，組織地下的學生武裝隊伍。

3. 三月一日

監察院：台省在台北之國大代表、參政員、省參議員、台北市參議員舉行會議，組織緝菸血案調查委員會，議決推黃朝琴、王添灯等八人為代表，向長官公署提出要求四項：㈠立即解除戒嚴。㈡釋放被拘民眾。㈢飭令軍憲警不得開槍，不得濫捕濫打老百姓。㈣官民合組處理委員會，處理善後。陳長官均予接受，並以廣播宣布自一日晚十二時起解除臨時戒嚴，長官公署並派民政處處長周一鶚、警務處處長胡福相、農林處處長趙連芳、工礦處處長包可永、交通處處長任顯群等五人代表參加「二二八事件官民處理委員會」。

廖德雄：一早，雖然學校不上課，但未停學，我仍到學校去，稍早父親對我說：「今天各界代表將集會於中山堂，組織緝菸血案調查委員會，學生代表也應該參加。」而政治建設協會決定派代表張晴川和王添灯兩人參加。於是我找了法商學院張同學、台北工業林同學及延平大學的郭、李、某姓同學加上我共六人前往中山堂，我們在十點左右到達中山堂，當時中山堂聚集了不少民眾，陳儀也派了民政處長周一鶚等六名政府官員前來，另外有市參議會議長周延壽、副參議長潘渠源、市參議員吳春霖及黃朝生、政治建設協會張晴川及省參議員王添灯、陳逸松等。此調查會由張晴川和王添灯主持，會議一開始，王添灯說明了二月二十七日後至開會前的台北市的情形，並提及其對全台廣播之內容。之後由周延壽當主席，會議中決定選舉委員，並分配各組負責人。

吳克泰：三月一日起，台北的「二二八」鬥爭在兩條戰線上進行。一條戰線是以地方士紳如國大代表、立法委員、參政員、省市參議員為主，部分群眾團體代表參加組成的處理委員會。其中許多人存在幻想，蒙受欺騙，有的妥協、有的投降，軍統、中統特務也混在裡面。他們整天在中山堂開會，會場很亂，顯然解決不了什麼問題。只有王添灯等少數人代表民意，利用這個公開的講壇，進行了艱苦的鬥爭，爭取做出有利於人民的決議。另一條戰線是準備武裝鬥爭的群眾。他們看到處理委員會的妥協性和複雜性，看到當局一再的挑釁和屠殺，認為非用武裝鬥爭攻破首腦機關和堡壘，不能解決問題。這時候，地下黨台北市委站在群眾中間，領導和組織他們發動武裝進攻。我參加了其中一部分工作，白天聯絡、組織群眾；晚上收聽各地廣播，編印「廣播快報」，報導各地人民鬥爭的消息。

4. 三月二日

監察院：暴民依然四出騷動。下午二時，陳長官復接見全體調查委員；三時再廣播公布四項辦法，冀事態早日平定。

台灣省警備總司令部：早晨，台北市及大橋頭艋舺一帶暴徒開始蠢動……下午二時許，集中山堂開市民代表大會，內中一部分奸黨提出荒謬無理要求，並派人往各縣市煽動工人學生流氓高山族為後援，企圖由局部暴動擴大全省性之騷亂。台北與基隆鐵路一般被破壞，交通斷絕……台灣大學學生，亦受奸偽指使佩帶證章集團出動，將延平路警察派出所焚燬……又台灣大學學生約四百餘沿途張貼標語，並遣人聯絡全省各地青年爭取武器，進行暴動。⑧

廖德雄：由陳儀派來的周一鶚、胡福相、任顯群、包可永、趙連芳等官員及國大代表、參政員、省參議員、市參議員、學生代表等組成二二八事件處理委員會，主導力量仍是台灣省政治建設協會，如王添灯、吳春霖、張晴川、李仁貴、黃朝生，而如陳逸松、周延壽、黃朝琴等等皆是委員，當時我也參加了。會中大家熱烈討論有關事宜，但林頂立、黃朝琴等半山派人來鬧場……後來黃朝琴、王民寧、黃國書到達會場，叫大家不要把事件擴大，應使事件平息下來。處委會決定於次日面見陳儀，並推選代表十人，有政治建設協會蔣渭川、呂伯雄，學生代表廖德雄（我）、李××（延平大學），及民眾代表陳炘、許德輝等六人。

另一方面，二二八事件發生後台北市的治安惡化，維持秩序的警察都跑光了，因此發生了不少起流氓打外省人的事件，也有一些小賊趁機搶劫米店、雜貨店。於是三月二日下午四時，特為學生組織治安隊一案在警察局總局（南署）開會，與會人士有台北市長游彌堅、警務處長胡福相、許德輝、政治建設協會代表與學生代表，會中大都由游、胡兩人發言，與會人士討論後決定由學生組成「忠義服務隊」，總隊長為許德輝，我則任副總隊長。說起服務隊隊長許德輝，我是在中山堂時經由張晴川的介紹才認識，許德輝當時在重慶北路二段（七十多號）開了間旅社，是當地的流氓頭。後來我們在南署開會時，許德輝說他要當治安隊的總隊長，並且說上面要他將治安隊取名為「忠義服務隊」。

蔣渭川：晚上十時過了，許德輝君等二名來店（三民書局），與我會談。他說：「昨天以來劉明先生數次來叫我出來活動，擔當維持治安的任務……我不敢輕易答應，惟事件雖將解決，暴動已完全停止，然治安尚不安定。我也不得不考慮為國家出點力，來負維持治安之責，至完全恢復常態為止……明天處理委員會決議要組織治安委員會，並推舉治安組組長，所以我希望你明天出席參加，而由你推薦我出來擔此任務，我也可以受你的指揮來工作，以貢獻國家社會。」我回他說：「有關你的推薦問題，我可以特別以市商會理事長資格去該會看看情形，若有人推薦你，我順便予以贊成。」許德輝說：「明天早晨我當再找一兩位人士或要員請其推薦，拜託你出席時，若有人推薦我，你就贊成。萬一若完全沒有人推薦我，請你發言推薦，絕不可讓劉

⑧台灣省警備總司令部〈台灣暴動經過情報措要——三十六年二月二十八日至三月十日〉，收錄於中央研究院近代史研究所編《二二八事件資料選輯（四）》（台北：中央研究院近代史研究所，一九九二年），頁四四四—四四五。

明發言推薦好不好。」我答說：「可以的，我明天去看一看，情形怎樣再做打算。」⑨

柯遠芬：戒嚴後的台北市似較平靜，未發生重大騷動，但由內地潛入台灣的共產黨分子，卻有蠢蠢欲動之勢，似有煽動青年學生參與事變之企圖。台大共產分子召集台大、延平學院、師範學院等校學生數百人，舉行大會，張貼標語中有擁護「台灣獨立」（？）之標語，由此可知事變業經變質，而青年學生亦已參與其中了。⑩

陳炳基：上午，幾千名學生聚集中山堂開會，痛斥暴政，做出積極投入鬥爭的宣言。台北大專院校學生，起義一爆發就占領了市區各個警察所。但大部分學生隊伍被編入「二二八處理委員會」屬下，維持治安和宣傳。台灣警備司令部特務別動隊大隊長許德輝，組織「忠義服務隊」控制這批學生隊伍，學生賣命繳獲的少量武器也被他繳光。因此，我們的學生動員和武器覓索都晚了一步。我們的地下隊伍的組織工作，也因為中山堂的放送喇叭與廣播電台廣播的號召而碰到阻礙，許多參與過前面幾次學運的學生都被搞迷糊了，他們不知道真正的領導機構在哪裡。後來，我聽李中志說，在中山堂的那些學生都在喊著：陳炳基！陳炳基！因為前面幾次運動都是我去動員的。然而，我卻因為騎著腳踏車到處覓索武器，始終沒有到中山堂。

5. 三月三日

監察院：處理委員會於台北中山堂召集首次會議（長官公署派之五處長均出席，以後即未參加），商定軍隊於下午六時撤回軍營，由憲警學生組織治安服務隊維持治安交通並撥出軍糧供給民食等項。同時該會要求解散警察大隊，一面設置治安組，成立忠義服務隊維持治安……

台灣省警備總司令部：台北市奸黨分子乘機挑撥離間，以實現民主政治為號召……二二八處理委員會成立，主要分子有左傾〔？〕政團負責人蔣渭川、王添灯等，並有一部分奸人向美國領事館接洽將二二八事件向全世界廣播，企圖歪曲事實淆亂聽聞，旋有台大學生八人向領事館請求借用槍彈以為襲擊軍警之武器，又將流氓、學生等組織服務隊，與憲警參加維持治安。⑪

柯遠芬：事態變本加厲，所謂改組後的「台灣二二八事變處理委員會」，於是日上午十時，在台北市中山堂開會，政府代表已被摒棄，自是變為純粹叛亂組織，當日開會即有決議「組織自衛隊」之提案，會後許德輝出組忠義服務隊，自任總隊長，此時暴徒即以治安為藉口，要求撤出市區巡邏之軍隊與哨兵。上午十一時，「處理委員會」復派代表二十餘人至長官公署，由原政府代表周、胡、趙、包、任五處長與警總柯參謀長接見。⑫

廖德雄：上午十時，學生代表廖德雄（我）、社會人士陳炘、許德輝、台灣省政治建設協會代表蔣渭川、呂伯雄等十人先於台北縣政府（即今監察院）門口集合後，再由憲兵隊帶我們到長官公署新聞處二樓禮堂見陳儀。陳儀一人站在台上，禮堂周圍有不少憲兵持槍監視。蔣渭川、陳炘等人將處委會的書面意見（內容我並不清楚）交給陳儀，我則透過呂伯雄的翻譯，向陳儀轉達昨日於南署開會時，決議由各地學生組成「忠義服務隊」負責維護治安一事，同時要求三件

⑨蔣渭川《二二八事變始末記》（寫於一九四七年），蔣梨雲等編印，一九九一年三月十日，頁二六—二八。
⑩柯遠芬《台灣二二八事變之眞像》（脫稿於一九八九年七月三日），前引中央研究院近代史研究所編《二二八事件資料選輯（一）》，頁二二一。
⑪前引台灣省警備總司令部〈台灣暴動經過情報措要——三十六年二月二十八日至三月十日〉，頁四四五—四四六。
⑫前引柯遠芬《台灣二二八事變之眞像》，頁二二三。

事：㈠撥予忠義服務隊經費三千萬。㈡輕武器若干（列有清單）。㈢正式授權由忠義服務隊維持治安，及事先通知軍隊、憲兵各單位，以防有誤會衝突之事發生。陳儀一口答應我所提出的要求。這是我第二次看到陳儀，我覺得陳儀不是個霸道之士，他說話很溫和，看起來是個很溫馴的人。忠義服務隊總隊部設在北署（今大同分局）。見陳儀後，由學生與民眾聚集於北署開會，當時許德輝和幾名部下約十多人曾來參加。

蔣渭川：一行有青年學生、商人、工人、參議員等二十餘名，乘大型汽車十一時至長官公署，由李萬居通報長官。至十二時不見長官出來，僅周一鶚外二位處長出來談論。下午二時又派柯遠芬參謀長出來講話，柯氏仍是保持軍人的威嚴態度，以李萬居氏為主體談了一點多鐘，大家要求的是軍隊全回兵營，秩序由憲兵及民眾代表共同維持。柯氏則謂軍隊收回誰有把握負責治安，若干青年學生都說處委會可以負責，我們也可以負責幫助，惟須由軍部貸與必要的武器，柯氏說這是不可能的事……青年學生堅請數次，柯氏說如有敵人侵入本省而起戰爭，需要軍民協力作戰的時候，就不是貸與武器，（而）要強制使民眾使用武器，其他情形則不能隨便借用。柯氏說後，青年學生們和柯參謀長爭得快要生氣起來了，我才發言折衷建議：貸與武器軍部是有困難，治安維持需要武器，當然也是事實。目前情況既不能認為不會造成軍民衝突，那麼武器貸與問題最好必要時，由警察局長向軍部申請，認為必要時才將必需的武器貸與民眾，各位意見如何？在場的都鼓掌贊成，柯氏默而不言，略點頭而已。繼即決定今日起下午六時以前，所有軍部（隊）全部回營，至恢復常態為止，不使軍隊隨意外出，六時以後的治安由處理委員協同警憲維持。於是有關治安談判告一段落。⑬

柯遠芬：政府為安定民心起見，乃允許當日下午六時將出勤部隊調返軍營，治安由憲警與學生所組成的治安服務隊共同維持。⑭

蔣渭川：出公署大門步行至中山堂，看處委會仍是熱鬧開會中，有青年學生數人輪流報告今日與柯參謀長談判的經過，並所決定的問題，繼著李萬居做詳細報告。這時有人報告我說，現在游市長與許德輝，在警察總局開治安組會議，已來找你好幾次了云云。我即離開會議場……跑到警察總局三樓會議室。一看只有二十多人在場。開會已久了，市長游彌堅做主席坐中央，左右分別坐副主席陳松堅（台北市警察局長）、許德輝兩人，始知該會是游市長召集的臨時治安委員會，參加的人（有）市參議員黃朝生、陳春金、黃火定、陳海沙、陳屋、林水田，青年代表張武曲、陳學遠、蔣炳佳，及學生代表等，我到時治安委員會已決定組織忠義服務隊，隊規也已決定，許德輝做隊長，兼治安組長也成定案……游市長當場對青年代表及學生代表宣布：「治安責任很重，你們學生青年要小心努力維持。」學生代表方面答應以「學生自治會」名義出來擔任……我因尚有他事離開總局時，臨時治安委員會尚未散會……五時四十五分到電台，六時開始廣播。⑮

柯遠芬：蔣渭川廣播，號召台北市高中以上學生自治會派代表，至廣播電台開會，並於下午六時在中山堂召開「學生代表會」，討論治安問題，企圖引誘學生參加叛亂。此時事變完全變質，且愈演愈為複雜，軍事已奉命不准介入事變，我為防萬一惡化至必須軍力平息暴亂時，應該如

⑬前引蔣渭川《二二八事變始末記》，頁二三三—二三四。
⑭前引柯遠芬《台灣二二八事變之眞像》，頁二三三。
⑮前引蔣渭川《二二八事變始末記》，頁二三五—二三七。

何因應，我乃思及「擒賊擒王」的辦法，再度召集情治負責人、（警備）總部調查室陳達元少將、憲兵張慕陶團長、軍統局台北站長林頂立，指示偵察事變幕後策動分子，並掌握為首分子動態，以備將來平亂之用。⑯

6. 三月四日

監察院：處理委員會通知各縣市成立分會，並向商工銀行強提二千萬元以充該會經費，同時蔣渭川等更利用廣播電台煽惑各地，號召全省青年成立台灣自治青年大同盟並頒布綱領。

台灣省警備總司令部：市內學生以組織學生軍為名，在川端町一帶按戶勒派捐款，並四處反宣傳，及散發傳單。上午，在中山堂，學生聯盟會召開大會，會中議決有向總部請求發槍之無理要求。同時，「台灣青年自治同盟」鼓動青年學生（尤其是已受軍訓學生）集中武裝，並定五日上午在延平路三民書店（前台灣共產黨機關〔？〕）開會……至晚，左傾〔？〕政團政建協會〔政治建設協會〕首領蔣渭川利用廣播電台，鼓勵全省青年參加「台灣自治青年同盟」，並號召台北區曾受前日本陸海空軍訓練之青年參加，定五日在中山堂集合。該同盟宣布台灣自治青年同盟會政治綱領五條。⑰

廖德雄：早上服務隊正式上班後，許德輝即不見蹤影，所以我才是「台灣忠義服務隊」的實際總指揮。後來我為經費問題去找許德輝，卻找不到他的人，原來他躲到蓬萊國校對面的無盡會社（許為會社的董事長，在今寧夏路五十四、五十六、五十八號處），我要王炳煌去找他，許避不見面。另一方面我也聯絡處委會，詢問何以先前承諾提供的經費並未收到？當時由黃朝琴負責財政，他去問過長官公署後，才知道，原來陳儀允諾提撥給忠義服務隊三千萬元的經費已為許德輝擅自領走。後來我叫十多個學生去找他，要他將經費交出來，許德輝仍是避不見面。我將這件事報告處委會，後來李仁貴才私下拿了二十萬給我們。

陳炳基：由上層士紳組成的「二二八處理委員會」天天在中山堂開大會，把已經奮起的人民群眾吸引到中山堂。但是，他們沒有認清法西斯政權的猙獰面目，上了「緩兵之計」的當。長官公署一面談判；一面急向南京發密電調兵遣將，還派特務四處進行破壞活動，調查黑名單，準備著一場大屠殺。台北市面，好似無政府狀態，起義群眾揚眉吐氣；但反動武裝沒有解除，實質上，局面並沒有真正控制在人民手中。

蔣渭川：早上八點鐘，有學生青年四名來訪，一個姓邱一個姓簡，其餘二人不詳名姓，態度奇異。邱說：「現在外間謠傳及各方面的情報，都說陳儀長官一面叫你們出來收拾，一方面已向中央請派大兵前來，要實行屠殺報復，那時候你與市長的責任是不輕的。所以我們特來再問你明白，是不是長官騙你們出來，你會不會被長官利用而自己不知道嗎（呢）？」（下午）五時餘（從省黨部）回家。忠義隊長許德輝忽來報告幾天來的治安情形，並說學生與青年尚未出動協助，最好催促他們早些出來。我即答：「前刻青年代表來通知將於明天下午一時要開成立大會，據說也已向市長報告了，市長很嘉獎他們。成立後就可在你指揮下協力維持治安。」⑱

---

⑯前引柯遠芬《台灣二二八事變之眞像》，頁二三—二四。
⑰前引台灣省警備總司令部〈台灣暴動經過情報措要——三十六年二月二十八日至三月十日〉，頁四四七。
⑱前引蔣渭川《二二八事變始末記》，頁四二—四三、五五、五七。

陳炳基：中午，我們在延平學院討論李中志策畫的作戰計畫。按照他的計畫，把動員而來的學生編組為三個大隊。其中，第一大隊在建中集結，由陳炳基帶隊；第二大隊在師範學院集結，由郭琇琮指揮；第三大隊則在台大集結，由李中志指揮。李中志同時也是這次行動的總指揮，副總指揮則是郭琇琮；各校的負責人分別是台大：楊建基；師範學院：陳金木；法商學院：陳炳基；延平學院：葉紀東。我們的作戰計畫是這樣的：三月五日凌晨二點，先由第三大隊會合烏來的高山同胞，攻打戒備較鬆的景尾軍火庫；然後，再與第二大隊會攻戒備較嚴的馬場町軍火庫；各隊取得充分的武裝後，再分頭負責攻取市內所有的軍、警、憲武裝據點；拂曉時，各隊總會攻長官公署。

傍晚，由我領導的第一大隊的學生已經在建國中學集結了。之所以會選擇建中作為集合地點，主要是因為建中校長陳文彬比較開明，所以第一大隊以建中的學生為主。同時，我們預定的攻擊目標——陸軍醫院的軍械庫，就在建中附近。我們打算攻取陸軍醫院的軍械庫，奪取武裝後再攻擊警察大隊與憲兵隊，最後再與第二大隊及第三大隊總會攻長官公署。

蘇友鵬：當時我是台大醫學院三年級的學生。二二八發生之後，學校停課，學生不能隨便外出。那天晚上，我在水源路的學生宿舍接到集合通知，就跟著來通知的人出去。戰後初期，學生之間只有一個跨校性的學生聯盟組織。究竟這通知是學校教務處，還是學生聯盟發的，我並不知道。那時，因為學生少，也比較聽話，所以，一有任何集合活動，大都會參加。我跟著出去之後，被帶著換了幾個地方，最後到達省立師範學院的操場。操場上已經有大概四、五百名學生坐在草地上；天空下著微雨，有的同學蒙著面，有的沒有；其中一個蒙著面講話的人，我認出他是郭琇琮，於是就走近他。他一看到我，馬上比了一個手勢，要我別出聲說話。我看到他的腰上佩帶著一把短刀，不是武士刀，比武士刀要短些。有好幾個同學就坐在旁邊，有的削竹子，削得很尖利，準備要當武器；有的兩隻手都拿削尖的竹子；這些人我都不認識。郭琇琮起來指派各隊學生，分成各路行動，準備去劫南機場的彈藥倉庫。我原先只知道是要學生集合，並不知道是要去南機場解除國軍武裝；不過，事後知道了，也不覺得害怕，還是跟著行動。深夜十一、二點，天空下著毛毛雨，我們住在一起的三個人被分為一組，其中一個是醫生，一個是我台南的學長。當時台大前的汀州路上還有萬華到新店的火車鐵路。我們沿著水源路，走鐵軌，到了中正橋，停下來，等待從萬華方向過來的烏來山胞組成的隊伍；聽說他們身上有武器。

朱商彝：我是彰化人，一九四六年進入師範學院教育系。那時候，我參加的是在師範學院集合的隊伍。我和幾個同學先把學校的軍事教官（中校）抓起來，要他交出軍械庫和倉庫的鑰匙，然後把日本人留下來的三八式步槍和糧庫的米，統統搬出來，投入台北地區學生武裝隊伍的鬥爭行列。當時，我聽說，學生武裝隊的總指揮是一個從日本讀軍官學校回來的人。另外，我後來聽說，在師院集合的隊伍由郭琇琮領導。可學生的武裝行動到最後卻沒有發動，原因是什麼？我也不清楚。到後來，軍隊從大陸調來之後，同學們就分散開來，各自逃躲。我也回到彰化老家。⑲

⑲朱商彝證言，一九九五年十一月十七日，日本京都立命館大學，收錄於藍博洲《天未亮——追憶一九四九年四六事件》（台中：晨星出版社，二〇〇〇年四月三十日初版），頁二九五—三二三。以下皆同。

7. 三月五日

監察院：處理委員會開會決定該會組織大綱，通過政治改革案。同時，台灣自治青年同盟舉行成立大會。

台灣省警備總司令部：台灣大學生吳裕德召集台大、延平學院、師範學院學生數百人開會，抨擊政府施政，最後議決集體簽名參加共產黨，並在市區散發荒謬傳單，宣傳推倒現政府，凡曾受軍訓學生，均予分別登記。[20]

廖德雄：三月五日，處理委員會開會，由王添灯當主席，討論「三十二條處理大綱」，三十二條是由政治建設協會呂伯雄、延平大學的小郭（學生代表，都在處委會出入）等人共同擬訂。當日開會，憲政（建設）協會又派人來鬧場，在三十二條處理大綱逐條提出宣讀時，憲政協會將事先寫好的十條綱目，派人喊叫追加，其中無理的要求很多，當時會場有不少民眾鼓譟，又一致拍掌叫好，局勢混亂。事後小郭著急地對我們代表說，王添灯太大意了，當天的條文未經過審理討論及內部表決即逕行通過，一定會造成爭議。事實上，憲政建設協會此行旨在製造糾紛，原來第一次提出的三十二條才是真正的台灣人的意願。

曾重郎：新竹市「二二八事件處理委員會」主任委員是市議會議長張式穀。我以學生代表身分參加委員會為委員，並參加新竹市的五人代表團出席三月五日在台北公會堂舉行的全省「二二八事件處理委員會」。在台北公會堂舉行的委員會，會場秩序混亂，許多人圍在會議桌周圍，有些人甚至站在室內的桌子上大喊亂叫。王添灯先生聲嘶力竭地叫喊著維持秩序，並在此困難條件下草擬與國民黨談判的條件。條件的核心要求是懲治貪官污吏，實現民主自治。

柯遠芬：「處理委員會」決議改組，容納各界代表，並由陳逸松任主席，決議有所謂「組織大綱」，及「政治根本改革草案」……而「自治青年同盟」竟決議組織「自衛隊」，並推薦劉明為財政顧問，著手編組暴徒武力。政治野心分子一面進行政治組織，一面武裝青年。首惡分子蔣渭川竟於五日上午九時廣播集合全市曾受日人訓練之台籍日軍在中山堂集合。[21]

蔣渭川：本日在中山堂開了青年大會成立團體，因為是由游市長出來主持的臨時治安委員會，託諸青年代表幫忙治安的工作。所以成立該團體名稱是台灣青年自治同盟。這是臨時的團體，若恢復常態時，就要解散。本日大會的口號，即：一、擁護中央政府。二、擁護蔣主席。三、擁護國民黨。四、實行三民主義。五、打倒貪官污吏建設新台灣。六、推行憲法實施地方自治。七、中華民國萬歲。八、蔣主席萬歲。九、國民黨萬歲。十、新台灣萬歲。

許德輝十二時十五分（深夜）前來店（三民書局）報告，已取得青年團體的聯絡，治安維持已得著有力的幫助，並聞學生團體也已自昨日集體出來協助等語……[22]

許德輝：台灣政治建設協會蔣渭川、延平大學校董劉明因見台北治安日形恢復，深恐亂勢剷平於彼叛逆不利，即於所謂二二八處理委員會中嗾使台灣大學及台北各中等以上學校學生，計十五單位，一千二百名，組織學生治安隊。但經該會通過參加治安組編制各該學生（係一部優良者予以控制外），既受奸偽指使，未明大義，劫掠民財，焚燬公物，無所不為，與忠義服務隊魚

---

[20] 前引台灣省警備總司令部〈台灣暴動經過情報措要——三十六年二月二十八日至三月十日〉，頁四四八。
[21] 前引柯遠芬《台灣二二八事變之眞像》，頁二六。
[22] 前引蔣渭川《二二八事變始末記》，頁九五、九六。

目混珠，迨將吾人立場覆入彼等陰謀。職〔許德輝〕睹此情況，當即請示林頂立、陳達元二先生，報告陳長官，以謀對策，當由長官准撥配武器，以實施對付，必要時予以制裁。㉓

廖德雄：當時參加服務隊的學生，台北地區除了五所遊行學校外，還有泰北、建國中學等校（無台大學生）的學生，共有一千多人，依各校的地緣關係，分配駐守之分局，再以之為中心派服務隊至各派出所執行任務，共有八分隊，分隊長由各學校自行推選，如由北商學生組成的第八分隊，分隊長是陳垣樑。當時處理委員李仁貴、吳春霖等人說台北市的糧食問題很嚴重，要我兼任糧食組長，我們奉命後，立即聯絡台中林連城（台中市參議員、義勇消防隊長）、彰化李××（李崇禮家族）、嘉義等地看是否可將米糧運至台北？其中台中方面撥運了兩百包米至台北，我們將一部分送至艋舺，其餘交予忠義服務隊使用。當時由靜修及第二女中（今中山女中）的學生負責煮飯給我們吃。後來彰化也配給台北三百包米糧，但運到新竹時遭劫，不知所終。本來我們要求在各分局的服務隊要配備十支手槍以便維護治安，但當局並沒有發給我們，而警察局遺留的部分舊式槍枝，也都不能使用。後來王炳煌建議「搶武器」，我們跑去包圍圓山（日據時代的海軍訓練所），但遭機關槍掃射，只好撤離。另有台北工業學校學生包圍南飛機場（空軍基地，在今青年公園內），在那兒發生戰事，死了三個學生。至於官方資料上說忠義服務隊由劉明管財務，並非事實，我從未見過劉明出現於忠義服務隊。

葉崇培：當天的作戰計畫，我被指派的任務是總指揮部的聯絡員。總指揮部就設在警備司令部附近的廖瑞發（當時是「省工委台北市委書記」）家裡。為了動員高山同胞，陳金木已經與高山族的同學到烏來部隊了。但是，五日凌晨，當發動起義的時間已經過了時，烏來那邊的隊伍卻遲遲沒有下山。李中志帶領著楊建基及其他台大學生約略一百名左右的第三大隊，埋伏在景尾軍火庫附近，當他們眼看著烏來的高山同胞遲遲沒有下山時，立刻決定自行發動起義。於是他們把軍火庫的電源切斷。為此，當場即遭到守衛軍隊的盲目掃射。凌晨二點整，我們在總指揮部聽到從馬場町那邊傳來了幾響槍聲，我們以為也許由郭琇琮率領的、埋伏在馬場町附近的第二大隊，已經按照計畫順利起事了；但狀況還不太清楚，我們不敢確定。一直要到凌晨三點多時，第三大隊的楊建基騎著腳踏車冒雨回到總部報告狀況後，我們才知道整個行動已經完全失敗了。作為總部聯絡員的我，立刻奉命前往馬場町尋找郭琇琮，要他取消這次的行動計畫。

蘇友鵬：等到凌晨兩、三點，那些烏來山胞組成的隊伍並沒有來，我們才解散。由於等不到武器的支援，一場由學生發動的武裝行動，因此流產。這之後，就沒有人再來聯絡集合活動。

陳炳基：當天晚上，入夜以後即下著大雨。桃園方面的武器供給始終沒有來。雖然沒有拿到武器，但整個大隊隊員的鬥志仍然昂揚，個個手持鐵棒、木刀、木棍等武器，誓與反動武裝決一死戰。我眼看著擔任第一大隊聯絡員的北二中同學黃雨生始終沒有回來，於是就一個人騎著腳踏車，冒著傾盆大雨到北二中的學長林水旺的家，問他今晚的武裝起義是不是一定要執行？他說一定要。因此，我又轉往師範學院找郭琇琮。我看到他蒙著臉在給學生說話。我於是走上前問他：今晚的起義到底幹不幹？郭琇琮馬上堅定地一口回答我說：幹！於是我就騎車回建中，鼓勵其他學生說：今晚的起義我們一定要幹下去，否則，別的隊伍都行動了，我們卻沒有動，

㉓許德輝呈毛人鳳之〈台灣二二八事件反間工作報告書〉，一九四七年。轉引檔案管理局編印《二二八事件與青年學生》（台北：檔案管理局，一九九五年十二月），頁三六。

那不是太對不起人家嗎？隊伍中一名建中的體育老師卻說：如果狀況正好相反，別人都沒動，只有我們動，那又怎麼辦？聽他這麼一說，我覺得也對，於是就把隊伍交給他處理，自己又到警察大隊偵察，然後再到小南門的指揮總部，看看桃園方面的武器運來了沒有？凌晨，三點過了，新店方面第三大隊的信號彈仍然沒有發射；這是新店的起義未能發動。總指揮部後來也發出了停止行動的指令。拂曉時，我又回到建國中學，把隊伍解散。

葉崇培：我冒著滂沱的大雨，在雷聲與槍聲夾雜的寒夜裡前行。我好不容易在馬場町附近的堤防下找到郭琇琮已經是凌晨四點左右了。我向他傳達了總部的指令。他還是堅持到確定沒有起事的可能的黎明前才把隊伍解散……這次的起義計畫終於因為某些組織聯絡工作沒有落實，搜集武器又落空而流產了。

8. 三月六日

監察院：處理委員會改設二局十組，選舉參議員王添灯等十七人為常務委員，同時以台省參政員名義致電中央，正式提出改革政治方案九項。是日，陳長官更做第三次廣播，宣布盡可能採納民意要求……

廖德雄：家父和呂伯雄等皆在台灣省政治建設協會總部，下午張邦傑自上海來電說，蔣介石已派兵不日將抵達台灣。晚上父親趕回家中，準備逃亡，當時我正好回家換衣服（事變期間我很少回家，大都住在忠義服務隊本部），他要我把學生隊解散，並說國軍最晚三月八日就會到台灣，屆時可能會展開屠殺。過去有大陸經驗的呂伯雄常告知家父，大陸軍隊是不問對錯就先開槍的，而家父也到過大陸一次，深知陳儀軍隊在福建的作為。

蔣渭川：（早上）八時半許德輝來通知說，今日九時半起有很多學生要在互正合會公司樓上開會，請我到會看看，以防學生的意外行動。我答應一定去看看……九時半到互正公司樓上，已有三十多名學生在準備開會，遂入許德輝的私房談話。聽過許氏說明，今日學生開會空氣甚不穩，似有組織再起行動的模樣，情勢甚危險，大概是被人煽動，要求我力為制止勸說勿發生意外而延長時間等語。我即答應必盡力勸阻，並希望許氏協力……旋即赴學生開會場所，聽過會議空氣甚緊張、帶有鬥爭性……知事不妙，即由許氏介紹登台講話。有些學生怒目相對，我也不管……希望大家在許組長兼忠義隊長指導下，與青年團體聯在一起協助治安的維持。㉔

許德輝：上午十一時，向（保密局台灣站）林（頂立）站長領發日造十四年式手槍十七桿，分發各基本隊員，以防不測，削（消）滅反動，并以治安組長職權向全台民眾闡述治安立場（如有擾亂不法決予制裁）。㉕

陳炳基：烏來高山族的頭目下山來了。他告訴我們，要他帶族人下山一起鬥爭絕對可以；但是他有幾個條件。首先，按他們的習俗，下山前一定要舉行出征的儀式；其次，以他的經驗，要作戰，就要準備好足夠的米、鹽。我們於是遵照他的要求，買了兩頭豬，供他們充作祭典用的牲禮，並且備妥充足的米和鹽，準備第二次起義。

㉔前引蔣渭川《二二八事變始末記》，頁九六—九七。
㉕前引許德輝呈毛人鳳之〈台灣二二八事件反間工作報告書〉。

9. 三月七日

監察院：事變本可告一段落，乃其時處委會為暴民所裏脅，無法控制群眾，至七日後提出處理大綱共計四十二條……此項大綱提出後，不惟已逾政治改革要求之範圍，且其叛國陰謀已昭然若揭矣。

吳克泰：事件發生後，軍方就發電報要求南京火速派兵前往鎮壓。蔣介石在三月三日清晨以前就發密令從江蘇調兩個師，從福州調一個憲兵團趕赴台灣鎮壓。援兵到來以前，陳儀口頭上對「處理委員會」的要求百依百順，但到了鎮壓大軍開到前夕（三月七日晚），眼看緩兵之計已經成功，就露出兇相，把「處理委員會」的要求全盤推翻了。

廖德雄：在服務隊維持治安期間（三月四日至七日），台北發生不少小案件，較大的一起是有五、六個流氓持扁鑽搶劫貴德街錦記茶行（陳清汾所開），茶行打電話來求援，我們馬上由王炳煌帶了十多名隊員趕去，結果抓了五個人回來，將之拘禁於北署的地下室……三月七日，我仍到北署，跟隊員說，八日可能有國軍上岸，我們既沒武器，無法與之對抗，應立即解散。當日下午，並通令各分隊解散。

蔣渭川：八時半起床洗臉、食朝飯後不管來人怎樣多，託林梧村、張武曲、陳棟才、蔣炳佳等以汽車同赴警備總部訪柯參謀長……將這幾天來青年團體協助治安的功績報告，一一介紹青年諸氏。柯參謀長隨及〔即〕一一致謝並嘉獎，即一一握手而別……後轉赴忠義隊本部時，是在開會各角頭的代表人會議。許隊長德輝請我講話，我也隨便演說……希望大家安心在游市長、許隊長指導之下發揮服務精神來協助治安。我講完，劉明也登台講話。㉖

台灣省警備總司令部：下午三時，萬華入船町有學生集隊攔街，搜繳軍人武器。[27]

柯遠芬：晚有暴徒多人（數目不詳）於大雨滂沱中祕密分別在建國中學、台灣大學，以「人民」、「三民」為暗號，企圖於是夜十二時暴動，事為警總所獲悉，乃派兵將其驅散，卒未獲逞。[28]

10. 三月八日

監察院：憲兵二營由福建抵基隆開入台北。是晚，暴民自北投松山分兩路進襲台北市區，攻圓山據點、警備總部、陸軍供應局、長官公署警務處、台灣銀行等處。

吳克泰：傍晚，從基隆登陸的國軍開進了台北，見人就開槍射殺，無數的行人倒在血泊中。當時，我同周青在延平北路，趕忙躲進一家商店，才幸免於難。

陳炳基：那些被軍統特務利用，參加忠義服務隊，在台北市區維持了一週治安的天真學生最可憐了！這天晚上，他們就被軍隊集體屠殺了。

廖德雄：我在三月七日時雖下令解散服務隊，一些重要人員仍留守北署直至八日中午，大家隨便吃過飯並喝酒道別後，服務隊才正式解散……仍有延平派出所及民生路的派出所約一百多名學

㉖前引蔣渭川《二二八事變始末記》，頁一〇六—一〇九。

㉗前引台灣省警備總司令部〈台灣暴動經過情報措要——三十六年二月二十八日至三月十日〉，頁四五〇。

㉘前引柯遠芬《台灣二二八事變之眞像》，頁二八。

生尚未撤離，直至該晚十時，一百多名住在士林、北投地區的學生才集合準備回家，我從一名住士林的當事者（姓蔡）口中得知，他們走到圓山車站、圓山動物園附近時，卻遭到陳儀的軍隊（非剛由大陸來台之軍隊）開槍掃射，當場打死了五十多名學生，其中有的是重傷而死，有幾個學生為躲避軍隊掃射跳入基隆河而死。

有人說，三月八日以後有忠義服務隊四處抓人之事，此乃許德輝及其部下所為，並不是我們學生所為。後來蔣渭川任民政廳長時我常去找他，提到許德輝，蔣渭川說，在二二八之前即認識許德輝，許也常去找他，二二八發生後，許即要蔣推薦他當總隊長。蔣渭川還說，他是在二二八事件後才知道，許德輝是林頂立派來的特務。

11. 三月九日以後

監察院：九日，警備總部重行宣布戒嚴。十日，國軍第二十一師陸續開到，軍警開始徹底搜索。長官公署下令解散各地處理委員會。於是台北自「二二八」爆發之暴動事件漸趨穩定。

廖德雄：國軍上岸後，仍有不少學生慘遭射殺，聽說有被國軍從中山堂頂樓推下而死的，這些應是未撤離處委會的學生。另外，有部分南署的隊員不聽命令，故在鐵路局附近也有不少學生傷亡。

吳克泰：為了發動第二次進攻，我們又投入了緊張的準備工作。一直到國軍開始大屠殺的第二天，即三月九日早上，我們還召集學生代表開會，準備鬥爭到底，終因大批援軍開到，全台北市實行戒嚴，一片白色恐怖，無法行動。

陳炳基：在戒嚴令下，台北市區成為一座白色的恐怖之城。國軍開進台北以後，展開一場大搜捕。我們的再起義計畫終於未能實現。所有參加武裝隊伍的學生也就開始分頭逃亡；有人不幸犧牲了，有人南下參加謝雪紅領導的「二七部隊」，繼續鬥爭。

二　全省各大城市

1. 新竹市

監察院：新竹市以距離台北甚近，故台北「二二八」事件發生後，即行波及。三月二日下午開始集眾暴動，憲兵及駐軍出動彈壓；是晚由縣參議會出面調停，暴民提出市長民選等六項要求；當局允其所請。於是處理委員會分會即告成立。十二日，國軍開抵新竹……

林木順：新竹市的多風是有名的，台灣收復以後，由大陸挾來了在台灣沒有的各種「風」，例如「貪污」之風，「無能」之風，「姦淫」之風等……三月一日，新竹的風颳得特別厲害，因為這日的風，特別挾來了台北「二二八慘案」的消息。新竹市民以為台北二二八事變是陳儀一年多來的腐敗無能、壓迫剝削政策的結果，立即響應台北市民開始罷市罷課。三月二日早晨，由台北方面來了一隊青年和學生，以卡車到處演講，說明台北慘案的經過，呼籲民眾參加起義。「風城」起義於是在八時左右正式開始了……但這些青年學生，後來不幸被由鳳山北上的國軍逮捕，其中數名，有的被割下耳鼻，並以槍刀刺死，有的被縛在樹頭，兩天兩夜，不給一食，活活打死。到了三月四日，警備總司令部派新竹人蘇紹文少將前來，指揮軍隊，實施戒嚴，命令部下「格殺勿論」。這樣，新竹的起義遂被蘇紹文鎮壓下去。[29]

曾重郎：一九四六年三月，我從新竹中學畢業，隨即考入台北高等學校。不久，學制改為初中和高中，我於同年九月返回新竹中學念高中二年級，仍被推為新竹中學學生自治會負責人。〔一九四七年〕三月一日，當台北民眾起義的消息傳來時，新竹市的廣大民眾自清晨起自發的湧向新竹市政府，但以郭〔紹宗〕市長為首的貪官污吏早已聞訊逃跑，分別躲進警察局、憲兵隊和郊區兵營。我們青年學生也積極參加了清算貪官污吏的民眾行列。參加起義的民眾，掃蕩貪官污吏的住宅區（原日本殖民官員住宅區），把清查出來的整箱鈔票和衣物當眾焚燒，群情激憤，場面壯觀。我們新竹中學的幾位同學來到辛志平校長的宿舍，他的隔壁一棟住著教務主任羅富生（我的新竹中學先輩，客家人），後面一棟住著訓導主任鄭某（名字忘了，大陸籍，是個基督教徒），當我們走進辛志平校長的會客室時，看到他臉色蒼白，獨自呆坐在那裡。他一改常態，脫掉中山裝，改穿西服，領帶向一邊歪斜著，他那驚恐狼狽的模樣，令我同情。我告訴他，我們是清算貪官污吏，你是教育家不必害怕，我們學生可以保護你。他知悉我們的來意，頓時感到放心，隨即叫躲在天篷上面的夫人和七歲的兒子下來。當時他的夫人在新竹女中執教。就在我們和辛志平校長談話的工夫，突然槍聲大作，我們都迅速趴在宿舍院內的牆腳下。槍聲過後，從門縫往外看，看到一輛載著憲兵隊的卡車疾駛而過。就是這輛車上的憲兵隊員用機槍掃射民眾，成了新竹市的第一筆血債。這樣一來，民眾更加激怒了。因辛志平校長是大陸籍人，激怒的民眾很難分清誰是貪官污吏，誰是無辜的教育家，因此，我和幾位同學商量，決定把辛志平校長一家三人轉移至位於新竹中學校園內的學生寮（即學生宿舍）由學生保護。辛志平校長的七歲兒子由我們幾個同學輪流背著，於當天傍晚步行至新竹中學的學生宿舍。住在學校附近住宅區的不少大陸籍教師已先來到學生宿舍避難。我把住在宿舍的學生集中起來，向他們做了交代。我說，辛志平校長和教師是從事教育的，平時並未發現他們有貪污行為，我們這次起義是清算貪官污吏，他們是教育家，大家要保護他們。隨即我們幾位同學即告別辛志平校長離開了學生宿舍。在起義中，學生是一支比較有組織的力量，我組織學生進駐市內的各警察派出所以維持社會秩序。

「二二八」起義後，台灣各界人士組成了「二二八事件處理委員會」，協商草擬談判的條件。新竹市「二二八事件處理委員會」主任委員是市議會議長張式穀。我以學生代表身分參加委員會為委員，並參加新竹市的五人代表團出席三月五日在台北公會堂舉行的全省「二二八事件處理委員會」……第二天，我們返回新竹後，立即同新竹中學的老校友商量，擬著手籌組新竹市市長的民選。不料，三月八日風雲突變，國民黨自大陸調來軍隊鎮壓台灣人民的「二二八」起義……辛志平校長顧及我的安全，囑我到他家躲藏。當夜，我即去到辛志平校長家……他把我安置在後面一棟鄭主任家裡。鄭主任告訴我，起義期間，牧師的兒子把他全家接至新竹長老教會的教堂保護起來，所以安全地度過了這次起義。在國軍對台灣人民施行大屠殺的黑暗日子裡，我就在辛志平校長和鄭主任的保護下躲過了殺身之禍。

大屠殺過後，我仍被通緝。隨後在辛志平校長和鄭主任的幫助下，扮成小商販，藉著新竹中學復課的那一天清晨離開了新竹。鄭主任親自把我送至車站，南來北上的火車進站，許多來上學

㉙林木順《台灣二月革命》（台北：前衛出版社，一九九二年一月初版三刷），頁五七—五八。

的校友從列車尾部的車廂下車，我則踏上靠近車頭的車廂，當火車徐徐開動時，我目送鄭主任和同學的背影離開了故鄉。

我在台北二哥家住了個把月。在此期間，國民黨暫時放下屠刀，改取懷柔政策，撤銷了陳儀的行政長官職務，把台灣行政長官公署改為台灣省政府，委派魏道明為主席。台灣形勢重新趨於穩定。據此，辛志平校長特地派鄭主任來台北叫我回校讀書，鄭主任為找到我二哥家連腳都磨起了泡，實在令我感動。在他的催促下，我自台北回到新竹中學繼續我的學業。當我出現在班上時，同學們都用驚奇的目光望著我，同學們既驚又喜。他們給我開玩笑說，我們以為你已經不在人世了。但好景不長，駐新竹市的憲兵隊即傳訊扣押我，傳訊中我堅持說，我只參加了清算貪官污吏的活動，並未殃及無辜。辛志平校長出面力保，因此憲兵隊隨即把我釋放了。由於新竹市已成了我的是非之地，加之我的父母和大哥二哥均已移居台北，因此我於一九四七年八月經插班考試，轉入台北師範學院附中高三學習，成為該校的第一屆高中畢業生。一九四八年八月，我同時考入清華大學經濟系和台灣大學經濟系。當時，祖國的解放戰爭正進入決定性階段，我為了尋求光明和真理，為了探尋我尚未完全認識的地大物博的祖國，我沒有聽從家人的勸阻，毅然來到北京清華大學。

2. 台中市

監察院：台中市為台灣中部之最大城市，共黨謝雪紅等自光復時出獄後，即以青年團婦女隊長名義以此為活動中心。「二二八」事件發生後，謝雪紅即乘機煽動，糾集群眾於三月二日發動遊行示威，毆打外省人，搶奪軍警槍枝……於是全市情形入於紊亂。三日，七五供應站、第四支庫、第三飛機場倉庫及第六被服廠，市府以下各機關全部被占領。共黨以暴動得手，乃組織時局處理委員會，提出政治要求，組織台中指揮部，發展其軍事力量。派遣暴徒馳赴嘉義，會合嘉義暴徒圍攻國軍。及三月十日國軍開到，謝雪紅等率領暴徒向埔里一帶逃逸。

陳明忠：我是高雄岡山人，日據末期考上台中農學院。一九四七年二月二十八日那天下午，我看完一場電影，回到學生宿舍時，碰到一位高雄中學的學長。他見了我就很驚訝地對我說：你還在看電影啊！是啊！我覺得奇怪，看電影有什麼不對呢？就問他有什麼不對嗎？台北都打起來了，你知不知道？那個學長撂下這句話就匆匆離去。這時，有兩位延平大學和台大醫學院的學生也跑來，向我們通報台北發生的狀況。第二天，也就是三月一日，台中地區的民眾也動了起來；到了晚上，市內各處都有人發現號召民眾起來鬥爭的傳單。我把外省籍的校長周進三和其他教授，帶到學生宿舍，請一名同學保護他們。我當時的想法是，我們的行動對象只針對那些貪官污吏，並不是所有的外省人。

三月二日上午，市民大會在台中戲院召開，謝雪紅被推舉為大會主席，討論台中方面的鬥爭方針。會場上的氣氛很激昂，與會者的情緒也非常激動，大家都支持謝雪紅的意見。會後開始遊行，首先把警察局包圍起來。警察局長立刻接受人民的要求，解除該局全體警察的武裝，把所有武器交給人民。同一天，台中各界人士也響應台北成立的「處理委員會」，成立了「台中地區時局處理委員會」，設置各部門，並開始組織青年學生為「治安隊」，以維持治安，準備有組織的鬥爭。台中當局害怕人民的暴動擴大，就散布國軍已開到台中近郊的謠言，威脅市民。這時候，以市參議會議長黃朝清為首的地方士紳們，立即畏怯地宣告解散處委會和治安隊。一般青年反對黃朝清的聲明，就在謝雪紅、楊克煌等人領導下，以警察局的步槍和軍刀武裝起

來。我也分到了一把步槍。台中市和近郊的軍政機關於是逐漸由人民控制了。㉚

林東海：三月二日，我和幾個同學參加了在台中戲院召開的市民大會。會上，謝雪紅、楊克煌等人做了演講，號召大家反對國民黨的貪官污吏，大會結束後，我們一起參加了示威遊行。隊伍剛走出台中戲院不遠，即碰上警察隊伍，他們的人數不多，示威群眾一直衝向警察局，把警察局團團圍住。還有人把汽油灌進消防車的水箱裡，車子一直開到警察局大門口不遠的地方，準備用這些車子放火燒毀警察局。裡面的守衛人員害怕被火攻後全軍覆滅，最後向我們投降了。我也衝進裡面，拿了兩枚手榴彈。有人提出要去捉縣長劉存忠、黃市長等人。鬥爭持續到晚上。這時，我聽到消息說軍車已經開出，準備向示威群眾掃射，便立即和幾個同學商量。我估計軍車會途經吳眼科醫院，即與五個同學組成一個小組，直奔這所醫院。這是一座靠近台中醫院的樓房，屋頂上是一個天台，我們在天台上監視著下面的情況，可是過了一天一夜，沒有發現敵人的軍車開過。醫院裡的醫生和護士對我們十分關心，他們送來飯糰和水，還義務為傷員包紮傷口，主動擔任起一些後勤的工作。

曾文華：我是台中市人。一九四六年四月，師範學院頭一屆招生，我考進英文科。九月，正式開學。半年後，二二八事件就發生了。那時候，我和同班同學柯旗化、吳明烈住在宿舍的同寢室。聽到二二八的消息後，我就決定回台中。於是我從宿舍沿著山腳下的路，走到一個叫「崁仔腳」的小站，才坐上載貨的火車。回到台中，已經是三月初，事件已經過了三、四天。我跟大部分有熱情的青年一樣，也想瞭解台中的情況到底怎樣？我想，如果地方的治安不好，我們也應該出來維護一下。因為有這樣的心理，我就到讀過一段時間的台中師範看看。我聽說那裡有一個本部。到了師範附小，我看到有很多人被集中起來。我問人家，他們說是怕他們被壞人打，所以就把他們集中保護。他們包括本省人和外省人，有些還是官員，不管什麼人，反正容易被欺負的，就要保護啊！我就留下來，幫忙煮飯，做飯糰。後來，另外一邊的人來包圍師範本部，什麼人我不清楚。好像是從海外回來日據時代當過日本軍伕的人比較多。他們要搶武器。我就覺得，那樣內鬥沒意思啦！所以，我的熱情就有比較冷了。經過這個事情以後，我很擔心在這樣的狀況下，台中一定會很亂！到時候，一些壞人一定會出來搶啊！[31]

洪敏麟：學校自然也就停課了，我憋在宿舍兩天後，聽到鐵路已再通車的消息，乃於三月三日乘坐火車歸鄉，經過數個鐘頭，到達台中站，下車後，走出站前廣場，突然間聽到槍響聲，那時我聽說是學生軍在狙擊外省人或國軍，但我於事後才曉得，是日在台中市已經成立了台中地區治安委員會作戰本部，在這之前的槍聲就是學生軍展開巷戰的槍聲，警察局、憲兵隊、干城、空軍第三倉庫等，皆已在其占領下，住在台中市的外省人，幾成驚弓之鳥了。

陳明忠：三月三日，謝雪紅在市民館成立台中地區作戰本部。這天早上，集結在第三飛機廠倉庫（舊教化會館）的軍隊竟然以武裝卡車侵入市區，並用機關槍掃射市民。我們這些武裝青年立刻向這些軍隊反擊。在教化會館這一仗，可以說是我生平頭一次打仗。我在日據時代曾經受過軍事訓練，所以在戰鬥時避過不少子彈；但我一直覺得不對，為什麼對方火力似乎集中在我這邊？後來，一旁有個叫「脫拉」（日語為老虎）的民眾問我，說同學，你的槍怎麼會冒火呢？

㉚陳明忠證言，一九九五年二月，台北。以下皆同。

㉛曾文華證言，一九九七年三月二十八日，台中市。前引藍博洲《天未亮》，頁二四九—二八三。以下皆同。

聽他這樣問，我才想起，我用的那把槍已在軍械室放了很久，保管人員為了防鏽處理的方便，就在槍膛中塗了厚厚的一層油；我在使用前沒有再擦拭，子彈穿過槍膛時就有火焰冒了出來；也因此使我在戰鬥中成為顯眼的目標，自然就成為敵方部隊攻擊的目標。還好，運氣好，沒有變成槍火下的冤魂。當我前進到教化會館圍牆時，一顆手榴彈突然從會館那邊丟了過來，不偏不倚的，正好就滾到我的腳邊；我那時年紀輕，膽子算是很大的了，可那顆手榴彈還是把我嚇出一身冷汗；原來我想這條小命已經不保了，可沒想到那顆手榴彈竟然沒有爆炸。因為這樣，我又一次和死亡擦肩而過。我之所以會參加這次的武裝戰鬥，完全是基於對政府腐敗的不滿。那時候的政治口號是：民主自治、打倒貪官污吏。對於打倒貪官污吏的事實，我是再清楚也不過了。

洪敏麟：三月四日，我到草屯街上，學生們聚集在初級中學校，以台南工學院（現成功大學）出身之徐錦山氏為領袖，已成立了地區治安委員會，以地方上的大學生為幹部，初中生為隊員，校門之前有崗哨站立。我大體看了其駐紮狀態，根本就沒有維持治安的能耐，但因警察潛藏未見行蹤，地方上有治安的象徵倒也有其必要。

林東海：記得是三月五日，我們從吳眼科醫院轉到市婦女會會址，碰上謝雪紅等人。她鼓勵我們要好好戰鬥，同學們感到十分高興。學校裡已停課，有不少外省籍的老師搬進學校裡住。我們邊協助安排這些老師的食宿，邊安慰他們，並動員留校的同學保護他們。聽說圍攻教化會館的戰鬥打響了，我們立即趕去參加戰鬥。教化會館位於台中公園東南面，是臨時的軍用倉庫，因此守備人員不多，他們很快便被迫投降了，我們衝進去，繳獲了一批日軍的軍服、軍刀。下午，我們又繼續進攻位於南台中的台中二中，這裡駐紮著一個連的兵力。這天剛好下大雨，營房門口只有一個哨兵在站崗。連長、排長等人都在屋內打麻將。我們繳了哨兵的槍，衝進裡面一看，當官的正玩得興高采烈，就這樣，一下子全部當了俘虜。我們一共繳獲了一個連的武器，有步槍、輕機槍共一百多支，並把武器分給了群眾。這時，埔里一帶的高山族同胞也來參加戰鬥。他們扛著弓箭、長矛，乘著一輛輛的卡車來到教化會館支援戰鬥。

陳明忠：三月六日，一群反對處委會妥協路線的青年學生，為了抗戰到底，就在謝雪紅、楊克煌等人領導之下，成立二七部隊。我並沒有加入二七部隊，而是在車站幫忙把從部隊繳獲的手榴彈、武器等軍火抬上火車，分別運到嘉義和台北等地。

周　明：二二八事件發生時，我在台北。二月二十八日早晨，我親眼看到長官公署的衛兵用機關槍掃射手無寸鐵的請願群眾。目睹無辜群眾被屠殺的慘狀，心中的怒火一下子迸發出來，我下決心要和國民黨統治者鬥到底。我和〔延平學院〕同學們準備參加武裝起義，但台北缺乏武器，我就回到了台中，從此，我始終和台中地區起義領導人謝雪紅一起戰鬥。台中的起義可以分為三個階段：第一階段是三月一日到三月四日。第二階段是三月五日到三月十二日。謝雪紅失去軍權以後，為了挽回局面，接受中共台灣地下黨領導人張志忠的建議，另行組織了以工人、農民、學生為骨幹的二七部隊。我是這個時候由台北回到台中的。我本來就認識謝雪紅，又懂得一些軍事知識，她見到我很高興，便把二七部隊交給我指揮。㉜

林東海：幾天以後，國民黨派來增援的整編第二十一師在基隆登陸，一上岸即向群眾開槍，還把

㉜周明〈台中地區的「二・二八」起義和謝雪紅〉，前引台灣民主自治同盟編《歷史的見證——紀念台灣人民「二・二八」起義四十週年》，頁四六—五一。以下周明證言皆同。

學生捉起來，用鐵絲捆著手腳扔進海裡。二十一師南下到台中等地鎮壓示威群眾。消息傳來，謝雪紅等人組織了二七部隊和支援起義的高山族同胞，向埔里撤退。其餘的學生四散逃逸，我也回到鹿港家裡躲避。

洪敏麟：到了十二號，學生隊內空氣凸顯緊張，我們得到蔣介石從大陸派遣來的第二十一師從基隆登陸後，結束北部作戰正一路南下，而在台中的民軍二七部隊則正緊急準備撤往埔里的情報，維持地方治安任務的學生們乃決議解散隊伍，徐錦山氏急速地開始焚燒隊員名冊，學生們將武器回收處理後解散，一切都在倉皇中進行完畢……隊伍解散後約下午四點過後，二七部隊乘坐卡車經過草屯，短暫停留在市場處充飢後駛向埔里。因當時我已回鄉下，這些是我聽從草屯回來的人說的。

周　明：第三階段是埔里的戰鬥。三月十二日下午，謝雪紅和楊克煌帶領先遣隊進入埔里，安排營地。隨後，我們連夜有秩序地分批出發，來自嘉義的一批青年也同我們一起撤到埔里，總共有二百人。到了埔里以後，以能高區長為首的地方士紳來勸說我們放下武器，停止戰鬥，也就是要我們投降。儘管這樣，謝雪紅還是耐心地說服他們，希望他們合作。這個區長第二天清晨就棄職而逃，我們就占領了區公所和警察所，收繳了武器彈藥。為了表示誓死為民主而戰的決心，我們將二七部隊改名為台灣民主聯軍。霧社一批山地青年聽說我們到了埔里，下山來加入我們的隊伍。

陳明忠：後來，我聽說，彭孟緝的部隊在高雄殺了許多人民部隊。我是高雄人，深深覺得不能讓這樣的情形繼續下去，就想回高雄幫忙；但是人手不夠。我因為有在台中攻打教化會館的經驗，知道一般民眾其實是沒有勇氣扛起槍反擊的，於是就想到教化會館一役中表現英勇的一批黑衣部隊；他們是來自埔里的原住民青年。於是我去了埔里，告訴他們情況，並獲得他們的支持，決定同我一起下高雄。因為缺少交通工具，我想回台中接洽車子的事，結果在路上遇到了謝雪紅和楊克煌。那時候二七部隊打算撤退，需要生活資金，謝雪紅有一批蚊帳、襪子，便要我幫忙抬下車。這件事情處理好之後，我就準備回台中，途中在南投碰到正在撤退的二七部隊。他們告訴我國軍快來了！我心想不太可能，但還是將槍留給他們，以免成為國軍攻擊的對象，然後才回台中。到了台中後，我才發現，因為謠傳國軍二十一師即將開到台中，而二七部隊又已撤出，為了避免無謂的犧牲，台中市民都躲起來了，街上都沒有人走動，整個台中彷若一座死城；我覺得有些恐怖，趕緊回到宿舍，取了槍彈，又回到埔里，加入二七部隊。二七部隊在三月十三日占領埔里，並在這裡設置隊本部，同時支持謝雪紅的意見，更名為台灣民主聯軍。當時，二七部隊的參謀，也是新聞記者的蔡鐵城鼓勵大家說：「埔里是台灣的重慶」。在台灣民主聯軍中以學生部隊人數較多，其中我的學歷又最高，所以謝雪紅等人對我很好。在事件發生前後，我所就讀的農學院，風氣十分保守。當時，參與事件的大都是師範學校、商業學校和謝雪紅的建國工藝學校的學生。台中一中和農學院的學生則很少，我想這大概和出身背景有關。譬如說，在光復後，郭琇琮的學生聯盟組織在師範學校和商業學校都搞得轟轟烈烈的，而農學院就沒有人參加。另外，在事件中，農學院也只成立農學院隊，負責維持治安，沒有參加戰鬥，而且還是屬於二二八事件處理委員會系統的組織。整個說來，台中農學院的校風是比較保守的。我記得我加入二七部隊時，還有學長告誡我不要參加，說那是紅部隊，是共產黨的部隊。當時參加二七部隊的學生有台中商業學校、台中師範學校的成員，還有來自嘉義的部隊，也就是由地下黨人張志忠領導攻打飛機場的台灣自治聯軍。

洪敏麟：三月十四日，國軍第二十一師躡二七部隊之後進入草屯，在初級中學處過夜，翌日很早就往埔里前進，據看過軍隊宿營地者說，在運動場上到處都是一堆堆大便，應該是要急著出發吧！我記得在初級中學東南角處即有廁所，供大便處即有十幾個。

周　明：三月十四日，國民黨軍二十一師分兩路追來。一路從草屯進到龜仔頭；另一路經由集集、水里坑進到日月潭。他們摸不透我們的虛實，不敢再進一步。草屯這一路國民黨軍有個自稱團參謀的打電話來，想摸我們的底，同時威脅我們：「喂！你們多少人？我們兵力強大，我勸你們投降，不然我們就要進攻了。」我們的回答很乾脆：「我們的人多得很，草木皆兵，熱烈歡迎你們進來，多多益善，保證熱情接待。」我立即召集全體隊員進行戰鬥前的動員，請謝雪紅講話，頓時士氣大振。有些戰士還對空鳴槍表示誓死戰鬥到底的決心。附近的群眾聽說國軍進犯，紛紛前來入伍。我派了嘉義隊去龜仔頭阻擊打電話勸降的那個團，迫使他們退到草屯。到了傍晚，我自己帶領一個隊襲擊日月潭方面的國軍。我們沿路收繳警察所的武器彈藥，打到日月潭北面的一個橋頭堡和敵軍前哨相遇。激戰不到數分鐘，橋頭堡的小股敵軍就繳械投降，跪在地上直發抖。後面的敵軍沒有交戰就乘卡車逃了。為了防備埋伏，我們沒有戀戰，撤回埔里。這天晚上，謝雪紅和楊克煌前往竹山的小梅，尋找陳篡地領導的隊伍，準備同他們會師。

陳明忠：二七部隊進駐埔里後，很快就分別占領能高區署及警察所。國軍則於同一天分別進駐二水、集集、水裡坑、日月潭、門牌潭等地，企圖圍攻埔里。當天晚上，二七部隊決定先發制敵，進攻日月潭。攻打日月潭的戰役，由周明擔任總指揮，共分成三個隊，一個隊大約有十幾個隊員，我是突擊隊隊長。副隊長是後來在地下黨裡當過「台中武裝工作委員會」委員兼第二大隊隊長，因而被判死刑的呂煥章。坦白說，那次戰役，雙方都互相害怕著。記得我們一上山，就遭到守候我們的國軍攻擊，在搞不清對方所處位置的慌亂情況下，我們只能臥倒、亂槍還擊，不敢進攻，因為對方擁有機關槍，如果貿然進攻，只有死路一條。不過，總指揮要求我們務必要進攻，否則，等到隔日敵方援軍到來，仍然是全軍覆沒。我當時還有些猶豫不決，結果總指揮說了一句：「難道你怕死嗎？」那時只有十八歲的我，經不起一激，於是下令隊員準備進攻。在我一個進攻手勢之下，大家一起大喊：「衝啊！」然後就衝了出去。沒想到國軍聽到我們的衝殺聲後，大概以為是千軍萬馬殺來了，竟然全部棄械奔逃而去。我覺得這一仗儘管勝利了，卻贏得並不光榮。我們俘虜了三個國軍，但是事後得知，警備總部的資料上卻記載我們俘虜了二百人。我想我後來之所以被通緝，或許就與這資料有關。其實類似這樣的錯誤情報，在當時真是不勝枚舉。

周　明：三月十五日，從龜仔頭進犯的敵軍到了埔里鎮郊吊橋對面的小崗上，兩軍對峙了一天一夜。到了第二天，我們已彈盡糧絕，小梅的隊伍也沒有聯繫上。我只好解散隊伍，化整為零，等待以後重整旗鼓。我等大家走了以後，隻身到竹山找謝雪紅。

陳明忠：當天晚上打了勝仗後，我們就回埔里，到達埔里時已是第二天（三月十四日）清晨，三個俘虜則由周明帶走。不料，大約清晨七點鐘，國軍部隊打來，我們在烏牛湳又開起戰火。我帶領十二名手下，守在烏牛湳橋邊的山頭，打算襲擊進犯的二十一師部隊；另一戰友則率領其他隊員守另一邊的山頭。戰鬥一直打到下午四點多鐘，在槍林彈雨中，冷不防一顆子彈從另一側打來，往我的左臂擦過胸膛，一陣火熱，我受了傷。回頭一看，這才知道原來的戰友守的另一山頭已被攻下，整個山峰都已被包圍了，我只好帶領其他隊員撤退。可回到本部後卻見不到任何人影；我們才知道部隊已先行撤退了。於是我就夥同那些原住民隊員一起逃到霧社。途經眉溪派出所。由於連續兩天經歷日月潭、烏牛湳戰役，沒有睡、沒有吃，又身受槍傷，我心裡愈想愈不甘，於是就下令打派出所；結果，那些警察一聽到槍聲就嚇得爭先逃出。怎知，後來報紙的報導竟然說是有五十幾名匪徒攜械攻打派出所。

洪敏麟：從埔里方面傳來經過十六日的激烈戰鬥後二七部隊解散的消息。接踵而來的是常常有謝雪紅裝扮成新娘逃到大陸，或者是學生乘坐巴士被捉等各種謠言傳來，母親嚴格地要我不要外出，所以我也就乖乖地待在家裡，在接到學校開課通知前皆未曾離家。

周　明：幾天以後，我找到了謝雪紅，又到竹山會見了陳篡地。我同他約好去找回原來的隊員同他會合。可是，我第二次到小梅的時候，那裡已經在交戰，無法進去了。當時，敵我力量懸殊，武裝鬥爭很難繼續下去。許多同志勸我們離開台灣，我便掩護謝雪紅和楊克煌離開家鄉，輾轉廈門、上海，於當年六月四日到了香港。

陳明忠：到達霧社後，我就投靠農學院的學長高聰義，他是當時的霧社鄉長，因為是日本人的養子，所以在日據時期有條件念書。他非常照顧我。但是副鄉長劉錦焜（平地人）因為要爭鄉長的地位，就向警局密告：鄉長窩藏「叛軍」。也因此，我的姓名被正式列入記錄而遭到通緝，最後只好逃下山，回到學校。回到學校之後，校長周進三透過朋友告知我不要再逃，他表示願意保護我。周校長是日本東京帝國大學畢業的，後來回到上海，在上海勞動大學擔任教授。當時周校長願意出面保我，大概是為感激我在二二八期間救了他們幾個外省人的緣故。其實二二八事件並非本省人與外省人的衝突，而是要打倒貪官污吏，爭取民主自治。

林東海：國民黨發出了公告，所有學生限期回校，逾期均以匪徒論處。他們把有嫌疑的人捉來，拉到台中一中東北面的台中市水源地（即自來水廠）旁邊的運動場槍殺。母親擔心我年輕氣盛惹出禍事，家人也勸我到美國讀書。十月初，我離開台灣到達香港。一上碼頭就遇到周明……幾天後，由周明安排我在香港的山頂公園見到了謝雪紅……從這以後，我們經常有聯繫，每次由他們給我送來《華商報》和《群眾》雜誌，而且聯繫愈加頻繁……一九四八年八月，在地下黨的安排下，我和周明等五人，轉道南朝鮮到達膠東半島解放區的石島。從此，我走上了革命的道路。

陳明忠：二二八事件後，我們這些青年學生就開始思考：為什麼祖國要這樣對待我們？為了要有一個圓滿的解答，大家於是大量翻閱從大陸進來的雜誌，這其中包括了共產黨和民主黨派的雜誌。通過閱讀這些公開流通的雜誌，我才對中國的政治局勢漸漸有所瞭解。我們覺得書上所論述的都非常有道理，這也才認識到原來祖國有兩個：一個是現在欺負我們的國民黨政權所代表的白色祖國，一個則是要打倒國民黨政權的共產黨所代表的紅色祖國。

3. 彰化市

監察院：三月一日下午，暴民開始於車站毆打士兵。二日，數百人至警察局毆打警官，搗毀什物，並經市長允諾，將警局全部武器集中保管。三日，暴民將存槍全部劫去，於是自市政府以下各機關均被劫持。十一日，國軍開入，事變始告平息。

張克輝：記得那是在一九四七年的三月二日或者三日，我在火車站前的廣場遇見了剛下火車的同學。他們告訴我，台北發生了流血事件，青年們搶了警察的武器並同軍隊打起來了。我們預感彰化可能也要出事，便一齊到家在火車站附近的D君家去議論。剛坐下不久，忽然傳來了一陣陣槍聲。這時，鄰居的一個小青年跑進來說：「警察局那邊打起來了。」我們想看個究竟，D君的母親慌忙阻止：「你們還是孩子，哪裡也不能去。」她的話音未落，D君的父親推門進來，說：「沒關係，都去吧！你們青年人不去誰去。」我們便一窩蜂地去了。

警察局地處十字路口，視野廣闊，易守難攻。進攻的人分成幾堆伏在警察局的對面。警察局的門緊閉，看不到一個警察。進攻者時而胡亂地放槍，時而高喊「繳槍投降」。沒有多久，平時作威作福的警察真的向那些臨時組合起來，無人指揮的青年人繳槍投降了。我們也興匆匆地進了警察局，只見往日神氣活現的警官們，縮在大廳的角落裡發抖，一個勁地向小青年們求饒。待了一會兒，我們又轉到大街上，正見一群青年上卡車要去台中支援攻打飛機場，有幾個同學想擠上去，沒有成功，便一同又回到D君家裡。我們問D君的父親，為什麼那些警察不戰而降了呢？他回答說：「全省國民都反對他們，他們不投降，有什麼活路呀！簡直是一群驚弓之鳥。」

我們離開D君家，彷彿覺得街上鮮亮了許多，來往的人也格外親切。突然，有一個小同學飛奔著來告訴我們，有幾個流氓在火車站廣場欺負一個外省女教員，與幾個同學吵起來了。我們急忙趕去，果然見到在頭等旅館前有一群人圍著。S君等幾位同學正拚力掩護著一個三十出頭的女人，不讓幾個流氓拖去。地上撒落著好幾本教科書。那幾個流氓見我們人多勢壯，怯怯地退了幾步。S君告訴我們，那幾個流氓把女教員拖進旅館去，她掙脫了，跑了出來，正好遇見了S君他們，便大聲呼救。這時，圍觀的人們都同聲譴責流氓卑鄙無恥。一個穿西裝的流氓頭子，陰陽怪氣地說：「有什麼大驚小怪的，這個外省女人可能是教員，但她的丈夫或兄弟一定是貪官污吏，教訓一下有什麼不應該。」這夥人原來是想利用人們反對貪官污吏的激情，來混水摸魚的。這蠻不講理的話，馬上引起人們的憤慨，大家都嚴正地說：「教員有什麼罪，就是她的丈夫、兄弟是貪官，跟她也不能畫等號。」那些流氓理虧，便嗷嗷亂叫，說下流話。群眾更憤怒了，有人高喊：「畜生滾開去！」人們用熱烈的掌聲來響應、支持。流氓們見勢不妙，灰溜溜地跑了。我們護送那個女教員到火車站，一直等到她登上開往南方的列車，才分頭回家。

上了天橋往西走去，又看到「五分」車站裡圍著一群人。近前一看，又是兩個流氓在糾纏一個穿著肥大棕色漢裝的大陸漁民，不讓他上車，還要拉他到站外去。這時，一個列車員敲了鐘，高喊：「去鹿港的旅客，請快上車。」並過來為漁民解圍。小流氓便朝列車員亂罵。我見了便上前評理：「我們反對的是貪官污吏，不是一般的漁民。」「說得對！」有一個身材健壯的工人也對那兩個小流氓高聲說，「不能一概反對外省人，他的祖父可能還是你們曾祖父的大哥哥呢。」人們都笑了。兩個小流氓討了沒趣，悻悻地走了。開車時，那個漁民從車窗伸出頭來，朝我笑笑，我也用微笑回答他。

過了幾天，風聲緊了，國民黨在北部開始大逮捕，台北槍聲不斷。當時我住在學生宿舍，同學們都決定去避避風。我就騎了一輛自行車來到一個小山村的遠親家裡……大約是一星期後，風聞局勢已經安定，我就告別遠親回家了。回到學校，知道有的同學被捕了，有的熟人失蹤了。後來，我還含著淚聽一個同學講起他悲慘的鐵窗生活。他因此還失去了未婚妻。㉝

㉝前引張克輝《故鄉的火車站》，頁七九、八一—八四。

4. 嘉義市

監察院：三月二日下午，暴民即開始煽動群眾毆打外省公務員，市長宿舍被搗毀，警察局亦被包圍，全部繳械。〔三民主義〕青年團分團部籌備主任陳復志及縣參議員盧炳欽等均參加暴動，陳復志組織嘉義市「三二」事件處理委員會兼作戰司令〔部〕，分為高山隊、海外隊、學生隊、社會總隊等名目，進攻憲兵隊及駐軍營。五日，進攻飛機場，暴民死傷三百餘人。七日，暴民攻陷紅毛碑空軍第十九軍機械庫，其所儲大量武器均入暴民之手。時全市外省公務員除被其囚於城內者八九百人外，其餘二百人均困守機場，水、糧、彈藥均告斷絕，形勢險惡。九日以後國軍自台北以飛機裝運糧食、彈藥及部隊至嘉接應，始告解困。

涂炳榔：二二八事件發生時，我才十八歲，是嘉義中學高中生。我記得，事件發生那晚，整個嘉義都還不知道。一直要到三月初一，大家才知道台北發生事情了。當天，我們學生馬上召開學生大會。因為也沒什麼事好做，大家就決定罷課，隨個人意願決定要不要參加外面的活動。我於是就回去朴子家裡。那時候，所有朴子的警察都因為害怕而跑光光了，每個派出所都鬧空城。我們這些青年學生覺得這樣不行，就由幾個學校的學生（嘉中、嘉農、商工等）組織學生隊，總部設在東石中學女子部。我也是其中一隊的隊長。學生隊的任務很單純，主要就是替補真空的警力，維持地方治安。各隊學生於是拿著木槍之類的警戒工具（沒有武器），在橋頭或重要道路站崗，不讓流氓或外鄉人進來搶東西。㉞

蔡鴻振：二二八起義發生時，我剛滿十七歲，是嘉義農林學校的學生。三月二日，我在離嘉義市三十公里的家鄉，聽到占領台北和嘉義廣播電台的起義民眾呼籲全台灣都起來打倒貪官污吏。民眾鬱積一年多的憤怒一下子爆發了，馬上有人鳴鑼召開鎮民大會，決定支援嘉義市的起義……三月初三，我家鄉的民眾聽到嘉義廣播電台女學生急促的呼救聲，都不約而同地擠集到鎮農會大廳。當我趕到時，我的摯友李君正站在議桌上振臂疾言，談到台灣人民命運時聲淚俱下，談到國民黨駐台以來所做種種惡事時，聽眾的鼓掌怒罵聲此起彼落。膽小怕事的林鎮長也壯壯膽主持會議，外省籍的陳校長也慷慨陳詞，不到兩刻鐘就議決了打倒貪官污吏，支援嘉義市，有錢出錢、有力出力的方針。人們當場紛紛報名並捐獻錢物。幾十名青年報名請戰，但人數太多，不得不從中挑選二十到三十歲有作戰經驗的青年男子，議決委派智勇雙全的王××為義勇隊長。組隊既畢，隊長傳出口令，三十名隊員列隊稍息立正。並浩浩蕩蕩列隊前往警察派出所。一個浙江籍的巡官聞風已遁，幾位台籍警員自動悉數交出「三八」大槍七支和數百發子彈。義勇隊又派人前往附近糖廠，收繳了十幾支步槍，於是士氣大振。㉟

涂炳榔：大概是三月三、四日，處理委員會成立，我被選做朴子的學生代表赴台南新營開會。

蔡鴻振：三月四日清晨，勇士們打起綠地黑字、寫有「××鎮義勇隊」大旗要出發了。兩輛卡車裝滿白米、豬肉和罐頭，荷槍的「義勇隊」頻頻揮手向父老告別。鎮民老少夾道相送，鑼鼓鞭炮交響轟鳴。不知哪位秀才還臨時編了〈義勇軍軍歌〉，車子未開動就唱道：「替天伐豬（台

㉞涂炳榔證言，一九九七年三月二十七日，高雄；詳見藍博洲《天未亮》，頁二二五—二五二。以下皆同。

㉟蔡鴻振〈我的追思，我的懷念〉，載於一九八七年二月《台聲》雜誌（北京：台灣同胞聯誼會），頁二〇—二二；〈「二二八」起義風暴中的嘉義〉，前引台灣民主自治同盟編《歷史的見證——紀念台灣人民「二．二八」起義四十週年》，頁二六—二八。以下皆同。

灣民眾罵接收官員為豬），我義勇隊英勇無雙，父老歡呼送我去征戰，不獲勝絕不生還。」因為義勇隊的卡車擠不上去，所以我們三個嘉農的同學決定乘火車去嘉義找學校。我們等了半天才乘上一輛北上的火車。車過水上火車站，火車司機說，前面嘉義機場有激烈槍戰，火車正好要通過槍戰區。後來他知道我們去嘉義是為了支援起義，便默默地回機車上，拚命往鍋爐裡投煤，升足蒸氣，一開車就開足馬力，火車箭似地飛馳。車到機場附近，我幾次探頭外望，只見機場草叢中或隱或現的人影點點，好似在向機場建築物匍匐前進。蔣軍據守十分有利，四周是大片開闊地，機場建築是鋼筋混凝土，從槍孔中重機槍不停地口吐火舌，義勇隊（有的稱民軍）有不少人犧牲。車到嘉義火車站，我們就被兩個手提打鳥氣槍的小學生叫住。這兩個小鬼神氣十足，用台語方言和日語交替盤問我們。後來他們學著大人的口吻告誡我們說，這幾天抓到許多會說閩南語的奸細潛入市內搞爆炸、暗殺和造謠，要我們留神。市三青團分部門口，一堆熊火正在焚燒檔案材料。我們看到，到處貼著「打倒貪官污吏」的口號。在嘉義市參議會、中山堂，我看見幾百名軍政官員被軟禁在那裡。他們有坐有臥，神態不安，但有的人大口大口地吞食豬肉和乾飯。我們聽說「嘉義座」劇院是傷病員的臨時收容所，便想去看看。有許多我認識的嘉義女中學生，在那裡幫助醫生包紮傷口，有的中學生右手掛彩，用左手在筆記本上寫詩，料必是為記錄下這段令人激動的歷史。

唐秉玄：我是嘉中校長。三月四日，國軍羅營率同一部分被保護之公教人員，退守本校，遭暴徒數千人圍攻射擊。入晚，國軍被迫撤退，嘉義市遂全部淪於暴徒之手，本校為暴徒圍攻射擊之目標。㊱

蔡鴻振：三月五日拂曉前，我們嘉農學生隊接到指揮部命令，派一卡車武裝學生前往支援攻打紅毛埤十九軍械庫。我分到了一支步槍、四十發子彈和兩顆日製手榴彈。據說那裡的攻堅戰已持續了三晝夜，久攻不下。當我們的卡車駛至市郊柳仔林時，聽見有人喊「紅毛埤起火了」。司機聽罷，猛踩油門，駛至離軍械庫幾百米處，看見一片火光，兼有彈藥爆炸聲。據指揮部的人說，近二百蔣軍趁黑夜放火燒軍械庫突圍前往機場，要我們火速前往堵擊。卡車立刻又掉轉頭，司機不等人都上完，就飛速前駛，一直追至離機場約一千米處，看見紅毛埤蔣軍已越過鐵路線，正在靠近機場建築物。他們看見追兵既到，卡賓槍猛烈向我們射來，機場幾挺機槍也掃射掩護，子彈在我們頭上尖叫飛過。我們眼巴巴看見蔣軍兩支主力會合，心裡很不是滋味。突然，距我們匍匐的番薯地約二百米處響起一陣槍聲，一輛黑色臥車冒起濃煙。我們向草叢裡掃射了一陣，然後跑步靠近那車，只看見我的同班同學丘×胸部連中數彈，怒容滿面，躺在血泊裡。原來他擔任聯絡，駕車正好路過，不幸被那撤退的蔣軍所殺。大約是在這天下午，我們從遠處看見一輛吉普車打著白旗駛入機場。據說當時民軍已把機場包圍得水泄不通，且斷電斷水，只等待機場蔣軍投降。

翁肇祺：台南市的學生和工人舉起反壓迫的旗幟，進行英勇的鬥爭，奪取武器，武裝自己，占領了台南嘉義沿線的火車站，迅速接管了台南市政府、電話局，取得重大戰績。台南市部分學生和嘉義人民武裝攻下了國民黨在台灣最大的紅毛埤軍械庫，表現了前仆後繼不怕流血犧牲的英

㊱〈嘉中校長唐秉玄呈省教育廳簽呈〉，一九四七年七月二十六日。轉引檔案管理局編印《二二八事件與青年學生》（台北：檔案管理局，一九九五年十二月），頁四六。

雄氣概。

吳慶年：我們二十幾個〔台南工學院學生〕，乘坐台南工學院的「第一號」大卡車，沿縱貫路到嘉義，防衛司令部有人接待我們住進公會堂對面、三民主義青年團嘉義分團團部（現在中正公園之東南路角，原建築為木造二樓構造）。我們剛到嘉義，市參議會組成的二二八處理委員會，拜託我們去接高山族部隊來共同圍攻機場，防衛嘉義。我們答應之後，我派蘇鴻源同學帶兩、三個人開著工學院「第一號」車，去竹崎迎接高山部隊，並且另外用兩部車載他們經過鹿滿山回來嘉義。我留守嘉義，沒有跟去；高山族部隊到嘉義後，隊長湯川少尉〔湯守仁〕即到三青團我隊部找我們，嗣後和我們保持聯絡。一批台灣人在日治時代末期當過陸軍、海軍回來的，集合之後駐在三青團對面的公會堂。陸軍隊、海軍隊的隊長也常來我隊裡交換情報。我派一個代表列席處理委員會在市議會的會議，瞭解情形，算是充當作戰部隊和尋求政治解決的士紳之間的橋梁。

三月六日上午，我們到水上機場周圍視察狀況，決定一邊加入圍堵機場行列，另一方面派人與車去占領離飛機場不遠的陸軍醫院（現在的榮總）。當時也有很多嘉義市民負傷，收容在省立醫院，醫藥極端缺乏；我們占領陸軍醫院的目的，就是要搬運裡面大批的藥品到省立醫院救人。我們沒有遇到抵抗，因當時陸軍醫院的人都逃光了，撤入機場內了，只有一個本地文職人員留守，他聽到我們要搬藥，也不敢阻止。下午，我們加強圍堵機場，我們圍堵的地方是最接近飛機場的劉厝庄外圳溝邊，利用劉厝庄的土牆做掩護。我們到達時，水上機場開槍射擊我們，我們也回敬過去。我們有兩梃輕機關槍，每人手上都有一把三八步槍，配備有五十發子彈，彈藥充足，根本不怕賊仔軍。後來彈藥不足，用電話和台南聯絡，台南工學院同學就利用鐵路開機關車（火車頭），搬運子彈到水上火車站，再由院車送到戰場；同學中很多是念機械工程，開火車頭一點也不成問題。我們學生隊人數雖只有二十幾個，不多，還兼扮演聯繫各隊、鼓勵士氣的角色；我們白天去圍攻機場，晚上回三青團過夜；從三月六日到九日，我們成功的阻擋機場的賊仔軍，沒有讓他們再攻入嘉義，使處委會能在安全環境下，進行改革惡政、解決時局的工作。㊲

蔡鴻振：後來聽說，機場蔣軍答應放下武器言和。地方士紳出面「調停」，說什麼「自己人，不要打」，因此我們就只躲在機場周圍的番薯地裡，圍而不攻。

後來聽說指揮部的頭頭聽信「處理委員會」士紳及蔣軍的花言巧語，總指揮陳復志不知有詐，親自送大批白米、蔬菜、美國菸到機場，結果總指揮被扣留當作人質。各種和平煙幕和流言蜚語接踵而來，磨去了青年學生的鬥志。

在機場圍守兩晝夜之後，我們這一隊奉命回去休息。接替我們的是阿里山的高山族武裝。他們差不多有兩個連的實力，配備著輕重機槍走在隊列前面，威風凜凜，是戰鬥主力，遠非我們這些乳臭未乾的學生兵所能比。隊長××是一位熱血漢子，後來聽說被殺害。

以後，在僵持狀態中度過了平靜的幾天。

吳慶年：大約在三月七日或八日，工學院的李舉賢、孫炳輝和賴再得三位教授率領學生陳壽南等從台南來嘉義慰問我們；雖說是慰問，實際上可能來嘉義看我們在做什麼，並希望早點把學生

㊲吳慶年證言，收錄於張炎憲等《嘉義北回二二八》（台北：自立晚報社，一九九四年二月），頁二一一—五一。以下皆同。

們勸回學校……

那些天，我幾乎都沒睡，可是腦筋愈來愈清醒；我感覺二二八處理委員會內部可能有問題，消息錯綜複雜，有的說要戰，有的說已經在談和，各種情報都有，很有可能已被國民黨「爪耙子」滲入掌控，局勢頗為不對勁。當時我完全不知道增援的賊仔軍已從基隆及高雄登陸，但是從第六感預感到情勢已經很危急。我想我自己犧牲不要緊，但是我是隊長，有責任保護隊員安全，把他們平安帶回工學院，從工學院帶出來的武器、卡車也有責任全數繳回學校。況且我們來嘉義的最初任務——堵住賊仔軍，保護市民及參議會，使之在安全環境下進行政治改革，要求高度自治之談判——大體上也略有所成。於是三月九日傍晚回三青團部隊後，我和隊副蘇鴻源商量，決定台南工學院學生隊當晚撤離嘉義。

我們決定在深夜拂曉前的四點左右撤離；撤離之前，我叫人到公會堂通知陸軍隊和海軍隊的隊長。然後為安全計，令隊員從三青團後門出來。當我們的車到機場正門對面附近停下時，機場方面突然開槍射擊我們，我立刻下令下車散開，就地尋找掩體回擊，雙方展開激烈槍戰。

陳　儀（三月九日致彭孟緝電）：嘉義我軍約三百餘名與行政人員二百餘人現集結機場並固守中，奸匪與暴徒正組織學生軍中（其）人數不詳，我守軍亦正擬衝出，重占市區，恢復秩序。希速出動援助為要。㊳

蔡鴻振：嘉義機場蔣軍於三月十二日得到空運救援，便撕破一切諾言，大開殺戒。指揮部的領導人陳復志、盧炳欽等十一人被捕後用鐵絲捆綁，拖到嘉義火車站前槍殺示眾。唯有幾卡車青年學生組成的民主聯軍沒有放下武器，和蔣軍激戰後突圍，轉戰嘉南平原數日，後來，進入山區〔小梅〕打游擊堅持了兩年多。

涂炳榔：三月八日，我聽說有一部分人去攻打機場，我因為只是十八歲的少年仔，所以沒有參加。後來，嘉中一位浙江籍公民老師在處委會的名單上看到我的名字（因為他說的浙江國語聽不懂，上課也不認真，我經常不去上他的課）；事件後，懷恨在心的他，便在校務會議上揚言開除我。幸好，當時嘉中的唐校長對我不錯，並沒有把我開除，只是勸我轉學去建中。但是，我父親並不同意我到台北，我就留在家裡讀書、畫畫。

彭孟緝：十二日，平定新營。當晚先頭部隊進抵嘉義。翌日完全占領嘉義了。㊴

台灣省警備總司令部（三月十五致陳儀電報）：據報台南奸偽所組學生聯合軍於六日攜械及刀北上嘉義幫兇，人數約七八百人，武器不明（已調查中續報），截至目前止，尚未逃回台南，除飭令台南方面嚴予戒備外謹聞。㊵

5. 台南市

監察院：台南市暴民於三月二日晚響應台北，開始騷動，衝占警察派出所各處，奪取槍械。四日上午，暴民到處毆打外省人士，下午，各警察派出所、第三監獄及保安警察隊槍械、彈藥、被服、布匹悉數被劫，海關倉庫亦被劫掠。警察局長被其監視。乃於下午五時提出七項要求，並成立委員會。九日，市參議會四百餘人開聯席會議，表決不信任現任市長，另選市長候補人

㊳前引檔案管理局編印《二二八事件與青年學生》，頁四七。
㊴彭孟緝〈台灣省「二二八」事件回憶錄〉，前引中央研究院近代史研究所編《二二八事件資料選輯（一）》，頁七六。
㊵前引檔案管理局編印《二二八事件與青年學生》，頁四七。

黃百祿（市參議長）、侯全成、湯德章（市參議員）等三人，報請省長官公署圈定。十一日，（市參議會）又舉行聯席會議，適國軍開到，乃圍捕首要百餘人。

保密局：在事變當中，該市參議員侯全成與人民自由保障委員會湯德章，煽動暴徒學生反對政府最為顯著有力，曾以「菜粽」千個按日分發與暴亂者及學生充飢，且高呼宣傳打倒外省人，故於臨時市民大會時被選為候補市長，得票數為一〇九票，列於第二。

事變安定後，台南指揮部將湯德章槍決，侯不知為（如）何運用手腕，與指揮部及警察局斡旋，負責追繳全市流氓槍枝，致免懲處，市民深為疑惑，並稱過去韓市長聯和時代，侯與韓市長勾結，貪污發財，今者卓市長與他較疏情感，乘此煽動……

查台南市參議員侯全成，素性刁滑，詭計多端。渠之被捕保釋原因，乃係運用其奸妓（計）挑撥離間，於事變中大肆鼓動叛亂宣傳，明會密議，無惡不作，事後乃分別將情密告各機關設法嚴防，其狡兔三窟，蝙蝠何異！迨國軍蒞市戡亂被捕時，乃藉以事變中渠亦竭力擁護政府，時將暴徒密議蹤行事項透露防範等語雄辯，而獲保釋……[41]

吳慶年：一九四六年四月行政長官公署教育處把我編入台南省立工學院機械工程系。我家住北港，通車上學不方便，所以申請住校。日本時代，台南工學院學寮（學生宿舍）有三個，東寮、西寮、南寮。學寮採取自治方式管理，寮長權限很大，學校並不干涉。戰後初期，一切仍維持和日本一樣制度。我被選為南寮寮長；住在南寮的學生以家在嘉義附近為主，還有一些從日本回來的學生，有基隆人、台北人、台中人等等。當時台南工學院日籍學生遣送回日後，留下台籍學生約一百多個，加上編入的日本回台學生一百多個，總數也不過二百多。大家多半彼此認識，尤其是南寮的學生，有空就聚在一起，買些冬粉、油條、蘿蔔、地瓜，煮火鍋或烤地瓜，邊吃邊聊，感情非常融洽。我們最常聊的是，國民黨政府來台灣接收之後的貪贓枉法，和年輕人對社會的關懷，大家對時局很不滿。台北發生二二八事件之後，南寮的同學從收音機中聽到消息，來寮長室找我。三月初一（星期六）晚上，我在南寮寮長室召開會議，來開會的都是住校學生，大家認為在此重要時刻，學生應該出來有所行動，決定要召開學生大會。

翁肇祺：記得我們從台北廣播電台聽到「台灣實行戒嚴令」的消息後，台南市的大專院校和中學生迅速組織起來。當時我加入台南中學生隊伍，組織動員中學生進行罷課。

吳慶年：三月二日，一大早，我們發動學寮的同學分頭製作海報、標語，四處張貼，把訊息傳開。下午，有情報進來，說關廟、佳里埋藏一些以前的日本武器。那天起，台南市內開始亂，警察也跑掉了，我們第一件工作就是維持學校的安全。學校本來有教練用三八式步槍，火力不是很強，但學生都經過軍事訓練，都會用槍；學生也深獲各界信任，所以地方人士來報告關廟等地以前日本人藏有武器後，我們開牛車到關廟去載武器回來，有日本刀、三八式步槍及彈藥，也有機關槍，我們運了很多回來，放在學校兵器庫。

在此之前，台南工學院學生已有學生自治會，曾針對校方一些不合理事情，發動過罷課行動。學生自治會的組織分為執行部和議決部；執行部由會長鄧凱雄主持，議決部由我擔任議長。

林木順：三月二日晚上，夜深人靜，忽然一隊隊的青年學生，以迅雷不及掩耳之勢，襲擊各處派

㊶保密局〈台南市議員侯全成等煽動事變調查資料〉，一九四七年五月三十日。前引檔案管理局編印《二二八事件與青年學生》，頁五三。

出所，警察自動放下武器。[42]

保密局：查台南曾文區警察廳長潘義和及全廳員警於未生暴動前，即忙於運藏私人行李，不敢制止叛徒暴亂，致該所為叛徒顏德國（商，二十四歲）等所占領，並奪去槍械二十餘桿。呂再登任總指揮，毛坤洲任總參謀，組學生隊及青年隊到處散貼標語傳單。[43]

柯遠芬：台南市方面亦於三日陷入瘋狂恐怖狀態……此時復有長榮中學教員李國澤率領省立工學院學生及流氓數百人包圍憲兵隊，不准憲兵出巡，竟謂治安由學生維持。[44]

林木順：三日晚上，工學院學生在中山堂開學生大會，決議參加鬥爭，立即編成一隊，趕到台中，參加守備台中第三飛機場。台南第二中學畢業生所組織的同學會——「二中會」也在市民中間開展活動。

王石安：我是台南工學院院長。事件發生之消息，到達台南之初，本院學生並無任何反應，嗣於三月三日台南市參議會所組織之台南市臨時治安協助委員會，派委員李國澤偕同不知名者二人持介紹電函來院，請求對全體學生演說。[45]

黃百祿（台南市臨時治安協助委員會主任委員）：工學院校長、學生自治會長勛鑒：查省會不祥事件潮見〔漸〕波及，竊我台南市乃鄭延平開府之都，民風淳樸，海濱鄒魯之譽溢乎中外，迄今仍存。本會鑑事勢之重大，恐本市有不測之災，為協助治安，使十七萬市民安寧起見，特由本市士紳組織，以冀無他，特派李國澤委員外二人持函，請貴校長、貴會長即刻召集貴校學生，以便李委員等疏通意見。事勢急迫，希查照辦理為荷。[46]

王石安：時本院適由教務長葉東滋領導舉行紀念週，當予婉言拒絕。乃渠等俟紀念週完畢後自行向學生接洽，逕登演台，由不知名者二人相繼演說，因所操為閩南語，不能詳悉其內容，而察其激昂神態，似頗有挑動血氣未定青年感情之意圖。演說既竟，即登車他往，而學生仍繼續集會，並對學校方面提出請暫停課二日以便協助維持地方秩序、抑制暴徒、救護傷殘之請求，同時對外省教職員則聲稱保障安全，惟堅囑不能外出，免遭意外。

吳慶年：三月初三（星期一）早上，學生自治會在當時唯一禮堂（現格致堂）召開學生大會，大會議決發表〈告台南市民書〉，並由學生出面維持市內治安。同時，台南市參議會也成立臨時治安協助委員會。他們派長榮中學教員李國澤與市參議員張旭昇來校。他們上台說，市參議會希望工學院停課兩天，全校學生協助維持台南市的治安。我們也正有此意，開始組織。當時我是議決部的議長，大家推我為維持治安的最高負責人。

王石安：同日下午，學生即分別出發，據云開始會同其他學校學生，分赴市區維持秩序，並出席參議會所召集之會議。

㊷前引林木順《台灣二月革命》，頁九三—九五。以下林木順證言皆同。

㊸保密局〈呈報僞台灣自治爭取聯盟傳單由〉，一九四七年四月二十日。前引檔案管理局編印《二二八事件與青年學生》，頁五五。

㊹前引柯遠芬〈台灣二二八事變之眞像〉，頁二四。

㊺台南工學院〈呈報二二八事件本院遭受影響之經過情況〉，一九四七年三月二十一日。前引檔案管理局編印《二二八事件與青年學生》，頁四八—五一。以下王院長證言皆同。

㊻〈台南市臨時治安協助委員會代電：南臨協字第壹號〉，一九四七年三月三日。前引檔案管理局編印《二二八事件與青年學生》，頁四八。

吳慶年：我們手上已有一些從關廟等地取回的武器，後來，我們又去警察局接收一些武器；我們以這些武器為基礎。同時學校有一部嶄新的大卡車，綠色車身上以醒目的白色寫著「工學院NO.1」幾個字，我們開卡車及一部警局小車出外巡邏；大卡車由機械系陳德信駕駛，所到之處，市民夾道歡呼、歡迎。其他還有宣傳部；也有涉外部，負責市參議會開會及聯絡。鄧凱雄、王振華、林宗棟等也組織學生聯盟，動員台南一中、台南女中等市內高中以上學生遊行。參加維持台南市治安的學生，主要以曾到南寮寮長室開會的那幾個人為核心，共三、四十人參加，分成兩隊。

王振華：二二八事件發生時，我記得台南市參議員張旭昇先生來學校演講，要我們去議會幫忙維持秩序，我們是台南市的知識分子，聽他一番話，就帶著武器（武器是學校上軍訓課用的三八式槍，一年總會打一、兩彈，但當時並沒有子彈）到市議會去，並在那裡住了一夜，幫忙維持秩序，但是有些朋友們說他們已不記得這些事。

當時工學院有個學生自治會，會長是選舉的，但在二二八事件時，學生自治會卻發揮不了作用。這時我眼見台灣人中有的打人，有的被打，秩序很亂，一方面為維持地方秩序，另方面為了保護外省老師，因此我發起了由全台南組成的學生聯盟，我找了機械系一年級的張正生及電機系的林宗棟一同出來主持；因此，在二二八事件期間，我們三個人是形影不離。

我們這個同盟，主要的工作只有一項，就是希望能夠勸阻較激動的學生不要滋事。當時學生同盟中，包括了所有的女學校、中學校，每個學校都派一個人來工學院聯絡。

翁肇祺：當局出動了大批軍警憲兵，對手無寸鐵的學生大動干戈，捕去我校老師多人，擊傷學生多人。我和學校老師、同學一起去市政府請願，要求釋放被捕師生，懲辦殺人兇手。在鬥爭中，台南市女中學生也紛紛組織起來，為武裝部隊供應伙食，協助後勤。

林木順：四日早上，台南市各校學生也加入市民的示威遊行隊伍，喊出：要求生活的保障、反對內戰、打倒貪官污吏、要求台灣自治等口號。

翁肇祺：二二八事件充分表現了台灣同胞的愛國主義精神，二二八事件是為了反對國民黨反動統治，懲罰那些欺壓人民的貪官污吏。二二八事件反映了台灣人民渴望建立民主、廉潔、繁榮的社會的要求，絕不是反對外省人。當時我們學校對於正直的、善良的外省同胞加以保護，歡迎合作。

王石安：三月四日，發現學生攜有槍枝，詢悉為治安協助委員會發給，以資維持秩序者，中間經教務長葉東滋、訓導長楊奮武數對團體及個人懇切誥誡，而學生均答以除維持秩序、防制暴徒外，無他任務。而外省教職員每欲外出，必群以市上秩序混亂情形險惡之危言相勸止。而學校之重要負責人，亦已無法對學生加以控制，惟……校內秩序尚稱寧靖，各類財產亦無損失。

鄧凱雄：我於三月四日和長榮中學李國澤老師（當時兼任工學院教授北京語）及數位工學院同學，即是學生自治會的幹部，前往台南一中、第一女中、商業職校、南英商職等學校，向全體學生演講，說明二月二十八日以來這幾天，在台北發生的官民衝突事件內容，及我們學生對這事件應保有的主張態度和行動。那時我是台灣省立工學院土木工程系三年級學生。工學院學生總數約有二百多名，組織有學生自治會，我被選為會長，代表學生和學校當局接觸且交涉各種事項。

三月五日，陳儀明令省都人士，組織二二八事件處理委員會，叫人民協力維護治安，台南工學院的學生自治會幹部就每天開會討論各種情報，分析情勢並決定應採取行動的方針。我們學生就派員到教授宿舍，請外省籍教授和眷族全員移住學校內的學生宿舍，由共同伙食部供給他們膳食，一直保護他們的安全到事件之解決終結。

王石安：三月六日，教務處以學生集體請假之期已滿，即布告上課，並勸學生將槍枝繳還參議會，而參議會則來函令學生將槍枝暫交台籍老師保管，但結果均不圓滿，學生仍每日自由集會。而事實上在校之學生已甚寥寥。多數學生或已被家長禁管在家，不任到校。另有少數學生則行蹤不明也。外省教職員以不能外出，一切消息又被隔絕，故無法與家長及政府取得聯絡。

鄧凱雄：三月七日早上，有人向我報告說，工學院的學生陳德信（機械系，嘉義人）被憲兵逮捕。學生自治會幹部馬上開會討論而決定救出行動，交涉被捕學生放行事宜。憲兵隊長郎文光，親切叮嚀迎接我們至會客室，奉茶敬菸，誓言絕無逮捕學生事情，而且親自帶我們搜查營內各房間，證明不說謊。我們經過半小時後就解散回校。大家剛返校時，那位失蹤的陳德信果然出現，而自己說沒被憲兵捕去。這件事完全是有人傳達假消息，使我們大家緊張而白忙一場。

王石安：三月八日，曾密派會計主任許克榮喬裝赴台北報告動亂情況，已購票登車，仍為臨時護路員所發覺，不任成行。本省教職員亦數有集會，其會議之內容並未向校方報告，然亦未見任何具體之行動。迨三月九日，台北廣播電台播送警備司令部第二次戒嚴消息後，情勢顯有轉變。

林木順：九日下午，部分學生代表與全體市參議員、區里長、人民團體代表等四千餘人，再開市民大會，推舉過渡期的市長。

王振華：台南二二八事件處理委員會委員侯全成、韓石泉、蔡丁贊、黃百祿等，一聽到國府軍隊要來，聽說準備將一切責任推給我們這些學生。我認為我們這些純真年輕學生的活動應該由參議會負責處理，因此根據事實，曾寫下十項合理要求，要他們負責簽字。具體的內容我已不記得了，但至少有兩項我還記得：一、學生受議會邀請參加維持治安，因而發生的種種問題，責任不在學生，參議會應負起責任。二、議會應負責廣播讓學生趕快回校上課。我請侯全成、黃百祿、韓石泉等人開會並簽名。

彭孟緝：十日拂曉，楊俊上校率領的兩個營，及孫子衡中校率領的砲艦，合攻台南，傍晚任務達成。其間除暴徒在當地的指揮部——台南工學院抵抗較烈外，進展都很順利。㊼

王石安：十一日即有國軍一連，來院繳取學生槍械，經教職員之協助，任務順利完成。而台南指揮部旋即成立，葉教務長應邀出席該部召集之台南市中等以上學校校長會議，經議定自十四日起，連續假廣播電台廣播三日，並會銜登報，通告學生於十七日一律到校上課，其有槍枝者，並應向當地軍憲警報告繳納，一切免究，否則開除學籍，追究責任。

鄧凱雄：我們學校在三月十一日下午就被軍隊侵入，學生全部集結於大禮堂開會，我就向大家宣告團體要解散，勸各位同學盡快回歸自己的家鄉。那時市內已實施戒嚴令，不能自由通行。

王振華：高雄要塞司令部的軍隊終於在台南二二八高潮過後派兵來到了工學院。當時我和二十幾個同學因為大家都回家，唯恐學校沒人照料，尤其是外省老師，所以留下來看守。軍隊將工學院門口圍住，並在校門口前面番石榴園上架起機關槍。我受日本教育，原本就敢做敢當，又自

㊼前引彭孟緝〈台灣省「二二八」事件回憶錄〉，頁七五。

認沒有犯什麼差錯，完全對國軍無戒心，就坦然地出去迎接。我還記得，帶兵來的軍官兩手各拿著一把手槍，我見到他時，看見他的手居然緊張得發抖，手中的槍也因此而顫動。軍隊來校之前，台南市已平靜下來，我們認為事件應告一段落，因此軍隊來時，我就代表在校學生迎接他們，也將整理好放在禮堂的武器點交給軍隊，他們也沒說什麼就回去。我們以為沒事了，但為了保護學校的儀器設備，及外省籍教授的生命安全，我們一、二十位學生繼續留在學校，仍每天巡邏學校。

鄧凱雄：三月十二日早晨五點，天尚未亮時，就有人激烈的叩家門，父親恐慌開門瞬間，有持槍帶劍的士兵四、五名就入侵來我家。有人問起：「鄧凱雄是哪一個？」有個士兵接近我，想要以繩索捆縛我，我大聲吼叫：「不必了，我不會逃走。」在我父母悲哀傷心的面前，那個士兵沒堅持要縛我。在車上時，剛才那個士兵好像不放心，叫我雙手放在背後交叉，而以繩索捆綁在頸後打結。到台南市警察局，馬上把我關進看守牢內。約十幾坪大的牢房充滿了人頭。大家都蹲下坐地，誰都沒說話，沒聲音……到了十點多，我們牢內人員就被分批送到台南監獄入牢。每三個人關在一個牢房。

王振華：我自認為在事件當中沒有鬧過事，不可能會被捕，哪知三月十三日，我在學校辦公室即現在的數學館，正在看書時，突然後面有人用槍抵住我，我走出去時，已有一、二十個人被排成一列了……當時工學院除了我和林宗棟外，還有四個人先後被捕。

保密局：三月十四日，有台中青年隊三十餘名，乘卡車二輛，配機槍四梃、步槍二十餘桿，途經麻豆，劫警察武器二十餘桿後，散發台灣自治爭取聯盟傳單一張。㊽

台灣自治爭取聯盟：全省同胞們！不信之徒，在台北已經顯露其鬼〔詭〕計了。

「二二八」慘案發展到今天，所有的人民的建議與陳儀的約束，已被政府三千援軍的開到而成廢紙了。一部分省處理委員會委員和學生青年，在政府用「奸黨謀搶台灣銀行」的謠言下，慘遭被捕。以前援軍未到時之接納民意「政治解決」以及一切「處理辦法實施自治」等等，今天陳儀已說謂「無理要求」了，他們現在準備再來一次血洗台灣了。

全省同胞們，請想一想，大家要求保障人民自由與權利，大家要求完成自治，大家要求肅清貪官污吏、暴行軍警，而他曾承認過的這些要求，難道是無理要求嗎？〔是〕「奸黨」的行動嗎？〔是〕赤化嗎？這不過是政府得援軍而轉變，將其一年來的全部罪惡推在人民身上的說法。政府，政府不顧信義，欺騙人民到今天已把其獰惡面目完全暴露了。他們的「接納民意」、「政治解決」，原來就是派援軍再來呈〔逞〕兇屠殺台灣同胞。

全省同胞們，我們要認清楚了，我們的先烈志士所流的血，不要使其白流了！我們要打開眼睛不受欺騙，我們要繼續奮鬥以組織的力量爭取自由與權利，確保真正的高度的自治，我們要保護六百五十萬同胞的生命，群起反抗，爭取最後的勝利。

工人組織工會，農民組織農會，學生組織學生會，青年組織青年同盟，區鎮鄉里村鄰組織自衛團，快快聯合起來，緊急動員起來，我們不能讓死去的同胞們含冤地下。㊾

王石安：迨至十七日，台南市忽宣布全日戒嚴，搜索暴徒及槍枝，故延至十八日，始能如常復

㊽前引保密局〈呈報偽台灣自治爭取聯盟傳單由〉。

㊾台灣自治爭取聯盟〈組織起來！佈置起來！不要再受欺騙〉，前引檔案管理局編印《二二八事件與青年學生》，頁五五。

課，出席學生略過半數，其餘亦有家長具函請假者。

二十五日，為救援本校被捕之五名學生，我以最速件致函南部綏靖區台南指揮部，曰：「查二二八事件，波及台南，幸賴貴部官兵，奮勇靖難，棼亂局勢，瞬即敉平，功高勞苦，遐邇欽遲。事後聞敝院學生王振華、林宗棟、鄧凱雄等五人，以有嫌疑被捕。按該生等平時在校，尚未見過分不安分之形跡，此次涉及嫌疑，諒係血氣方剛，意志無定，而自有生以來，即受敵日之奴化教育，毒素一時難以廓清，復遭奸人鼓煽，或易誤入迷途，倘已查有實證，於情雖屬可憫，於法自亦難恕，惟如證據並不充分，或情節等屬輕微，則係年輕識淺，瓜田李下，未知趨避，尚祈體念國家作育人才之難，早賜交保釋放，以免該生等久荒學業，並祈賜覆，不勝翹企。」[50]

鄧凱雄：我在監獄過了六個星期，共計四十二天。其間只兩次被帶到設在獄內的軍事法庭，接受審問裁判。日後，我被判決，主文為意圖顛覆政府、參加非法組織、領導學生預備暴動，處有期徒刑二年，緩刑五年。後來因白崇禧將軍來台後，改採取從寬處罰學生之方針，我幸而就獲得免死的幸運。

王石安：五月五日，台南工學院再以「敝院參加二二八事件學生二十二人自新悔過書及證件十一份請查照備案由」，致函台南指揮部，曰：「查二二八事件，波及台南，敝院少數學生盲從附和，除經貴部直接拘案訊釋者外，茲有吳慶年等二十二人，為貴部寬大仁慈之德意所召，自動備具悔過書，呈送敝院，請求代轉貴部鑒核，准予自新。查該生等年輕識淺，為奸人鼓煽，一時誤入迷途，情殊可憫，今既自知悔悟，依法請求自新，自應准予代轉……」[51]

6. 高雄市

監察院：三月三日，暴徒百餘人駕卡車三輛竄入市區，開始騷動。晚八時，即於北野、鹽埕一帶集合三、四千人圍攻警察局，市內頓形紊亂。翌日，一部分學生參加事變，事變益形擴大。全市所有外省籍公務員逃入高雄要塞司令部避難者七八百人。暴徒於五日成立處理委員會，組織高雄聯合軍本部，釋放高雄地方法院監獄人犯二百八十六名，並脅持市長市參議會長等，向要塞司令部提出繳械要求，要塞司令彭孟緝將暴徒涂光明等扣留槍決，以武力攻入市區及暴徒大本營，斃暴徒二百餘人，捕獲一千二百人（包括鳳山、屏東），餘眾竄散，亂事始告平息。

林木順：高雄市的起義，開始於三月三日晚上。當地的青年學生也針對貪官污吏，加以痛擊，起了帶頭的作用。[52]

彭孟緝：三月三日晚七時四十分，駐防高雄市區的憲兵隊李隊長，緊急電話報告說：「有暴徒四、五百人，蜂擁蝟集於市政府旁的鹽埕町，似有包圍侵襲我憲兵隊部的意圖……」這時候，警察局長童葆昭被暴徒毆打，他的座車也被焚燬，隻身逃到要塞司令部來請求保護，所有警察（均本地人），全部攜械逃散。

---

⑤⓪前引檔案管理局編印《二二八事件與青年學生》，頁一〇一。

⑤①前引檔案管理局編印《二二八事件與青年學生》，頁九一—九二。

⑤②前引林木順《台灣二月革命》，頁九七—一〇一。以下林木順證言皆同。

潘家牛：一九四七年二月，我正是在省立高雄第一中學高中部念書的一個很平凡的學生，當抗暴運動在高雄市發起了，我就很自然地，像當時的一般青年學生們一樣，很自動地參加到武裝隊伍裡去。我們最先，除了向警察搶過來的幾支手槍、步槍之外，所有的武器非常非常的少。後來還是得到民眾的協助。他們知道了青年、學生們集中到省立一中來，已經有了組織，就自動的跑來提供消息，告訴我們，以前日本軍隊埋藏武器的地點，並且引導我們去把這些武器挖了出來，這樣子我們才有足夠的武器去開始武裝進攻。[53]

柯旗化：暴動愈演愈烈，波及全島各地，學校已成停課狀態，學生都各自搭乘火車返鄉。我也決定回高雄，大概是三月四日早上吧，搭第一班列車離開台北……動亂期間，我的母校高雄中學變成革命本部……大多數高一和高二的學生都參加戰鬥，女學生也到高雄中學幫忙煮飯的工作。還有不少退伍軍人的民兵也聚集在高雄中學。高中生從槍械庫取出三八式步槍，在就讀師範學院英語科的雄中學長顏再策兄的指揮下，向駐紮在高雄車站的國民黨軍憲兵隊展開攻擊。沒有實戰經驗的學生，竟然只憑日治時代軍訓所學的要領，就在光天化日下從站前廣場匍匐前進，進攻據守在車站二樓憲兵隊。憲兵隊從車站二樓瞄準隊長顏開槍射擊，子彈貫穿他的腰部。隊長陣亡，學生撤退到車站對面的長春旅社二、三樓繼續和憲兵隊槍戰……另一部分高中生和民兵則抱著必死的決心，開往約五十公里外的東港空軍基地，奪取大批武器彈藥……車站的憲兵隊不久便撤回要塞司令部，雄中則被兩三百個國民黨軍包圍。學生據守在禮堂和有整排水龍頭的寬敞盥洗室與國民黨兵進行槍戰。國民黨兵一接近校舍，學生就投擲手榴彈和煙幕彈擊退他們……[54]

彭孟緝：所有在高雄市區不及逃避的外省人全部被視為俘虜，被拘捕集中禁閉於第一中學內；幸

而沒有被捕的，就都相率冒著生命危險，投奔到要塞司令部來，達一千數百人……[55]

潘家牛：像歷史上的任何一個起義一樣，二二八起義起先也是由民眾的抗暴運動來帶動的。但是這個屬於暴動的階段，沒有一兩天，很快就過去了。接著就是有意識的，以武裝力量做手段的政治鬥爭。拿高雄市的例子來講，民眾手裡的武器起先雖然很少，但是市街上政治覺悟比較高的青年群眾，很自然就集合到省立一中來。因為在那個時候，省立一中是高雄地區規模最大、歷史最久的一所學校。不但是在社會上的畢業生多，而且大家都認為是在這一地區的最高學府，所以其他的學校，一共有省立二中、省立商業中學、省立工業中學的學生們，也都跑到這兒來了。大家自動的集合到這裡來都是具有很清楚的政治意識的。大家都決心獻出自己的力量，拿起槍桿來，用武力來消滅蔣介石藉以剝削欺負和壓迫台灣人民的國民黨軍隊，打倒蔣介石統治集團的暴政，把政權奪回到人民手裡來，恢復台灣人民正當的、基本的權利。每一個人都有了這樣一個鮮明的政治目的，所以組織起來的武裝力量，不但是從來也沒有打過外省籍的同胞，我們反而把在街上受到毆打的「阿山」保護起來，暫時讓他們住到學校裡頭的學生宿舍去，不但分發棉被給他們取暖，還照我們的標準供給他們伙食。因此就有好多外省籍同胞聽到這個消息，自動地舉家跑到學校來，請求我們保護。

---

[53] 潘家牛〈二．二八起義時參加高雄武裝鬥爭的體驗〉，原載《台聲》第五期「二．二八起義紀念專號」（紐約，一九七五年四月），頁一二—一三。以下潘家牛證言皆同。

[54] 前引柯旗化《台灣監獄島》，頁七六、七八—八〇。以下柯旗化證言同。

[55] 前引彭孟緝〈台灣省「二二八」事件回憶錄〉，頁六二。

彭孟緝：四日，那天下午，奉到警備總部陳兼總司令電令，正式任命我為南部防衛司令，劃定嘉義、台南、高雄、屏東等縣市為南部防衛區。我為恪盡革命軍人天職，而不顧一切，毅然決心平亂……56

林木順：三月五日，由涂光明領導的人民武裝，在高雄中學成立「總指揮部」，收繳了憲警單位的大量武器，並且在高雄要塞持續了三天的圍攻。在這整個行動過程中，青年學生依舊是站在第一線，表現了英勇的鬥爭姿態。

潘家牛：我們自從集中到省立一中以後，整整在那兒待了三夜四天。在這些日子裡，都是靠學校附近的民家婦女們自動跑到學校裡頭的學生宿舍廚房來燒飯給我們吃。當我們投入火線，去圍攻高雄火車站的憲兵隊，或是設立防線，抵制從鳳山方面來攻的蔣介石匪軍的時候，這些民家婦女們都很勇敢地將做好的飯送到前線來。我們的武裝鬥爭，如果沒有得到民眾的協助，在當時的情況下很難得到武器，也就很難發起武裝進攻了。武裝進攻發起了，如果沒有民家婦女們出於自願的伙食供應，這個進攻的武力就很難維持了。在二二八起義當中，擔任直接的武裝鬥爭的雖然是青年和學生們，但是這支武裝力量如果沒有得到包括婦女在內的全台灣民眾的協力和支援，就無法採取行動了。蔣介石匪黨的軍隊，受到人民的打擊，看到民眾的鬥志這麼高、力量這麼大，就從市區撤走，龜縮到高雄山上的高雄要塞去了。因此，我們就計議先派代表到山上去，勸他們把武器放下來，出來向人民投降。如果他們不聽人民的勸告，就要放火把整個高雄山燒掉，強迫他們下來。

彭孟緝：三月五日午後二時，暴徒涂光明、范滄榕、曾豐明等，以涂光明為首領，脅迫高雄市長黃仲圖、議長彭清靠、副議長林建論、電力公司經理李佛緒等，同來壽山司令部找我商談「和平辦法」。他們要求我「無條件」撤去守兵，地方治安和社會秩序，由所謂「學生軍」來負責維持。因為我正在暗中加緊準備，決定在七日拂曉開始全面行動，為了保守機密，乃故意虛與敷衍遷延，表示可以考慮他們所提出的要求，要他們回去再徵求大家意見，進一步商討具體可行的妥善辦法，相約於次日再來司令部共同商談。三月六日上午九時，以涂光明為首的所謂「和平代表團」，分乘兩部轎車，插大白旗，駛入我司令部……提出他們業已擬好的「和平條款」九條要我接受。我看完了以後，就怒不可遏的光起火來：「豈有此理，這簡直是造反！」衝口而出，就在這俄頃之間……副官劉少校自後撲向涂匪死力抱住。室外官兵聽到了聲音，登時一擁而入，將暴徒一一逮捕。[57]

潘家牛：在我們還沒有採取行動以前，蔣介石手下的第一個劊子手——高雄要塞「司令」彭孟緝，就先把上山去的人民武裝力量的指揮人當場殺了，並聯絡了鳳山方面的反動部隊，利用其優越的美式裝備，殺下山來。接著就是眾所周知的大屠殺、大逮捕、大搶劫。

林木順：三月六日，要塞司令彭孟緝當場槍決涂光明、曾豐明等三個處委會推派的談判代表後，率領所屬官兵一百餘人，一路殺下山來。當「鮮紅的河水流到西子灣」時，「灣內的海水亦都染紅了」。這時候，青年學生也紛紛勇敢反擊，到處都是混亂的巷戰，至半夜，由學生堅守中的前金派出所終於被蔣軍奪回，因學生們至最後一人，還是堅強抵抗，致不留一人，全部戰

---

56 前引彭孟緝〈台灣省「二二八」事件回憶錄〉，頁六四、六五。

57 前引彭孟緝〈台灣省「二二八」事件回憶錄〉，頁六六—六八。

死。

彭孟緝：午後二時，各任務部隊都能按照預定計畫行動，進行順利。經過四小時戰鬥後，火車站、市政府及憲兵隊部等都先後收復，惟受阻於暴徒大本營的第一中學。[58]

柯旗化：據守在雄中的高中生和民兵，被國民黨軍包圍幾日，有十多人頑強抵抗到底。最後他們趁黑夜突破包圍網。

林木順：大屠殺之後，仍然有許多不願屈服的學生，潛伏城裡的各角落，英勇地展開游擊抗戰。但是，槍聲漸漸疏遠了。

三　事變後的肅清與整頓

三月九日晨，國民政府增援的兩營憲兵從基隆進抵台北；警備總司令部再次發布台北市戒嚴的命令。十七日，戒嚴令擴大於全省各地。二十一日起，警備總部隨著增援部隊陸續到達，重新調整部署，分全省為台北、基隆、新竹、中部、南部、東部、馬公七個綏靖區，分區綏靖，開始清查戶口，辦理連保，徹底肅清。一直到五月十五日，綏靖清鄉工作告一段落；十六日，全省解除戒嚴。

與此同時，統治當局也在事件後對學生做了相應的整頓措施。

首先，教育處表示，事件平復後，除嘉義、高雄兩地學校，因損失過重，一時不及恢復外，其餘各級學校，均已遵奉該處通令，自三月十七日起一律盡先復課；針對此次因受「奸匪暴徒」

利用而參加「盲動」之學生，除盡量寬大處置外，為維護今後學校秩序，保障學生安心就學起見，該處也已經訂定六項處理辦法：

㈠各校對於學生應先舉行調查。

㈡各校住校學生自本（三）月十七日起一律復課。

㈢凡離校學生，自問確未參加此次事變中暴動行為者，統限於三月十七日起至二十二日止一律到校辦理登記手續，逾期以退學論。

㈣登記時應由家長或保證人率領到校，填具特別保證書，未繳相片者應即補繳。

㈤學生上課及散學時，在途中應遵守交通秩序，先後按次陸續回家，不得集團同行，並須佩帶學生徽章符號。

㈥學生在校不得自行集會，並不得參加任何校外團體活動。

三月二十三日，省當局言論機關《台灣新生報》發表題為〈雪學生界之恥〉的社論指出：「在這次事變當中，最令人痛心的事情，莫過於青年學生也參加了暴動。雖然參加暴動的學生，是全體學生之中的極少數；但是這少數的害群之馬，卻給光復以後的台灣學生界，塗抹了醜惡的污點。」社論認為：「青年學生，應該是最富於正義感的；無論古今中外，凡是青年學生，無不是純潔善良的代表。為什麼在台灣的青年學生裡，竟會產生這些少數的敗類？查考它的原因，還是受了日本奴化教育的毒害……本省光復以後，經過一年多的再教育，大多數聰明的學生已經領

58 前引彭孟緝〈台灣省「二二八」事件回憶錄〉，頁六九。

悟日寇的毒計，而熱愛著祖國了。只有這少數的敗類，還是滿腦子的日本思想，不肯覺悟，所以才會參加這次的暴動，殘害自己的親骨肉！」接著，社論向教育當局提供了四種「立刻洗雪這筆嚴重污點」的方法，以供參考：「第一，先要徹查師資。凡是平常有惡意批評祖國、灌注不良思想的教師，應該不顧一切，予以免職。第二，要剛性的強制的教、學國文國語。無論什麼課程一律要用國語教（萬一不能直接教，暫准以台語輔助，但不能全用台語偷懶）。用日語教書，絕對禁止。日本教員全應遣送返日；以日語教書的人都可解聘。第三，盡量派台灣學生赴內地求學，如果大量求學不可能，不妨在暑假組織大規模的參觀團，由政府酌予津貼，俾多數青年學生可以往祖國觀光，加強國家觀念，擴大他們的胸襟。第四，對於參加這次暴動的學生，一方面要寬大（要體念他們受日本教育中毒太深，又易衝動，才有這種惡行），一方面要加以特別的訓導，使他們能轉變成為國家真正有用之才。」59

三月二十四日，國軍整編第二十一師政治部主任與台中各中等以上學校校長發表聯合通告：「查台中市秩序早已恢復，所有各校學生應即到校上課。茲經本師及本校等會同訂定辦法五項，凡未返校各學生，務即遵照到校，勿再延誤為要，特此聯合通告：一、在此次事變中，凡未參加暴行之學生，自應速即返校。二、凡曾參加暴行之學生，須即到校自首，而由各校將自首者之姓名通知本師，本師即可保證各該學生之安全，不再予以追究。三、至曾參加共產黨組織之學生，亦須到校請求『自新』，而由各校請本師派員到校辦理自新手續。至自新手續至為簡單，僅須填表、談話及立保證書。凡經自新而不再犯者，由本師保證安全。四、學生若尚藏有武器，可將品名數量及所藏地點報告各校，而由各校設法代為繳還。五、本月三十一日以前不到校者，作為退學，且將姓名、住址通知本師。」60

三月二十五日，國民黨台灣省黨部主任委員李翼中，「以本省各級學生受『二二八』事變影響，迄今未能正常復課，致學業拋荒，並查此次參與暴動者，除中學初三以下學生僅占少數外，所有高中以上學生，為數殆頗不鮮，若任其徬徨歧路，而其因受奸黨蠱惑而生之錯誤思想既無由糾正，今後行為更莫從管教，深可憂慮。故於本日特函范處長壽康建議，對參加此次事變之學生，除煽動暴動之奸黨予以從嚴究辦外，其餘均應一律免究，准予到校辦理登記手續，惟為防止流弊，不妨准予自新，但自新後一律保障其安全上課，俾此輩學生得受學校之管束，免生枝節。」[61]

三月二十七日，上午十時，奉國民政府蔣介石主席之命來台宣慰的國防部白部長崇禧，由教育處長范壽康、台灣大學校長陸志鴻陪同，前往台大法商學院廣場，對台北各校教職員學生約八千人訓話。

白崇禧首先表示：「經過旬日以來分赴台灣各縣市宣慰視察，聽取地方父老，各界代表，地方行政首長報告」之後，他「認為此次事變的遠因，乃台胞青年過去受日本五十多年狹隘偏激的教育及其對殖民地所施行的教育，無疑的就是要使台灣同胞藐視祖國，脫離祖國，永遠做日本的被統治階級。其近因即係抗戰勝利後，中央為實現民主，准許言論自由，致共黨分子反動派，假

---

[59] 一九四七年三月二十三日《台灣新生報》。
[60] 前引檔案管理局編印《二二八事件與青年學生》，頁六九。
[61] 一九四七年三月三十一日《台灣新生報》。

言論自由之名，做種種悖謬不正確宣傳，擅加詆毀中國國民黨，國民政府，和國民革命軍，台灣亦同出一轍，因此藉口專賣局緝私案件，共黨暴徒借題發揮，即以此做導火線，擴大叛亂。一部分青年學生受其煽惑，起而盲從。」因此，他強調先前「在幾次廣播中已經說明」的「中央處理善後的基本原則」——「一本寬大為懷，尤其以德報怨的精神來促起一般盲從者的覺悟。」呼籲「各被脅迫盲從的青年學生應從速覺悟，回校上課」；同時保證只要「由家長保證悔過自新，當不咎既往。我負責轉飭軍警不許擅自逮捕，並絕對保障各學生的安全」。最後，他「希望台胞青年一致安心努力學業，恪守校規，來做建設台灣的幹部，建設中國的幹部」。

白崇禧訓話之後，由學生代表——台灣大學葉嘉猷、女師郭月蟾暨高級中學李孔昭等學生，向白部長致答辭。

學生代表首先表示：「這次本省發生二二八事件，在哪一方面說來都是不幸。單就我們學生來講，我們將近一個月沒有上課，其他尚有財產與精神上的損失，及省內外的同胞間不能諒解而發生的種種慘狀。」但是「造成這種不幸，並不是本省大多數人民的意思，僅僅是極少數奸人或為他們所脅從的人們參加暴動」。因為「祖國八年的艱苦抗戰，把我們台灣從敵人的鐵蹄下解放出來，重返回祖國的懷抱。沒有祖國同胞八年慘痛的犧牲，不會有今日台灣的光復。我們本省同胞除開感激祖國，希望祖國更興盛外，不會對祖國有任何惡意」。他們強調指出：「我們並沒有忘記自己是黃帝的子孫，是中國人。今日所以有本省人與外省人的分別，這完全是因為五十餘年的隔離，在語言上習慣上及觀念方面都和外省同胞發生了很大的差異，所以造成這次事件中的不幸。」因此他們建議政府：「趕快設法打破言語習慣的隔閡，使分離五十多年的兄弟姊妹得暢談闊別後的衷情，再將物價加以平抑，政治改革很快實現，使人民生活得以安定」；這樣，「這種不幸事件就絕不會再發生」。此外，他們還「希望政府每年能保送大批本省學生去內地求學，並擬具出其他類似的獎勵辦法，使省內外能互相觀摩文化的溝通，感情的融合」。最後，他們「很感謝白部長為本省此次事件的辛勞宣撫和中央的寬大政策」，同時「盼望」政府當局真能「本著這種寬大來了結這次事件的不幸，不要追究以往，那麼躲藏在山裡的青年學生，也可以很快的回到自己的學校裡來……」。[62]

福建台灣監察使楊亮功與監察院監察委員何漢文在四月十六日呈送監察院長于右任的〈關於台灣「二・二八」事件調查報告及善後辦法建議案〉中「第三、參加事變分子之分析」指出：「當事變發生之初，各地學生均紛紛參加，學校無形停課。其參加目的多為受日人宣傳，輕視祖國，不滿意政府及狹隘之排外與暴徒之虛誑謠傳而起，迄後體察實際情形，乃憬然覺悟，逐漸退出漩渦。各學校自上月（三月）二十日以後，均已逐漸復課矣。」[63]

然而，學校復課後，當局仍然繼續追究參加事件的學生並施以懲罰。四月五日，教育處密發「二二八事變各校參加暴動之學生懲戒標準希審慎運用由」代電全台中等以上學校；其中規定「參加暴動」而「為魁首者」、「曾傷害劫奪他人之身體財物有據者」，「脅迫或煽惑他人參加暴動有據者」、「其他觸犯軍法刑法者」，予以開除學籍處置，並「祕密向當地軍警當局檢舉」；另外，「參加暴動」而「曾攜帶武器或兇器者」、「不知悛悔，不服管訓者」、「不到校

[62] 一九四七年三月二十八日《台灣新生報》。
[63] 前引陳興堂主編《南京第二歷史檔案館藏台灣「二・二八」事件檔案史料》（上卷），頁二八二。

上課者」、「違反校規校紀情節重大者」，也予以開除學籍；其他「參加暴動」而「曾將暴動實情密報學校者」、「能制止兇行者」、「事後確知悔改者」、「無直接行動者」、「係屬被脅附和者」、「情節較輕者」，則具寫悔過書，由學校呈請教育處備查。

四　結束與開始

官方各有關方面總是認為：台灣青年學生在日據時期所受的殖民教育，是他們容易受到「煽動」而參加「暴動」的主要因素。

然而，通讀上述幾名在二二八事件期間親歷台北武裝鬥爭計畫，或是其他主要城市的民眾鬥爭的學生證言之後，我們雖然不能全面瞭解學生在整個事件過程中的表現，但大致可以理解這些學生共同的心路歷程：

日據時代，作為殖民地的孩子，他們無日不盼望著解放的一天早日來臨。因此，一九四五年八月，日本戰敗，台灣光復了，他們都熱烈地慶祝祖國的抗戰勝利，期待著祖國部隊與接收官員的來台。然而他們等到的卻是失望，是不滿，是「二二八」的起而鬥爭。即便這些學生果然是官方所說的「少數的敗類」，激發他們不顧個人身家性命而勇敢投入民眾鬥爭隊伍的意識，也絕不會是「滿腦子的日本思想」吧！這點，學生們的歷史證言，已經做了清楚而有力的說明，毋庸置疑。

基本上，我們也可以綜合這些學生的歷史證言，從學運的觀點做出幾點簡單的結論：

第一，學生的抗爭運動，在這次事件中並不是唯一的、孤立的。它是在官逼民反的歷史條件下，整個台灣人民反對接收政權的腐敗統治，要求民主、自治的愛國群眾運動的一環。

第二，相較於前幾次的學生示威運動，在二二八事件中，學生的運動性質已經拉高到武裝自衛的層面了。而且，由於學生團體知識、道德與組織上的一致性，學生武裝隊伍實際上也是整個事件中人民武力的決定性力量。它不但表現在台北地區未能實現的三月五日凌晨的武裝行動，而且遍及全省各地，尤其是高雄、台南、嘉義、台中等幾個地區。例如，事件當時負責在台北收聽各地廣播，編印《廣播快報》的吳克泰見證說：「我從廣播中聽到台中、嘉義、高雄的武裝鬥爭組織得比較好，其中嘉義最有組織，連家庭婦女和女學生都組織起來，進行救護傷員、送水送飯等工作。」從台南到嘉義支援的台南工學院學生吳慶年也說：「我們吃的沒有問題。嘉義女子中學的女學生，由老師帶隊捏飯丸，送到隊部給我們吃，換下來的衣服，也有人拿去洗淨後再送過來；棉被也準備得很暖和，照顧得很周到。」

第三，就像整個事件並不是所謂「本省人反對外省人的省籍矛盾」的產物一般，在「沈崇事件」中剛剛結合起來的本地學生與外省學生，不但沒有在這個事件中對立起來，而且有許多外省學生與老師，在事件初期一片亂打外省人的風聲鶴唳情況下，都受到本地學生的妥善保護，甚至於有些外省學生在認清事變的性質後，立即投入台灣學生的鬥爭行列。當國軍上岸展開肅清作業的時候，原先被保護的外省籍師長又反過來保護那些本省籍的學生（例如新竹中學曾重郎與台中農學院陳明忠的具體經驗）。這種不分省籍、互助合作的精神，為二二八以後反內戰、要和平的台灣學運，奠定了更豐厚的現實基礎。

遺憾的是，對戰後台灣的學運而言，由於二二八事件是一場未經主觀設計的變數，因此，在

「沈崇事件」中初步組織化的學生聯盟，還不及形成一元化的成熟組織並提出行動綱領時，即因不得不投入實際的鬥爭而慘遭破壞。其中，有絕大部分認識不深的天真學生因被特務利用而慘遭屠殺；全省各地也有許多個別參與的學生武力在事變中遭到攻擊。相對地，學生聯盟的主體則在事變中開始轉入地下的武裝鬥爭，並且與中共在台灣的地下黨有了一定程度的接觸。

總的來看，對戰後台灣學運的發展而言，由於「二二八」來得太快，使得學生聯盟的組訓工作不能不延擱下來；它對台灣戰後學運的打擊因而也是歷史慘酷的必然！事變後，有人被捕入獄，犧牲的犧牲了，隱遁而不問世事的有之；許多人則因為身分暴露而不得不流亡或自願奔往大陸。儘管如此，通過這場鬥爭，有更多倖存下來的學運鬥士仍然留在島內。他們不但沒有被白色恐怖所嚇到，而且決心為下一個階段的學運進程付出更大的貢獻與犧牲。

一場抗爭的結束，恰恰就是另一個階段的抗爭的開始。

第四章 台灣升學內地大學公費生

青年的朋友趕快來
忘掉你的煩惱和不快
千萬個青年一條心
唱出一個春天來
西邊的太陽下山了
東邊月亮爬上來
從黑暗一直到天明
快樂歌聲唱不完

——〈唱出一個春天來〉

一九四七年二月的人民起義被鎮壓下去之後，台灣的政治氣氛頓時為一片白色恐怖所籠罩，那些為特務利用而參加「治安維持隊」的天真、熱情的學生首遭厄運。但是，倖存下來的進步學生並沒有被嚇倒。學運領袖之一的吳克泰說，因為「他們在二二八事件中看到中共地下黨員的獻身和犧牲，認識到中國共產黨，因此在白色恐怖中，紛紛有人加入了中國共產黨的地下組織，有一部分地下黨員轉入山區堅持游擊戰爭」。

事實上，據國民黨官方的統計資料顯示，台灣地下黨的黨員人數，經歷了一場二二八事變之後，反而從七十人急增為二百八十五人。①

這個官方的統計數字，不但具體地檢驗了吳克泰上述說詞的客觀性；而且也一般地反映了在當時的歷史條件下，台灣知識青年思想認同的狀況，以及學運發展的性質。

然而，總的來說，光復初期台灣學運在經歷了一場二二八的鬥爭後，不得不暫時在校園沉潛下來了，學運的主要領導人：郭琇琮、陳炳基、吳克泰、葉紀東等人也都潛入地下，參與及領導另一場更加艱巨而全面的鬥爭。

這年暑假，升學內地的公費生組成的台灣同學會，利用暑假，組織演講團，在台灣各地開展巡迴講演，介紹大陸學生運動的情況並傳播新的思想。通過這樣的啟迪與鼓舞，一度沉潛下來的校園的學生運動，又從一九四八年春天開始逐步高漲起來。到了一九四九年春天，以台大和師範學院學生為主的「學生愛國民主運動」，把光復以來的台灣學運推到歷史的最高峰。

① 《安全局機密文件——歷年辦理匪案彙編》（台北：李敖出版社，一九九一年十二月三十一日初版）第一輯，頁一八。

一　招生與報考

一九四六年六月二十一日起，台灣省長官公署教育處陸續在該署機關刊物《台灣新生報》的頭版頭條，刊載了一則考選升學內地專科以上公費生的招生公告：

台灣省行政長官公署教育處考選升學內地專科以上學校公費生公告

一、名額：一百名

1.文科：三十名　2.法科及商科：三十五名　3.理科：七名

4.工科：十　名　5.數　科：八　名　6.醫科：十名

二、資格

1.凡係台灣舊制或日本中學畢業以後在較高級學校讀滿一年（五年制中學畢業）或二年（四年制中學畢業）確有證件者。

2.有上項同等學力者。

三、報名

1.地點：台北市龍口街教育處第一科（舊教育會館內）。

2.時間：自三十五年六月二十日起至七月五日止。

3.手續：先繳驗學力證件及二寸半身相片五張並填寫各項報名表然後換取准考證。

四、考試

1.地點：台北市龍口街教育處第一科（舊教育會館內）。

2.時間：自三十五年七月九日起至七月十二日止共四天。

3.科目：

文法商科：國語文、公民、歷史、地理、英文、數學、博物、口試、體格檢查。

理工科：國語文、公民、史地、外國文（英文或德文）、數學、物理、化學、口試、體格檢查。

醫農科：國語文、公民、史地、外國文（英文或德文）、數學、生物、理化、口試、體格檢查。

4.揭曉：錄取各生除個別通知外並在《台灣新生報》揭曉。

五、待遇

1.錄取各生須經台灣省地方行政幹部訓練團施以三個月訓練然後保送或介紹升學內地專科以上學校。

2.訓練期間膳宿書籍由台灣省地方行政幹部訓練團供給。

3.每人由本處一次發給冬夏制服各一套。

4.赴校旅費由本處統籌辦理。

5.民國三十五年每人每月由本處發給公費台幣貳千元（由學校轉發）。

六、義務

1.錄取各生須填寫志願書及保證書。

2.受訓期間退訓或受訓後不願赴校或已入內地各專科以上學校後無故中途退出或被開除學籍須家長或保證人負責償還該生所領的一切費用。

3.各生畢業後本公署視省內需要調回本省服務其年限與該生在內地就學之年限等。

處長　范壽康

中華民國三十五年六月二十日

高勵新：八年抗戰之結果，台灣重歸祖國的懷抱。為離開祖國五十一年間，文化、風俗、習慣都與內地不相同，因此教育部為祖國文化與台灣文化交流起見，招考三十名（升學內地專科以上學校）公費生。然而省教育處鑑於本省缺乏社會科學之人才，建議中央增加為百名，讓我們不但研究學術，並且（通過）接觸祖國的文化、風物來認識祖國的現狀。②

褚應端：文化的交流，是本省光復後最切要的工作，何況五十年來本省文化難免沒有狹義的軍國主義的統制，對於現代民主的思潮，以及內地文化，多少有些隔閡，這次教育處對於三十五年度考選歐美留學生原打算在台灣特設一個考區，曾經呈請教育部，教育部也沒有不同意這種辦法，不過因為籌備不及及覆電稱留作明年參考，因此內地就學的公費生考試，更要積極的辦理，本月內已聘請大學省立學院及專科學校各位校長教授擔任考試委員，在本月十六號至十九號四天內已完成這件考選工作，這次招考，應考的人都相當踴躍，錄取人數不日即可發表，以後，照規定他們還須受三個月的訓練，然後依各人志願，派到內地的有名的國立大學去求學。③

陳威博：一九二五年，我出生於淡水，先後在日本仙台就讀過舊制的第二高等學校和東北帝國大學醫學部。日本戰敗投降後，我於一九四六年二月回到台灣，轉學到台灣大學醫學院。在另一方面，我倒抓住了官費留學北京的機會。台灣省政府發表公告，要招募一百名公費生到大陸國立大學去學習。不僅學費和生活費都能得到保障，而且聽說也能夠上我夢寐以求的北京大學。這對於正為生活所困的我來說。實在是一種僥倖。④

莊德潤：一九二四年，我在殖民地台灣的嘉義出生。因為日本帝國在台灣實施「差別待遇」的統治政策，台灣青年一般都苦無出路。嘉義中學畢業後，我就東渡日本，在東京研數專門學校繼續求學。我在日本才待了兩年，日本就無條件投降了。我們在東京的台灣留學生，因為從小就受過日本人的殖民統治，所以民族意識都非常強烈；日本投降了，我們當然非常高興。然而，我們並不盲目地反對一切日本人。那時候，日本共產黨也因為戰爭終結而可以再出來公開活動了。當日共主席野坂參三從延安回到日本時，他們便動員了歡迎的隊伍。通過日共的這項歡迎活動，過去在殖民地台灣一直接受反共教育的我第一次知道：原來祖國大陸還有個在延安抗日的中國共產黨。以後，我對中國社會內部的問題也有了一定程度的瞭解。我們這些在台灣出生、成長的年輕人，雖然人在海外，對台灣的感情卻很深。小時候，我們就知道有很多前輩從事反日運動；但一九三七年中日戰爭爆發後，日本人的統治比以前更嚴厲，在殖民地台灣也不

②高勵新〈公費生介紹記〉，《台灣學生叢書》（台北：台灣學生雜誌社，一九四六年），頁一六—一七。以下高勵新證言同。

③褚應端〈一月來之本省高等教育〉，一九四六年七月二十八日《台灣新生報》。

④楊威理著（陳映眞譯）《雙鄉記——某台灣知識人之悲劇》（台北：人間出版社，一九九五年三月初版），頁二一〇二、二一三。

太容易從事反日運動了，因此，我們才東渡日本求學。現在，台灣既然已經光復了，我們就應該回鄉，投入重建台灣的工作行列。在這樣的心情下，儘管我在研數專校的學業尚未完成，我還是連同其他熱情的台灣青年於一九四六年二月回到台灣。三月初，我即通過在日本時的課外學習老師——《人民導報》總主筆陳文彬先生的介紹，進入《人民導報》社經理部，負責發行工作。在報社工作了二、三個月後，我深深體認到從事新聞工作必須要有深厚的學問，因此，就辭去報社的工作，到法商學院念法律系。到了六月中旬，我在報上看到長官公署刊登了一則「考選升學內地專科以上學校公費生」的招生啟事，因為資格符合，而且可以每月領取二千元的公費到祖國的大學讀書，從小就具有強烈的中國民族意識的我，於是毫不遲疑地前去報名。

杜長庚：一九二四年，我生於台北市大橋頭。日新公學校、台北二中和台北高等商業學校東亞經濟專修科畢業後，一九四四年去了東京，考入中央大學專門部法學科。戰爭結束後，我認識了當時在東京立教大學任教的陳文彬和莊德潤。我們常聚集在一起暢談祖國、台灣的光輝未來。東京街頭爆發了首次台胞遊行示威，我們留學生也聲援參加。一九四六年一月，我回到了台北。為了生活，我到士林台北中學（今泰北中學）任教。但是物價天天漲，入不敷出，當鋪每月非去不可。後來，報紙刊出台灣省行政長官公署教育處招考一百名公費學生去大陸上大學。考慮到一來可以升學，二來可以解決生活費用，三來去延安更近了，我便應考了。⑤

蘇瑞鵬：我是新竹人。日據末期新竹中學畢業後到日本留學。日本宣布無條件投降後，住在東京的一些台胞自發組起來開展活動：一是學習祖國的歷史文化，學習國語，二是到日本各地瞭解台胞情況，並開始籌備在日台胞回台灣的工作。我有幸參加了這些工作，並開始學習。記得我學唱的第一首中國歌曲是〈漁光曲〉。那悠揚而哀切的曲調，引發了我對祖國大陸的無限嚮往。一九四六年二月，我們在日本的一千多名台胞乘坐「高砂丸」客輪回到故鄉台灣。由於戰爭的破壞及日本對台灣的掠奪，台灣經濟很不景氣，整個台灣島顯得蕭索紊亂。但島內人心沸騰，歡呼光復。我對當時的國民政府抱著很大的期望。同年六月，《台灣新生報》刊登了台灣省考選升學內地專科以上學校公費生的公告。七月考試，八月十日放榜，我報考了。⑥

江　濃：一九二三年，我出生於嘉義市一個貧寒的家庭。光復後，我個人之所以參加公費生考選而到大陸升學，是因為台灣脫離祖國已經有半個世紀了，絕大部分的人都非常不瞭解大陸的情況，本省人和外省人互相之間在感情上有一點距離，所以就想親自到大陸看一看，學習學習，並且在學成之後把大陸的情況帶回台灣，向我們的鄉親介紹；扮演一座台灣和大陸溝通的橋梁。既然台灣省長官公署公告要招考留學內地的公費生，我就把握住這個機會。它在一九四六年六月的《台灣新生報》刊登第一次招考啟事。儘管那時我已經台大（台北帝國大學醫學專門部）畢業，留校任教；我還是想到大陸再學習。因此，看了這個啟事後就前去報名。⑦

⑤杜長庚〈心向祖國，心向中國共產黨〉，前引中華全國台灣同胞聯誼會編《爲新中國誕生而奮鬥的台灣同胞》，頁二五三—二五八；杜長庚〈一個台灣公費生的人生旅途〉，收錄於《紀念台灣省公費（派）生升學內地大學六十五週年》（北京：九州出版社，二〇一二年三月），頁一〇五—一一三。以下杜長庚證言皆同。

⑥方木（蘇瑞鵬）〈我的人生歷程〉，收錄於前引《紀念台灣省公費（派）生升學內地大學六十五週年》，頁三—一〇。以下蘇瑞鵬證言皆同。

⑦江濃證言，一九九〇年四月，北京。詳見藍博洲《尋訪被湮滅的台灣史與台灣人》，頁一八五—一九二。以下江濃證言不另作註者皆同。

楊玉輝：一九四五年三月，我從台南二中畢業，隨即考上日本九州久留米高等醫學專門學校。因日本戰敗投降，兩地航線斷絕，未能按時報到入校。這年十一月初，接到台灣省教育處通知，要我立即赴台北醫學專門學校報到入學（後來轉學到台灣大學醫學院先修班）。一九四六年六月中旬，我在報上看到台灣省行政長官公署教育處關於考選升學大陸專科以上學校公費生的啟事。我知道機會來了，當即前去報名考試。⑧

許孟雄：一九二五年，我誕生於雲林縣崙背鄉。我在台灣念公學校和台南長榮中學，受的都是日本制的教育，深刻感受到日本帝國主義的壓迫和欺凌。一九四六年五月，台灣省長官公署教育處接受台灣省參議會的提案，為了培養台灣青年學生，規定了「升學內地大學公費生」制度，其辦法是用公費送百名學生到內地九個國立大學念書。我當時嚮往祖國，又想掌握新的知識，因此去投考。⑨

廖天朗：我出身日據下台中市的貧寒家庭，從小嘗盡了做亡國奴的心酸。所以，日本投降，台灣結束了日本殖民統治，回到祖國的懷抱，我是多麼興奮地與台中一中的同學們一起，含著熱淚歡迎國軍的到來。但好景不長，老百姓依舊生活在苦難中，我不禁怒火萬丈。一九四六年夏，就讀台中農學院的我參與組織全校大罷課，抗議大陸派來接管的農學院院長的腐敗行徑。迫於學生壓力，儘管以更換院長而告終，但這些「接收大官」仍然我行我素，並無改變。正當我大失所望之際，聽說大陸有的地方並不是如此，於是我報考了台灣光復後的首屆台灣公費生招生。⑩

二　錄取與分發

八月五日，教育處長范壽康再度具名公告：「本處舉辦升學內地專科以上學校公費考試，考生成績業已評閱完竣，並經本處附設考選公費生及自費生升學內地專科以上學校考選委員會第三次會議決議，照原定名額予以錄取。」

據該公告，錄取名單一百名，包括：文科，三十名；法商科，三十六名（原訂三十五名）；理工科，十七名；數醫科，十七名（原訂十八名）。公告又稱：「所有錄取各生，希於本月十六、十七兩日赴台北市水道町台灣省行政幹部訓練團報到，十九日開講，逾期不到，以放棄權利論，取消資格……」⑪

十一月六日，教育處長范壽康針對該處舉辦的「升學內地專科以上學校公費生」事宜第三度具名公告：

---

⑧楊玉輝〈一位老台生的充實一生〉，原載北京《台聲》雜誌，二〇一二年十二月，頁七二—七三。以下楊玉輝證言皆同。

⑨許孟雄證言，一九九〇年四月，北京。詳見藍博洲《尋訪被湮滅的台灣史與台灣人》，頁一四七—一四九。許孟雄〈爲新中國的建立而奮鬥〉，前引中華全國台灣同胞聯誼會編《爲新中國誕生而奮鬥的台灣同胞》，頁二七九—二八七。以下許孟雄證言皆同。

⑩陳天章（廖天朗）〈一個台灣學子的奮鬥歷程〉，收錄於前引《紀念台灣省公費（派）生升學內地大學六十五週年》，頁二一一—二一七。以下廖天朗證言皆同。

⑪一九四六年八月十日《台灣新生報》。

「查本處前考選升學內地專科以上學校之公費生業已訓練完畢並由署函准教育部准予分發各國立大學其分發各校名單亦於本月四日召開公費生考選委員會決定原則在案茲特將分發名單公布於後如有科系相同自願互相對調者可於本月八日以前來處申請核辦希各知照此告」。⑫

高勵新：關於文科的考試科目包括：數學五題（剩餘定理、無理式求值、幾何證明、三角方程式證明）；英語三題（文法、英文中譯、英文作文）；國文（誤文訂正和作文：「一個想像中的內地大學」）；地理十題；外國及本國歷史十六題；公民兩題（「真之自由」和「民主主義與民權主義之區別」）；博物四題。因為問題解答都用國文，而且準備期間不到一個月，及格者的成績最低平均三十五分，五十分以上者很少。因為這回嚴密限定投考者之資格，投考者不過百九十八名，其中有百四十名左右志願文科方面，但就我所知，不論文科、法科、商科，一律照考試成績錄取，所以其中有第一志願法科，第二志願文科，竟被編入文科；並有第三志願醫科的人被編入醫科。

許孟雄：當時應考者有五百名之多，因此錄取的百名學生被台灣報界稱為「台灣的精英」。我也幸運地被錄取。

楊玉輝：我被錄取了。同時被錄取的還有三舅胡連城、表哥林金莖。八月中旬，我按台灣省行政長官公署教育處的要求，到台灣省行政幹部訓練團報到學習。說是訓練團，對我們來說，主要是學習中文，重點是學國語。台灣省赴大陸學校錄取了一百名，實際報到九十二人，分九個小組，我擔任第九小組的組長。

陳威博：公費生的考試成績，我名列前茅。因為在應試生中，上到帝國大學二年級的，只有我一個人。換句話說，我比別的考生多讀了兩、三年的書。我因而從第一志願到第三志願一律都填寫了北京大學。這無異於向台灣省當局表明了這堅強的意願：「倘若不尊重我的意願，把我分配到其他大學，我是堅決不去的。」主管的台灣省教育廳（處）的副廳（處）長（宋斐如）曾以近乎譴責的口吻說，有人將三個志願都填寫了同一個大學。但我仍如願以償，進了北京大學經濟系。⑬

莊德潤：這項考試總共錄取了一百個人。我僥倖也是其中之一。錄取之後，我們即在台大附近的台灣省地方行政幹部訓練團接受三個月的訓練，學習的內容主要是中文、地理與歷史等科目。

高勵新：在省訓練團受訓，目的是往國內時的準備，大部分的時間學習國語文，經過一個月大概可以聽，可以講簡單的會話；其他也學習地理、歷史、經濟、政治、國父遺教、英語等。訓練後，教育處送（這批公費生的）學歷和考試成績到教育部審查，等候教育部的指示，分配國立或私立大學，不日擬往國內。

杜長庚：這批學生多數不會講國語，大陸情況又不太瞭解，當局（於是）在台灣省訓練團內開設了「升學內地大學公費生班」，集訓了三個月，學習國語、地理、歷史和三民主義等課。我在這裡認識了江濃同志。他從台灣名校台北醫專畢業，本可從事台灣知識分子最佳職業——行醫，但他關心政治，投考了公費生。

江　濃：通過招生考試，我被錄取了。由於兩岸之間曾經長期隔離的歷史因素，台灣省教育處就

---

⑫一九四六年十一月七日《台灣新生報》。

⑬前引楊威理《雙鄉記——某台灣知識人之悲劇》，頁二一一一三。

先給我們這一百名錄取生進行三個月預備訓練；主要內容是學普通話。因為大多數的人都不會聽、講普通話。如果連話都不會聽也不會講，一下子就要到大陸升學是困難的！訓練地點設在台灣省訓練團，全稱「台灣省地方行政幹部訓練團」，是陳儀辦的。團裡頭分好幾個班，什麼稅務班啦、銀行班啦、地方行政班啦……諸如此類，好多個班，都是短期的培訓性質；因而，它又增設了一個「升學班」。我們這批錄取的留學生都到這個班來學習三個月。在這裡，大家就互相認識了。

杜長庚：三個月訓練團生活結束後，一九四六年十一月，我被保送到上海暨南大學外文系學習。

江　濃：實際上，我們學習的時間並不足三個月，大概兩個多月就結束了。根據招考時公布的規定，我們只要在台灣被錄取了，即可免試保送國內九所主要的國立大學。至於這九所學校的名稱也早就公布了。到了學習快結束的時候，教育當局就讓每一個人提出志願，喜歡到哪一所大學？念什麼系？每個人也都填了志願。到了最後公布的時候，基本上它是按照每個人的志願分發的，好像並沒有再怎麼調整。就這樣，有的人喜歡北方的就選擇到北京去；喜歡南方的則到南方去。我記得，分發的情形大致如下：北京，當時只有一所北京大學，十幾個人。上海則有四所大學，復旦大學五個人；暨南大學十幾個人；同濟大學只有醫學系，學的是德國系統的醫學，有五個人就讀；另外還有上海醫學一、兩個人。其他，南京有中央大學，但念的人不多；武漢有武漢大學八個人；杭州有浙江大學六、七個人；廈門有廈門大學三十幾個人。總的來說，以選擇到廈門的人數最多。我估計，這是因為喜歡廈門的人比較多。理由不外是語言相通，氣候比較合適以及風俗習慣一樣啦等等！其次，較多的是上海，因為上海有四所大學。我個人選擇就讀上海復旦大學新聞系。

鄭鴻池：我和其中的三十位分配到廈門大學。分配到廈門大學的人數最多，因為廈門離台灣最近，方言相通，習俗相似，較易適應。當時，台灣光復之初，台灣青年讀了十幾年的日本學校，中文一竅不通，到大陸大學，困難很大，廈大便專門安排懂台灣方言的老師為台灣同學補習中文。⑭

蘇瑞鵬：我報考北京大學被錄取了。不久台灣各院校也開始招生，又報考了台北師範學院英語專業，也被錄取了。面對兩張錄取通知書，是留在台灣還是去大陸？經過一番思想鬥爭，最後選擇回祖國大陸學習。那是因為：一，日本投降時，在日本的台灣人從敗戰的日本殖民地住民，一躍而成為戰勝國的中華民國國民而得到揚眉吐氣，感到有一種光榮感和幸福感。二，祖國大陸到底什麼樣？從未見過，只有深深的無限嚮往。三，台灣光復，舊的秩序去了，新的制度尚未建立，作為青年學生的我，有一種使命感和責任感。到祖國大陸去，學成歸來參加建設一個新台灣。

⑭鄭鴻池〈爲祖國的新生奉獻青春——一個台灣愛國青年的選擇〉，前引中華全國台灣同胞聯誼會編《爲新中國誕生而奮鬥的台灣同胞》，頁二四八—二五二。以下鄭鴻池證言皆同。

三　臨別告同胞書

台灣省教育處對外宣稱：這批即將前往廈門、上海、杭州、南京、北平和武漢等大學升學的公費生，是「本省最優秀青年，將來可以肩負新中國新台灣建設重任，其前途則為中國之前途，台灣之前途」。因此，該處除了將派特定人員護送他們前往大陸之外，為督勵與聯絡家長之間之感情，保護子女旅外求學之安定，特別邀集在省行政幹部訓練團訓練完畢，候船出發赴校深造的九十二名內地升學公費生（其中兩位女生）的家長，於十一月十一日下午四時，假台北市蓬萊閣舉行「台灣省升學內地大學公費生父兄聯誼會」成立大會。與會者包括教育處第一科長褚應端、省訓練團教育長韓浦仙、教師周玉津、參政員陳逸松與各地學生家長三十餘人。⑮

十一月十八日下午，即將出發的九十二名內地升學公費生又在省訓團舉行「台灣省升學內地大學公費生同學會」成立大會。除了九十二名學生悉數參加之外，與會來賓包括教育處副處長宋斐如、省參議會議長黃朝琴、省訓練團教育長韓浦仙、台北市長游彌堅和教育處第一科長褚應端等人。大會即席通過會章，並選出江濃為該會常務幹事，孫榮華、陳威博等十人為幹事。⑯

最後，分發到國立北京大學法學院的郭炤烈，以及「台灣省升學內地大學公費生同學會」，分別發表了內容大體一致的「臨別感言」和〈臨別告同胞書〉：

同學會：我們是第一批升學內地大學的公費生。在三個月前蒙教育處錄取並在本省訓練團受訓三個月，現在我們要分成上海、北平、廈門三隊到內地各大學升學去。我們覺得我們所負的責任非常重大，在目前，我們要去接收祖國悠久的文化，同時要給外省同胞明白我們台灣同胞雖然受了日本五十年的統治壓迫，但我們的民族精神還是堅強的。在將來我們將再回到我們的家園

——台灣，共同努力，建設一個美麗島。自我們及格升學內地大學公費生以來，常常聽到一般人士的意見，他們說：「台灣是全國最發達的省份，無論文化方面或者科學方面都不亞於全國任何省份，所以如果要離鄉背井遠涉重洋到內地，不如就在台灣學習。」不錯，台灣過去雖然在日本帝國主義鐵蹄蹂躪下不斷地呻吟著，但是日本要施行它的榨取政策，當然要設備許多文化、科學設備，本省比較內地有進步些，這也不能諱言的，可是以這個理由就斷定升學內地的好壞，是錯誤的。

回想台灣光復以來，省民當初的熱烈情緒和期待，經過不久時期，就有一部分人民變成冷淡，成為建設新台灣的障礙。其所由來的原因有很多，可是我們知道最根本的原因，是因為本省離別祖國達五十年之久，其間本省只受日本愚民教育，和我國的文化幾乎沒有溝通，因而很少認識我國文化的好處。雖有認識，那不過是屬於古代的遺品，對於近代由本身的進步和外國的影響而生長起來的新文化，都很少有認識，對此本省民往往以為我國文化都是古老的，都是不合時務的，這是一個大錯誤。我國近代史上所看見的進步，我們要認清楚。百年來我國漸漸進入接受世界的時代，尤其是五四運動以來演變到今日有很多的發展。所以我們要認識祖國，打開本省和內地的隔閡，當然要親到內地看我國文化的體制，研究我國的思想、主義，然後才能談到將來的新台灣建設。我們將來的新台灣建設要由認識我國的情形，吸收我國的新文化，所以

---

⑮ 一九四六年十一月十二日《台灣新生報》。

⑯ 一九四六年十一月十九日《台灣新生報》。

我們敢大聲地說，此次公費生的意義實在很大。我們負著這個重大的使命〔而〕離開我們所愛的台灣向內地去求學，為了養成更大的力量來建設新台灣，暫別我們全身愛著的故鄉。當此臨別的時候，禁不住有些說不出的感想，有濃厚的惜別心。尚且想到在這一個正急需建設的時候，離開本省，似太無責任，但是我們是為求更大的建設力量而求學去的，我們有熱誠，更大的責任等著我們。別了，我們可愛的同胞。當我們畢業的時候，我們將帶回更大的力量，來加入你們鬥士的當中，為了新台灣，為了新中國而奮鬥吧。最後以最大的誠意深謝陳長官賜給我們這個機會能夠到內地去升學。⑰

江　濃：我們這個同學會的成立是在省訓練團學習的那段時期醞釀的。就是說，大家已有那麼二、三個月共同生活與學習的基礎，而且都抱著共同的目的要到大陸學習；但是，到了大陸以後，從南到北，在不同的學校學習，就分散了。所以，有必要有一條紐帶把大家都統一在一起，做互相聯繫、溝通與勉勵的工作，因此就決定組成同學會。一段時間之後，同學會就在訓練團成立。同學會完全採用民主的方式，通過投票，選舉我出來當會長。當時，有兩個因素促成我被大家推選出來當這個公費生同學會的會長。第一，是語言的因素。一般說來，除了個別的少數人普通話講得比較好之外，其他多數人普通話都講得不太好；而我早在日據時代就已經開始學講普通話了。第二，因為我已經領過一份大學文憑，年紀也比較大一點。同學會的主要宗旨是保持互相聯絡。

杜長庚：〔江濃的〕認識水平、工作能力也是出眾的，所以全票當選為公費生同學會會長。後來知道，他當時還是「升學班」唯一的中共黨員。我們常一起講形勢談思想，交換《民主》、

《群眾》等刊物，增強對祖國光輝未來的信心。

高勵新：公費生同學的年齡最高三十二歲、最低十九歲，平均二十三．四歲，因為戰爭而失學者很多，所以裡頭包括醫者、事務員、公務員、教員和社會人士等。可是他們的求學心熱烈，不劣於年輕的同學，學歷包括三高、二高、建國大、慶應、早稻田、高商、同文書院、醫專等畢業或肄業者。但是他們團結鞏固，都抱有建設新台灣和新中國之意氣。

謝發楸：我一九二六年出生在苗栗客家庄，公學校畢業後到日本，先後就讀京都的私立中學與福岡的公立農業專科學校。一九四六年年初，回到故鄉台灣，轉校台大農學院；在等待九月上課的空檔期間，我考取了升學內地公費生。秋季，我與江濃、陳伯熙、林金莖、陳炳薪等五同學進讀復旦大學。⑱

江　濃：到大陸後，我們通過同學會的管道，仍然彼此互相聯絡。同學會當然還繼續存在與活動。過來大陸以後，事實上，它也進行了一些工作；其中，主要的一個就是刻了一份油印的刊物。這個刊物的名稱叫什麼我忘了。反正是我刻的，我什麼都自己辦。除了普通的通信聯絡之外，我還希望各個學校都有一個主要的通訊聯絡員，報告各校的留學學生的情況。當消息都集中到我那裡之後，我就不定期刻印一份四開、雙面的簡單刊物，傳送各校訊息。當時的工作態

⑰一九四六年十一月十九日《台灣新生報》。郭炤烈〈第一批公費生臨別感言〉，《台灣學生》新年號（台北：台灣學生雜誌社，一九四七年一月一日），頁二九—三〇。

⑱謝發楸〈回憶台灣回歸祖國　懷念恩師〉，前引《紀念台灣省公費（派）生升學內地大學六十五週年》，頁一四五—一五四。以下謝發楸證言皆同。

度是拚命幹的！它也起了一定的作用。也就是說，通過這份油印刊物，每個留學生可以瞭解一塊從老家過來的其他同學在別的城市、別的學校裡頭的學習情況怎麼樣？生活怎麼樣？有沒有什麼困難需要援助？此外，我記得，我們也把這份油印刊物按期寄給台灣省教育處（後來的教育廳），因為它是我們的主管單位，通過這份刊物可以讓他們也瞭解我們的狀況。畢竟，我們的同學會是經過他們批准而合法成立的。除了通過刊物聯絡之外，其他的聯絡方式就是個人通信。通過個人之間的通信，我們除了聯絡彼此的感情之外，更重要的是，藉此有意識地反映各校情況，然後再依此向當局提出共同要求。例如，相應於不斷飛漲的物價，我們所領的公費數額實際上不斷貶低，生活的花費也愈來愈緊，因此我們就要求提高公費生每月的津貼數額。這個要求於是就通過我向台灣省教育處提出，並且也有了幾次合理調整。這當然是合理的要求。

四 參與進步的學生運動

一九四六年十一月二十日左右，這九十二名台灣第一批升學內地大學的公費生便依地區而分成北平隊、上海隊和廈門隊，陸續出發，搭船前往祖國大陸，然後分別前往中央大學、北京大學、浙江大學、武漢大學、廈門大學、暨南大學、復旦大學、同濟大學及上海醫學院。其中，八個一同到武漢大學的同學，到上海後，又繼續搭乘渡輪，沿著長江往武漢前進。⑲

十二月二十四日，北大女生沈崇被美軍士兵強姦。這批公費生又在所屬城市投入了全國各地風起雲湧的反美示威遊行。

江　浩：公費生們從基隆到淞滬的旅程並不順利，父親（江濃）在家書裡描述：「我們搭的民生輪本來二十一日開的，遲了一天開船……第三天晚上即到吳淞口外停船，早晨就上溯黃浦江，一路詳見兩岸景物，初次接觸到祖國山河、人物風俗不無感想……昨天早上就報到本校，搬進此地宿舍裡來。本校已開學一個多月，我們大概從後天（二日）才能上課，今後就為了趕上人家不能不忙於抄筆記等事情。」……父親在另一封信中寫道：「此地同鄉會特為歡迎我們……開了一個茶會，上海隊同學四十七個都即席參加，我代表同學站起來致辭，給予一般的印象並不錯。」[20]

陳澤炎：一九四六年十一月二十四日，包括我在內的四十七名考入滬、杭兩地高校的台灣公費生，搭乘「民眾號」離開美麗的寶島台灣，奔赴大陸。我們乘坐海輪到上海後，我和選擇浙江大學的另外五名男生和兩名女生即轉達杭州，我的人生從此翻開了新的一頁。時任校長竺可楨、數學系教授蘇步青等師長對我們台生都非常關心。[21]

莊德潤：到了上海，我們便各自前往分發的學校。其中，因為語言的關係，選擇到廈門大學的共有三十幾個人，算是最多的了。我和另外七個到武漢大學的，又在上海搭船，沿著長江前往武漢。那時，國共兩黨在重慶的政治協商會議破裂，內戰有一觸即發的態勢。

---

⑲一九四六年十一月十九日《台灣新生報》。
⑳江浩〈憶「公費生」父親二三事〉，前引《紀念台灣省公費（派）生升學內地大學六十五週年》，頁一六三。
㉑陳懿榕〈陳澤炎〉〈惟緣深深懷有一顆中國心〉，前引《紀念台灣省公費（派）生升學內地大學六十五週年》，頁六五—七一。以下陳澤炎證言皆同。

楊玉輝：我們分配到剛遷回上海不久的暨南大學的十四名公費生於十二月初到上海報到。當時的上海是全國學生、工人革命運動蓬勃發展的地方，暨南大學又素有「東南民主堡壘」的稱號，進步與反動勢力的鬥爭非常尖銳。那時，暨大學生會經常邀請愛國人士如郭沫若、茅盾、馬寅初、羅隆基、章乃器等人來校做報告。說真的，我有生以來第一次聽到如此激動人心的報告，心想如果將這些治國理想付諸實踐，我們的國家就有希望了。

許孟雄：經過三個月的中文學習之後，我被送到上海國立暨南大學文學院史地系學習。當時中國處於新民主主義革命的第四個階段，上海是學生、工人成員等各種革命運動蓬勃發展的地方，暨南大學曾被稱為「中國東南的民主堡壘」，這裡的進步與反動的鬥爭是非常尖銳激烈的。史地系是進步勢力占優勢的地方，我被選舉為史地學會幹事後，在各種活動中受到鍛鍊與培養，使我的思想認識有很大改變。

江　濃：十二月十日，美軍第八憲兵司令部對東京澀谷區日本利益集團嗾使幫會流氓騷擾擺攤維生的台灣人而滋生的事件判決確定。得知這個令人憤慨的消息，同學會立即聯合台灣旅滬同鄉會、台灣重建協會上海分會、閩台建設協會上海分會，致電國民大會主席團，籲請大會為此事件的判決向美國提出抗議。十四日，同學會又單獨發表批判國際法庭、聲援同胞的〈告同胞書〉。

同學會：澀谷事件宣判了，它帶給我們的是恥辱與憤怒！……電訊傳來，證明我們以前的想法過於天真了，殺人的沒有罪，被侮辱與被損害的反要服苦役坐牢，被驅逐出境！事實與我們的希望背道而馳，我們的要求全部落了空，國際法庭的判決是十足的偏袒日本人啊！如果這就是「法」，我們應該為「法」悲哀！如果這就是「理」，那麼，這道理，純然迎合反動分子的欲望，與人民的道理完全相反。我們不能不萬分憤慨，當同盟國戰敗了敵人，民主陣線得到最後勝利的時候，美國政府反在遠東擺下滋長法西斯細菌的溫床，一手培植日本的封建勢力。企圖操縱日本全部經濟，重建一個俯首聽命的反動的政治機構，澀谷事件就是這種政策所造成，澀谷事件的判決就是這種政策勝利的一個反映。我們雖不欲深責麥克阿瑟的縱容，然奚能坐視國際法庭的偏袒？我們不能不嚴正指出：中國人民是堅決反對這無理無法的判決的！我們不能緘默！因為：這不僅是少數台胞生死榮辱的問題，更重要的是關聯著國家的威信，關聯著今後僑民生命財產的安全，關聯著整個世界民主和平運動的發展。因此，我們迫切提出下列的要求：一、盟軍總部應立即釋放被拘台胞，保證今後僑胞生存居住的自由權利。盟軍總部應立即逮捕擊殺台胞的兇手予以嚴厲審訊，並由東京台胞推派代表參加覆審。二、政府應立即遣派軍隊占領日本，以維國威，並保護僑胞生命財產的安全。三、美國政府應即重新考慮管制日本的政策。因為：縱容反動勢力，扶植法西斯餘孽的政策沒有改變，第二個「澀谷事件」還要跟著到來，世界將不能有一天安寧的日子。願大家與我們緊緊地拉起手來，為爭取公理正義與人權而戰鬥不懈！㉒

郭炤烈：告別家鄉時，最愛我的媽媽依依不捨地把我送到台中車站，親手把她在一個小瓶裡裝了台中的泥土和水的「故鄉土」交給我，吩咐我把它倒在北方的土地上，讓我很快適應北方的水土。媽媽的心意是要我像「故鄉土」和大陸土攙和在一起那樣，盡快地和祖國同胞融合在一

㉒一九四六年十二月十八日《大明報》；另見同年十二月二十日《人民導報》第三版。

起，好好學習。我們乘坐的海輪離開基隆港是秋末，當船開到塘沽港的時候，周圍已經是一片銀白的世界了。我們幾個台灣同學之後乘著火車，沿著白天由國民黨把守、晚上則有八路軍來拔軌的鐵路線，在掌燈時分來到當時的北平。㉓

蘇瑞鵬：我們十三位從台灣到大陸的公費生，到北大報到後，安排住在「三院」。上課在李大釗、毛澤東工作過的紅樓，紅樓後面是因歷次學生運動而聞名於世的「民主廣場」。每到這個廣場，都會感到一股民主之風撲面而來。憂國憂民的進步思想，影響和感染著我們剛入學的新生。

郭炤烈：不久，北平發生了一件大事，即在聖誕節前夕，美國兵強姦了我們北大進修班的一位女同學。我氣憤極了，很快就和同學們參加了「抗議美軍暴行」的示威大遊行。

廖天朗：我進了北京大學，原以為從此可以在祖國的懷抱裡專心致志地讀書了，但進校一個多月，發生了美國大兵強暴北大女學生的「沈崇事件」。這分明是趕走了日帝猛虎，又換來了美帝惡狼，我按捺不住內心的憤怒，決心投身於抗議美帝暴行的革命浪潮。

蘇瑞鵬：「抗議美軍暴行」、「美國佬滾回去」的怒吼聲響徹北京城。而與此相對照的是，國民政府對學生運動的漠視，對美國政府的俯首帖耳，現實讓我逐漸明白了一些道理。特別是耳聞目睹國民政府的腐敗、媚外，搞白色恐怖、經濟崩壞、民不聊生等等。從此，我對蔣介石國民政府的期望逐漸幻滅，不抱希望。

陳威博：北京市的學生們在十二月三十日舉行了大規模的反美示威。我們這批台灣省公費生雖然到達北京不久，但大部分人都參加了這次示威活動。我是生平破天荒第一遭參加了中國學生的示威遊行，十分感奮。北京大學的女學生群情激昂，在室內廣場發表反美演說。目睹這種情景，我深受感動。往昔，在日本看到的淨是插花和習琴的日本女性的我，因此提高了對於婦女的認識。以這次北京的示威為契機，在中國全地都爆發了學潮。㉔

杜長庚：當時的上海，窮的窮，富的富，慘不忍睹。冬天，宿舍到學校僅十五分鐘路程，每天都可以看到有餓死、凍死在馬路上的。有一次竟然看到一條狗在垃圾箱內啃死嬰的腳呢！美軍以勝利者的姿態出現在上海，和在東京一樣無惡不作，所以十二月北京大學「沈崇案」一報導，上海學生立刻掀起轟轟烈烈的罷課遊行聲討。

許孟雄：一九四七年一月一日，全上海大中學生舉行抗議美軍暴行大遊行時，我同台灣同學一起被安排擔任糾察隊員，走在遊行隊伍的最前面，從而走在全上海學生遊行隊伍的最前面。

洪瑤楹：十八歲的我負笈浙江大學農學院農業化學系，來到祖國大陸杭州。政治思想一張白紙的我，一個月後就遇到了美軍強姦北大女學生沈崇的事件。出於正義感，我參加了浙大學生會組織的聲勢浩大的示威遊行活動，抗議美軍暴行。

鄭鴻池：我從台灣到廈大升學之日，正是國共兩黨爆發全面內戰之時。入學才一個多月，即一九四六年十二月下旬，發生了抗議美國士兵強姦北大女學生的學生民主愛國運動，即「沈崇事件」。我懷著一腔愛國熱血，民族義憤，毅然參加了罷課和上街示威遊行。

㉓郭炤烈〈走過半個世紀〉，前引中華全國台灣同胞聯誼會編《爲新中國誕生而奮鬥的台灣同胞》，頁二二二—二三〇。以下郭炤烈證言皆同。

㉔前引楊威理《雙鄉記——某台灣知識人之悲劇》，頁二一九。

莊德潤：開學不久，全國各地的學生運動便以北大為中心蓬勃地展開。對我們這些台灣籍留學生而言，因為我們在台灣時就已經目睹了國民黨官僚貪污、腐敗的作風，因此，到了大陸，自然而然就左傾了，並且積極投入當時的學生運動，與學校內部的國民黨特務——三青團成員，展開激烈的鬥爭。

杜長庚：多年軍閥混戰、日寇入侵，民不聊生，勝利後的人民盼望著國共談判，和平建國，但國民黨卻要把戰爭強加給人民。一九四七年五月二十日，反內戰、反飢餓的學生運動蓬勃發展起來了。「五二〇」運動中，我任主席團成員。遊行中，我任糾察，走在隊伍的前面。到南京路河南路口，國民黨騎警擋著不讓通行。當時有記者拍照，因此引起了校內特務的注意。

鄭鴻池：「五二〇」運動在廈門興起，我又積極地參加了罷課和上街遊行，並發表街頭演說，成為學生民主運動的活躍分子。記得當時由於內戰而造成物價暴漲，政府發給的公費，連買米吃飯都不夠。我即使有家庭的少量補貼，也還得經常醬油拌飯苦度日子。親身的感受，加上升學前目睹國民黨接收（實為「劫收」）台灣的腐敗現象等嚴酷的現實，一步步將我推上了反國民黨腐敗統治的道路上來。

郭炤烈：我在北大學習的同時，積極地參加了進步的學生運動，而直到新中國的誕生，學生的愛國鬥爭卻從未停止過，繼「五二〇反飢餓、反內戰、反迫害」運動後的歷次學生運動，如反美扶日運動、保衛華北學聯運動，直到防止北大南遷的護校運動，我都參加了。

廖天朗：此後，我先後參加了聲援台灣「二二八」、「反飢餓、反內戰、反迫害」、「反美扶日」等學生運動。這一系列活動令我深思：為什麼美國人可以在我們的國土上為所欲為？為什麼國民黨接收大官一夜暴富，而廣大勞動人民依舊在貧苦中掙扎？祖國的前途在哪裡，靠誰來領導？光埋頭讀書能改變現狀嗎？

五　聲援二二八

第二年（一九四七年）早春，故鄉台灣爆發「二二八」事變，因為消息被封鎖，京（南京）滬（上海）地區所知不多，一直要到三月四日才得知較多情況，以台灣旅滬同鄉會為首的台灣旅滬六團體立即在上海台灣同鄉會召開聯席會議，決議組成「台灣二二八慘案後援會」。第二天，三月五日，在大西洋餐廳召開記者會，發表聲明與〈告全國同胞書〉。㉕這些在大陸各大學求學的公費生立即以實際的行動，聲援島內的同胞。

杜長庚：當時的台灣旅滬同鄉會會長是李偉光同志。他是老黨員，長年在廈門、上海等地行醫，掩護黨的工作和幹部。同鄉會職員林昆是新四軍派來的中共黨員。謝雪堂是李的親密助手。我們上海的公費生常常去同鄉會或李家、謝家座談學習。台灣「二二八」事件發生時，我們還集會、座談，聲討國民黨的殘暴大屠殺。當時，「台獨」廖文毅、廖文奎兄弟來上海，要求同鄉會召集公費生座談。他們的「台獨」理論遭到了強烈的反駁。會開到下午一點多，不歡而散。

㉕陳碧笙〈參加台灣旅京滬七團體赴台調查「二‧二八」事變的經過〉，前引台灣民主自治同盟編《歷史的見證——紀念台灣人民「二‧二八」起義四十週年》，頁五八。

許孟雄：當故鄉台灣傳來「二二八」人民起義的當天晚上，我陪同從台灣來的革命青年吳思漢到台灣同鄉會會長李偉光同志家打聽情況，商量對策。第二天參加了李偉光同志召集的「六團體支援台灣二二八事件後援會」，我是旅滬台灣同學會的三名代表之一，參加了各種支援活動。我被推薦為暨大台灣同學會主席，用台灣同學會名義，在暨大張貼海報，闡明「二二八事件」真相，說明台灣人民的鬥爭是正義的，支持了「二二八」起義。後來，我和暨大同學一起被邀請到一個暨大畢業校友辦的中學演講，宣傳台灣人民起義抗暴的鬥爭情形。

江　濃：聽到「二二八事件」發生的消息後，上海的台灣青年和鄉親都震動了，日夜注意事態的發展。我們在滬的六個團體——旅滬台灣同鄉會、上海台灣同學會、台灣省政治建設協會上海分會、閩台建設協進會上海分會、台灣重建協會上海分會、台灣革新協會，多次向報界提供信息，向大陸人民介紹事件真相，發表聲明支援島內的群眾鬥爭，並呼籲國民黨不要增派軍隊到台灣鎮壓百姓。後來加上旅京台灣同鄉會，發表了〈台灣旅京滬七團體關於台灣事件報告書〉，全面記述「二二八」的具體情況，指出國民黨「三月八日以後遍及台灣之屠殺罪行，不僅台灣有史以來所未有，亦為中國政治上最大之恥辱，求之二十年前之軍閥與十八世紀之帝國主義時代，亦所罕見。台胞被祖國遺棄五十一年，今日復歸，遭此慘禍，只有『欲哭無淚』四字可告於國內四萬萬親愛之同胞」。最後提出五點聲明，其中包括依法起訴主持屠殺的軍政長官，停止清鄉，釋放被捕者，懲辦貪官污吏等要求。我們還和北平、武漢、南京、杭州、廈門等地的台灣青年及鄉親互通信息，相互推動，大家一齊在大陸各地展開了支援島內鬥爭的運動。㉖

洪瑤楹：國民黨政府從大陸調兵赴台，殘酷鎮壓台灣人民的「二二八事件」，使我徹底看清了國民黨的真面目，決心反對國民黨，要為台灣人民報仇。我們幾個台灣省公費生在浙大校本部壁報欄黏貼有關「二二八」的油印材料，向同學們說明事件真相，揭露國民黨當局的罪行。

莊德潤：我們在武漢，因為比較遠一點，所以沒有到上海開會。我跟《人民導報》比較熟，就由我以「武漢大學台灣同學會」名義，拍了一封支持群眾鬥爭的電報給《人民導報》。電文如下：「人民導報社轉省參議會鑒，關於『二二八』事件，本會絕對擁護民眾要求，務祈合理解決」。三月八日，《人民導報》也把它刊登了。為此，武漢地區的國民黨當局在事後透過學校約談我，叫我不要參加任何政治活動，要安心讀書……但我正如大多數的青年學生一樣，對國民黨的表現已經無法忍受了，不顧警告，經常在校園書寫、張貼批評國民黨政權的海報。

郭炤烈：我們雖然遠離家鄉，但我們的心是同台灣的兄弟姊妹緊緊地聯繫在一起的。我們北大的台灣同學馬上同旅平各校台灣同學、旅平台灣同鄉一起，展開了轟轟烈烈的聲援台灣人民「二二八」起義的鬥爭。[27]我們在北大的「民主廣場」上張貼了聲援大字報，發表了告台灣同胞書、同學書，還寫了書信支援島內同胞的正義鬥爭。這時候，北大、清華、南開和燕京大學的師生，包括著名的許德珩、張奚若、聞家駟和王鐵崖等教授都熱情地支援了這場鬥爭。我也進一步認識到我們台灣人民的鬥爭和祖國人民的鬥爭是緊密相連的。[28]

㉖江濃〈溫故求新　拓展前景〉，前引台灣民主自治同盟編《歷史的見證——紀念台灣人民「二・二八」起義四十週年》，頁六二一—六二三。

㉗前引郭炤烈〈走過半個世紀〉。

㉘郭炤烈〈我作為台灣公費生的生活歷程〉，收錄於前引《紀念台灣省公費（派）生升學內地大學六十五週年》，頁二一九。

鄭鴻池：當時，我們這些在大陸讀書的台灣同學都很激動，有多位毅然離校奔回台灣參加人民起義鬥爭。其中的蔡瑞欽、謝傳祖兩位同學，後來在五〇年代白色恐怖時期被國民黨特務以「叛亂罪」殺害。我當時是廈大台灣公費生同學會負責人，有高年級的大陸同學來找過我，共同出版了聲援「二二八」起義的黑板報。

許孟雄：通過這次支援島內鬥爭的活動，我對現實的政治有了比較多的瞭解，思想也因此大大進步了。從台灣旅滬六團體個別提出的政治口號，我認識到一個道理：那就是說，並非所有參加二二八鬥爭的團體都是真正的革命者。這個道理，不但擺在島內說得通，而且在上海也說得通。就拿上海來說吧，台灣旅滬六團體就包含了托管派、CC派、軍統派與真正的人民派。CC派與軍統派之所以介入二二八，是因為它們的利益與陳儀所屬的政學系矛盾，所以，它們的口號只提到「打倒陳儀」的高度而已！真正的人民派是李偉光領導的旅滬台灣同鄉會與上海台灣同學會。我們的口號除了要求陳儀下台之外，同時要求更徹底的改變台灣的政經結構。

郭炤烈：事變後，我還寫信回台灣，鼓勵朋友們說：諸位，請不要為「二二八」起義被鎮壓下去悲傷。我們祖國的真正形象，絕不是現在這個樣子。我心中還燃燒著對真正的祖國的希望。台灣是祖國的一部分，而祖國是我們的。不知有多少同胞未見天亮就死去了，但是，歷史並不因為這樣而感到寂寞，相反地，歷史將由於他們的奮鬥而增加其光彩。我們確信歷史將有一天會做出審判。

江　浩：父親在三月十八日夜給叔父的信中寫道：「據報導，後天有飛機往台，現匆忙寫一封信請安！這一次台灣『二二八』慘案必然而然地發生，看上海各報紙之消息，與聽台灣之廣播消息，其慘烈是史無前例，死亡者聽說在萬人之列。經過兩週餘的演變，現在的局勢大略告一段落，可是主要問題解決還留待後面。此間滬台一切交通通訊都斷絕，因此我們都關懷故里之動向甚切。大陸的台灣同胞也為此起來工作，到現在還在進行中。」過了一段時間，父親收到台灣家書，心裡很是高興，回信道：「前些日子，收到叔父和妹妹的來信，這使我欣慰……今天有一些意見記下給你們參考，從光復以來，因為台灣人與祖國文化、人事等隔閡，而使得台人吃了很大虧。結果引起這次事件的發生，這是多麼慘痛的一件事情，我們雖然身處在異鄉，可是傾心愛著親愛的台灣的我們也多麼痛心，多麼關懷！陳儀在台灣所施行的政治上的壓迫，經濟上的剝削，軍事上的統治，與文化上的奴化等等許多措施，當然是要負大部分的責任的。在另一方面，台灣人本身也因為對於祖國的一切——正面與裡面，黑暗面與光明面——的瞭解不夠深刻，也是使台灣人受騙的原因之一。為了要消除這方面的不利地位，有志的台灣青年多多到這兒來看，也是一個好辦法。我並不是說來這邊，什麼都比台灣好，當然這裡也有不少短處，可是從整個中國一部分的台灣來著想的時候，這一條路線可以給青年們不少益處，對於台灣本身也是有利的。」㉙

㉙前引江浩〈憶「公費生」父親二三事〉，頁一六四。

六　第一個犧牲的陳如豐

一九四七年五月一日至十三日，不到半個月期間，國民政府首都南京的物價就上漲了六八%。這是繼一九四六年十二月漲風之後的又一陣大漲。然而，從去年十二月以來，政府發給國立大學學生的副食費，每天只能買一塊豆腐或兩根半油條。南京中央大學學生自治會於是決定通過要求提高公費，展開「反飢餓、反內戰」運動。在「反飢餓、反內戰」的口號下，全國各地分散的學生運動於是逐漸會合，成為全國範圍群眾鬥爭的大風暴。

五月十八日，蔣介石親自主持召開臨時國務會議，通過〈維持社會秩序臨時辦法〉，準備鎮壓學生運動。

五月二十日，為了搶救教育危機，南京、上海、蘇州、杭州四地包括南京中央大學，上海暨南大學、復旦大學、同濟大學、上海醫學院，杭州浙江大學等在內的十六所專科以上學校六千多名學生，在南京向國民參政會集體請願，大聲疾呼：「我們不要自相殘殺的內戰，我們要飯吃，要圖書，要儀器，要教授，要安定的生活！」然而，學生們為了「要飯吃」的遊行請願卻遭到殘酷的鎮壓，發生了震驚全國的南京「五二〇」慘案。全國學生「反飢餓、反內戰」的運動從而進入高潮。「華北學生反飢餓反內戰聯合會」通過上海國立學校聯合會，向全國各公私立大學發表〈告全國同學書〉，提出把六月二日定為「全國反內戰日」，作為「反內戰學運統一步調的先聲」，以及「把運動推到社會各階層去的第一步」；同時號召在當天展開「反內戰反飢餓的罷課、罷教、罷工、罷市」。為了趕在六月二日學生行動前把運動鎮壓下去，國府當局於是從五月三十日晚上起，在全國各大城市的大學校園大舉逮捕學生。就在這一波白色恐怖的風暴掃蕩下，武漢大學發生了「六一」慘案，三名學生在校園被射殺，其中包括台灣教育當局派送的公費生陳如豐。[30]

莊德潤：那時候，武漢大學雖然只有一千六百名左右的學生，卻是武漢地區最具規模、最有聲望，而且最受重視的大學。六月一日凌晨，為了鎮壓武漢大學尚未發動的學生運動，武漢警備司令部派了一團軍隊來包圍武漢大學。他們強行進入學生宿舍，按著黑名單抓人；除此之外，凡是書架上有魯迅、毛澤東的書籍，或是香港進來的進步刊物（例如《群眾》）的學生，也都當場被綁起來！我記得，那時候，天還沒亮，大約凌晨三、四點鐘吧！我們沒有武器，於是就跑到宿舍（五層樓）的陽台，用洗臉盆裝滿水，然後潑向士兵。那些士兵因為衣服溼了，隊伍就亂了。我們幾個台灣來的就和其他同學趁亂衝下去，想要救出那些被綁在汽車裡的同學。但我們一衝出宿舍大樓，那些在宿舍後山包圍的軍隊便用機關槍由上而下掃射；他們使用的是彈孔雖小，但穿越人體後即爆裂開來的「達姆彈」，非常不人道。當場一共有好幾十個同學受傷，三個死亡；其中一個就是台南下營人陳如豐，成為我們這批公費留學內地生中的第一個犧牲者。

江　浩：事件發生後，父親作為台灣同學會的常務幹事，責無旁貸，隨即於六月三日以「台灣省升學內地大學公費生同學會會員一同」的名義，致函陳如豐同學父親陳批先生。

同學會：陳批先生大鑒：鄙等為台灣升學內地大學公費生……本日閱《大公報》悉令郎因此次學

---

[30] 前引施惠群《中國學生運動史——一九四五—一九四九》，頁一二二—一四五。

潮被擊斃，身亡異域，無辜枉死，竭勝惋悼，茲將有關報章抄記如下：「〈大公報漢口六月一日專電〉一日晨三時餘有大批軍警憲約數百人至武漢大學教授住宅區及男女生宿舍，施行緊急戒嚴，按照黑名單逐室逮捕共黨分子，運走兩卡車後全體見狀不平，遂齊集起運處與執行者理論力爭，企圖搶救最後一車被捕者，雙方糾纏不清竟至發生衝突，一時該校內外，各種槍聲大作……政治系一年級學生陳如豐則被擊斃於兩處宿舍之過道台階上。陳君台灣人云云。」……本同學會除報章以外未獲得武漢大學其他台灣同學之通訊，無法明瞭顯示，但基於本會宗旨已於本日上午向武漢大學台灣同學去電弔問外，火速將有關消息奉報足下，其他本同學會已定於本日下午假旅滬台灣同鄉會召開臨時大會討論善後辦法，盡量採取妥宜措施，以投秋含悲拂逆所遭何以堪比，然而事已至此，人生修短有數，想必煩悁當知西河之流為無益耳，叩請千勿過哀為荷，尚祈。接函迅速回示，以便遵循，專此奉慰，順請台安。

江　浩：六月五日，父親又再修書陳批先生，告知台灣省升學內地大學公費生同學會三日下午假旅滬台灣同鄉會召開臨時大會，討論善後辦法的決議事項等等。

同學會：陳批先生台鑒：令郎如豐君於六月一日被流彈擊斃，甚為驚駭，遠涉重洋負笈就師，竟死於非命，惋惜何堪。本同學會閱報以來，即刻召集在滬台灣同學開臨時大會，已於前信奉告，茲將決議事項列下：一、向武漢大學台灣同學撥電及命其報告詳情。二、同學及有志者捐款撫恤。三、向教育廳報告，要求其善後（據武漢行轅發言人稱擬定每一死者發治喪費一千萬元，安家費四千萬元，應使之不可誑）。以上各項已陸續辦完，現在本同學會已通知北京、南京、浙江、廈門各同學依照決議事項進行工作，在滬同學已分區募撫恤金。關於令郎與其他被擊斃者已於六月二日收殮，武漢大學亦有七位台灣同學，善後諸事請勿過慮為盼。順請時綏！[31]

王　珩：慘案發生後，武大學生自治會、教授會和講助會都分別發表宣言，抗議反動當局的暴行，華中大學、湖北省立農學院、湖北省立醫學院等校學生，不顧軍警威脅，一隊隊佩戴白花、抬著花圈來到武大弔唁和慰問。[32]

江　浩：六月七日，同學會接到武漢分會的第一封信。

武漢分會：同學總會：諸位台灣同學們！今天我們不得不懷著慘痛的心情向你們控訴與報告！陳如豐君已在武大「六一慘案」中被軍警的兇手槍殺慘死了……當我們趕至時，見其身躺在如流血泊中，氣絕而已亡！狀慘使人不忍睹，後直至蓋棺時尚未瞑目，若尚有所訴言！兄弟們，我們熟悉的如豐兄平日專心謹慎，忠厚誠實，思想純潔，勤於讀書，在校成績良好，行為無越軌之處，此次亦係熱望祖國前來求學，萬里奔波，戴勞戴苦，盡欲報效社會，盡忠國家也。嗚呼！誰知志未酬而身先死於軍警之手，學未成而命已喪？……當局不知作何解釋？如豐君犯了什麼罪？如豐君欠了什麼債？憤然之餘心痛如割，我們為如豐君死尚不瞑目之靈悲哀，同時更為自身而悲痛，去年十一月和如豐君同來，而今僅七人哀歸，天下之悲莫過於此，今欲哭無淚，悲痛之餘欲訴無言！除呈台教育當局報告情形之餘，懇請從優撫恤遺族，保證今後生活以及充分保障生命安全外，特呈報總會並希轉知各地同學。再言，如豐君殉難者之治喪等善後事

---

[31] 轉引江浩〈憶「公費生」父親二三事〉，頁一六七—一六八。

[32] 王珩〈熱血溉自由　英雄眞本色——一九四七年武漢大學「六一」慘案殉難台籍烈士陳如豐〉，收錄於前引《紀念台灣省公費（派）生升學內地大學六十五週年》，頁九二—九六。以下王珩證言皆同。

宜已由全體師生積極進行中，準備建立紀念碑，並訂六月一日這一天為「武漢大學六一慘案紀念日」，且決定如豐君遭難之宿舍門訂為「如豐門」，於是如豐君之名永留武大流芳於全中國。㉝

江　浩：父親隨即抄印該函，以同學會名義，及時轉寄各分會。

同學會：各地先生同學們！今日接到陳如豐同學在武漢大學無辜被擊斃消息後來自武大分會之第一封信，茲特抄印於後。如豐君是我們前來祖國以來的第一位犧牲者，又是這次學生運動中頭一次犧牲的三烈士之一，本會業已開始後援工作，除發表告台灣書、真相報告書等外，特發起募捐運動，只上海一地即募得數百萬元之巨，該運動還在積極進行中，敬請各地先生有所響應並多予援助！㉞

王　珩：華北學聯為聲援武大決定罷課三天，清華、北大兩校反飢餓反內戰委員會組織罷課，並設祭壇遙祭武大殉難三烈士。

郭炤烈：陳如豐同學被反動軍警槍殺的噩耗傳來，在北平的台灣同學萬分悲痛和氣憤，我們馬上在北大設立了靈壇，向為新中國誕生而獻出了年輕生命的台灣同學宣誓：「一個人倒下去，千個人站起來！」

王　珩：南京中央大學、金陵大學等校也舉行了追悼會，上海交通大學、同濟大學、暨南大學、上海醫學院、社教學院，北平交通大學，唐山交通大學，武大上海校友會與自貢校友會紛紛來電慰問和聲援。武大台灣籍同學控訴說：「台省淪陷了五十年，台胞受盡人間苦痛。陳君不死於日人刀槍下，想不到投到祖國懷抱裡來受高等教育，反死於兇殘的國人之手，這太令人痛心了！」

江　浩：父親也及時把武漢大學分會寄來的消息抄印一份給陳批先生，並且關切地問道：「關於如豐君被擊斃事，足下未知欲採取何種善後步驟？有無往武漢大學之意，請見復為荷。」緊接著又告知：「聞消息，武大當局定把令郎埋於校墓，特建廟祭祀，永留紀念。」

施惠群：六月二十三日，武漢各大中學校學生、機關團體代表、新聞記者和從長沙趕來的湖南大學學生三千餘人，在武漢大學體育館靈堂，為三名犧牲的學生舉行隆重的追悼會。第二天，一千多名學生戴著黑紗，手執花圈、花籃，高舉輓聯，從珞珈山出發，引著靈車，默默地向武昌市內前進，街道兩邊的商家紛紛燃放鞭炮，以表內心的悲痛和憤怒。出殯隊伍在暮色蒼茫中走回武漢大學，學生們接著自己動手為犧牲的同學築墓。午夜時分，在悲哀的輓歌聲中，舉行了下葬儀式。㉟

王　珩：台灣同學會在敬悼陳如豐的輓聯中寫道：「涉重洋而來祖國，堪嗟大雅斯文，不死於寇盜，不死於仇讎，卻喪於有司之手；將熱血以溉自由，是真英雄本色，可萃乎泰山，可巍乎天地，更昭乎日月之光。」……同年十一月，武大進步師生在校內體育館旁修建「六一」慘案紀念亭。紀念亭坐北朝南，邊高六‧五米，亭為六角，柱為六根，寓意六月的意思。亭中立有一塊石碑，碑文記載著三位烈士的生平和死難經過：

㉝轉引江浩〈憶「公費生」父親二三事〉，頁一六九。
㉞轉引江浩〈憶「公費生」父親二三事〉，頁一六八。
㉟前引施惠群《中國學生運動史——一九四五—一九四九》，頁一四七。

陳生如豐，台灣省台南縣新營人也，方我興軍禦寇，台灣與祖國隔絕，故生既卒業台南第二中學，即赴日本就讀岡山醫學院，時民國三十三年春也，越明年，倭人敗降，生返里，入台灣大學改習政治學科，三十五年秋，應教育部遣來本大學政治學系第一年級肄業，生勤於攻讀，善音樂，喜運動，當軍警擾攘之際，生適取水於爐，彈洞其首，仆而不起，年二十有二，生之父母俱在，故籍道遠無由歸其旅，櫬亦葬於珞珈山。

七　到台灣各地展開巡迴演講

六一慘案發生以後，武漢大學全體師生決議由學生自治會、教授會、講師助教會、工友聯合會及各社團代表一名，聯合組成「六一屠殺慘案處理委員會」，爭取慘案的合理解決。當天下午，全體學生向全國人民發出宣言，除了控訴當局的兇殘暴行之外，同時提出包括「撤辦武漢行轅主任程潛，槍決武漢警備司令彭善及肇事兇手」在內的四點要求。

武漢行轅在全國人民的同聲譴責和社會輿論的壓力下，終於宣布將武漢警備司令部稽查處處長、科長，駐軍二十八軍有關營長及憲兵十團有關排長，交付軍事法庭審判，並交付兩億法幣作為撫恤金，企圖就此了事。然而，武漢大學的同學們並不受統治者的欺騙和愚弄，仍然組成晉京代表團向有關部門請願，並到外省各校控訴這項罪行。㊱

因為鎮壓二二八人民起義有功而升調台灣警備總司令的彭孟緝，在一九五三年四月所寫的〈台灣省二二八事件回憶錄〉提到：武漢警備總司令彭善，最終也因為武漢大學的「學潮」而離職。另外，暑假期間，台籍同學將「被誤殺」的台籍學生陳如豐的血衣帶回台灣，「到處做煽動性的宣傳，當時曾對台灣治安上給予一個相當的威脅」。㊲

彭孟緝所云「暑假期間台籍同學到處做煽動性的宣傳」，究竟是怎麼一回事呢？看來，我們還是得聽聽當年親歷其事的公費生們的歷史證言吧！

江　浩：一九四七年暑假，父親感到只在上海活動因受地域和資訊的限制效果有限，開始籌畫回台灣從事宣傳活動，以擴大影響，消除誤解。他在給姑媽的信裡表示：「我現在生活費沒有來源，只能出讓幾本書籍，來充此暑期之最低限度費用。我現在和幾個朋友計畫一個『升學內地學生演講團』去巡迴全島各地，介紹內地情形，大概再幾天就可動身，跑三四個星期，然後就要回到上海。」後來父親與杜長庚等同學回台灣各地演講……到處奔波了二十幾天，最後只留一天返家探親。㊳

杜長庚：這年暑假，校方怕學生鬧事便提前放假。因為台灣同胞對祖國光明面瞭解較少，李偉光同志要我們公費生回台做些宣傳工作。回台後，和江濃同志研究，決定以新文化運動委員會為後盾，爭取活動的合法化。表面上說是為了大陸和台灣的文化交流，實際上是介紹祖國光明前途和進步的一面。具體地來說是介紹學生運動。他們提出要審查演講稿，要先在台北講講看。

㊱前引施惠群《中國學生運動史——一九四五—一九四九》，頁一四七。
㊲彭孟緝〈台灣省二二八事件回憶錄〉，前引台灣省文獻委員會編印《二二八事件文獻續錄》，頁六一八。
㊳前引江浩〈憶「公費生」父親二三事〉，頁一六五。

我們就給一般化的稿子應付，至於先在台北講，我們以大家都沒有經驗，留在最後講比較合適為藉口而回絕。至於經費，《新生報》等單位資助了一些，算有了。新文化運動委員會還開出介紹信要求各地協助。這樣就組成台灣省升學內地大學公費生巡迴演講團，成員有江濃、徐萌山（許孟雄）、鄭鴻池、孫榮華和李天贈等，我任團長，實際由江濃指揮。在桃園、新竹、台中、彰化、嘉義、斗六、台南和新港等地開了演講會，介紹祖國光明前景，歌唱〈團結就是力量〉、〈黃河大合唱〉、〈茶館小調〉等革命歌曲。台北沒有講，因為容易出事，迴避了。

鄭鴻池：一九四七年暑假，在大陸升學的公費生紛紛回台度假。同學們在台北草山村（今陽明山）集會後，決定組成「巡迴演講團」，從台北一路南下，向島內青年學生報告「內地見聞」。當時正值國民黨政府殘酷鎮壓台灣人民「二二八起義」之後的白色恐怖時期，我們在取得「台灣省教育公會」的合法支持下，在全島各地大講內地轟轟烈烈的愛國民主學生運動，鼓舞島內同學的愛國鬥志。《台灣新生報》專門報導了我們的活動。

江　濃：「二二八」數月後，我們一批青年回到台灣，目睹大規模洗劫後的斑跡，聽到白色恐怖下，萬馬齊喑中的台灣人民心聲，感到此情此景太慘了，我們有責任向家鄉父老兄弟姊妹匯報我們在大陸的見聞體會。於是組織了演講團，由北向南巡迴幾個城市，向台灣青年朋友介紹大陸蓬勃發展的民主運動情況。如一九四七年上半年，全國幾十個城市的學生抗議美軍強姦北大學生沈崇暴行的罷課遊行，擴及全國範圍的反飢餓、反迫害、反內戰的示威遊行運動。我們說明國民黨在大陸發動內戰，在台灣鎮壓人民，而台灣人民的民主運動同大陸人民的民主運動是密切相連的，台灣「二二八」鬥爭是中國新民主主義革命的一部分。我們也喊出了「二二八」當時人們喊過的口號：清除貪官污吏，要求給台灣人民以民主。[39]

許孟雄：「二二八」起義失敗後，台灣充滿恐怖氣氛，正義的聲音被淹沒，為了打破這種沉寂，杜長庚、江濃建議組織升學內地大學公費生返台演講團到台灣各地演講，打破恐怖氣氛。這個活動得到了台灣地下黨的同意和幫助，同時爭取到合法地位——得到當時的教育會長游彌堅和《新生報》社長李萬居先生的介紹信，又得到台灣著名的愛國企業家劉明先生二萬元捐助。我們「台灣同學會」於是利用暑假，組織了一個九人演講團，到台灣各地展開巡迴演講。演講團的行程從台南縣新營開始，然後一路北上到嘉義、彰化、台中，再南下斗六、台南市、高雄市、鳳山、屏東、東港等地，利用當時小學教員的講習會演講。演講的內容主要是向這些老師說明：「大陸也有光明的一面，不要因為國民黨政權的腐敗就否定了祖國！」我個人主講的題目則是「大陸教育的現狀」。當時，為了能夠用流利的閩南話演講，我總是事先寫好演講稿，然後再背起來。

江　濃：我們的力量是微薄的，但記得很清楚，劫後的美麗島不美了，幾乎沒有人敢公開講話了。我們組織演講會沒有什麼機關團體可依靠，只靠我們七、八個人，輪流先遣一個人到前站做準備，找自己的老同學幫忙，有時是壯膽找不認識的學校管事者，借會場，發預告，通知有興趣的人自願來聽。聽眾不太瞭解我們會講出什麼具體的內容，但一聽演講和唱歌的內容，便感到意外，露出興奮之情。有些地方要我們多講一、二場，許多地方散會後有些人找我們細問大陸情況，有些地方有人主動出來幫忙做事，有些地方的報紙登了消息。在台中氣氛最熱烈，

㊴前引江濃〈溫故求新　拓展前景〉，頁六四—六五。

其他地方也不錯，在嘉義恰巧安排在我的母校玉川小學校，我尤感親切。㊵

許孟雄：在整個演講的過程中，我們也在幾個地方碰到阻撓。其中，印象最深刻的是在台南市，當地的警察機關不讓我們辦演講，我們就利用台南一中辦音樂會的時候上台唱歌。南一中林成操校長是我就讀長榮中學時的英文老師，恰巧他要在學校操場辦音樂會，我於是特地拜訪他說：「我們也來給你唱唱歌罷！」他當場就說：「好！」我們就在南一中的音樂會上，高唱大陸學生搞學運時唱的歌：〈團結就是力量〉、〈坐牢算什麼！〉；台下的特務聽到這兩首歌立刻制止我們再唱下去，並且追查我們的身分。我們因此急急離開台南，南下高雄，繼續我們的巡迴演講。

鄭鴻池：當國民黨特務機關發現了我們演講團的「反叛性」，電令停止活動時，我們已經走到了台灣最南端的恆春。同學們決定各自分頭返校，只由團長杜長庚同學回台北「交差」。

江　濃：雖然有的地方不太順利，但在一個半月內，我們看到了台灣人民的愛國心和民主要求並沒有被鎮壓下去，我們相信，前仆後繼，台灣的民主運動必將會發展下去的。我們放棄個人事務，勞累奔波，但大家都覺得做了一件好事。㊶

許孟雄：基本上，巡迴演講的活動算是成功的。它不但為二二八後思想處於低迷狀態的台灣知青指出一條光明的前進之路，讓他們不會因為二二八而對祖國完全絕望，並且向他們介紹大陸學生「反內戰、反飢餓、反迫害」的運動狀態，藉此打破他們二二八屠殺後的恐怖陰影，敢於起來與國民黨政權抗爭。

張克輝：一九四七年夏天，（彰化）市教育局在彰化公園裡的戲院——彰化座，組織一場演講會，上台演講的是幾位在大陸念大學的公費生，從他們的演講中，我知道了大陸青年正在為爭取自由民主而鬥爭。意識到新時代的青年應該肩負起改造社會的職責，為民族的前途奮鬥。演講會後，我們幾個同學又來到孔子廟，討論著人生的理想和前途。不少人流露出苦惱、徬徨的情緒，看不到出路何在。更有一些人認為，要開闊眼界，不能只囿於台灣，應該瞭解大陸，有志的青年應該到大陸去求學。這場討論對我的影響至深。正是從那時起，我心裡萌發了上大陸求學的念頭。㊷

八　斷了線的風箏

陳威博：一九四八年七月，我利用暑假，從北京回台北省親，在闊別兩年之後，與（台大醫學院學生自治會理事）葉盛吉重逢……我與葉盛吉曾有幾次談了個通宵達旦。話題照例是政治問題，但這次，我們關切的焦點是後國民黨時代建設新中國的問題了。當時，國共兩黨在大陸繼續進行殊死的武裝鬥爭，而蔣介石的失敗已在眼前。我們兩人都眺望著正在東方地平線上冉冉升起的一輪紅日，心中充滿了無限的希望。㊸

㊵前引江濃〈溫故求新　拓展前景〉，頁六五。
㊶前引江濃〈溫故求新　拓展前景〉，頁六五—六六。
㊷張克輝〈孔子廟裡論人生〉，前引張克輝《故鄉的雲雀崗》，頁五六。
㊸前引楊威理《雙鄉記——某台灣知識人之悲劇》，頁二二五—二二六。

蘇瑞鵬：我離開台灣時，一位堂哥特別叮嚀我，說到了北京，千萬不要參加共產黨喲，他們殺人不眨眼的。但是，代表工農勞苦大眾的中國共產黨，前仆後繼，一心救中國的偉大壯舉，深深震撼了我。那時地下黨組織在課餘時間給我們講了很多革命道理，使我感到「國家興亡，匹夫有責」。因而每次學校組織「反飢餓」「反內戰」「反獨裁」等學生運動，我都積極參加。

江　濃：在面臨大陸解放前夕，大家感到有應變的需要，也就是說，整個大形勢變了，說不定會發生什麼困難或意外。那麼，這裡包括向台灣省教育處要求提供經費上應變的需要；雖然這筆錢的數目字很小，但我們在當時的狀況下提出這種應變的要求也是合理的。然而，國民政府有關當局一直到完全從大陸撤退時，始終沒有給我們下達過一個明確的指示：它既沒有告訴我們「你們必須要撤回台灣」，也沒有告訴我們「你們要繼續念下去」。結果，到底要怎麼辦？它根本就不管了。雖然在客觀上它已經自身難保，管不了了，但作為一個主管的行政部門來說，它有責任告訴我們是退或留？但它卻不負責任。我們就像斷了線的風箏般，隨風飄泊了。

謝發楸：復旦的師生都熱情地歡迎和接待我們這些來自祖國寶島的學生。我們五位公費生也友好團結，努力學習，獲得好評。復旦校長章益先生在國民黨政界有頗高地位，也十分愛護學生。當時因內戰激化，靠台灣的公費已難以應付嚴重的通貨膨脹，於是我們五個同學一起去見章校長，向他陳述苦境並請求另給一份教育部的公費，他當即予以批准。後來時局動盪，我們在未有任何省府教育處通告的情況下，失去了台灣來的公費，頓成「台灣省府的棄兒」，好在有章校長准予的那份公費，方能繼續學業至畢業。

江　濃：在混亂當中，實際上來大陸留學的九十個公費生，從一九四八年底到四九年上半年期間，都不得不自己做個選擇，是要回台灣呢？還是要留下來繼續念書？然而，不管是回去還是留下來，我覺得有兩種因素起了決定性的作用。第一種因素是本人的志願。有的人認為在大陸繼續念下去是自己作為台灣青年該盡的責任，是為了貫徹當初來的志向！等將來念完了，該回去再回去。有的人則可能認為，再念下去會有困難，不如回台灣，再轉學，繼續念完。這兩種態度都認為應該繼續學習，因此，不論留在大陸或回台灣都一樣！這是一種。還有一種，就是本身不一定想回去，家裡卻催他回去，因而不得不順從家庭的要求回去。總之，不管怎樣，每個人都是以個人的具體情況來決定去留。結果（沒有精確統計過），留下來的人大概是三十幾個，回去的則多一些。後來，各自也有不同的發展。留下來的，有的人繼續念完正規的四年學制的大學，然後參加工作；有些人則是沒有念完四個學年，當該大學所在的城市解放（每個城市解放的時間不同）時，就在校方同意下參加工作。因為當時的工作需要大批知識分子。後來，各個學校也都明訂：由於投入解放戰爭，沒有念完四年學業就離開大學者，也都算畢業，只要本人提出附一張照片的申請書，學校就發給畢業證書。但是，大多數經過革命洗禮的人都不計較這紙學歷證明。

蘇瑞鵬：一九四九年一月，北京和平解放，隨著革命浪潮席捲北大，一批又一批同學奔赴各條戰線。台灣來的同學，有的想辦法回了台灣。而我在去（投身革命）留（繼續學業深造）之間正在考慮時，一天傳來消息說，中共中央為了解放江南、建立各地政府機構的需要，決定成立第四野戰軍南下工作團，從北京、天津兩地招收萬名知識分子（以在校大學生為主）。此消息大大鼓舞了廣大進步學生的革命熱情，我即毫不猶豫地報名參軍。

陳澤炙：在我來到浙江大學的第三年，台灣同祖國大陸不幸分離了，海峽兩岸從此隔絕，所有的往來都中斷了。雖然學業尚未完成，但為了響應祖國解放台灣的偉大號召，一九四九年十一月我毅然投筆從戎。當時，我加入的是中國人民解放軍九兵團政治部的台灣幹部訓練團，團長是來自台南的蔡嘯（曾任中國人民解放軍總政治部聯絡部副部長）。

莊德潤：「六一慘案」之後，武漢大學的學生運動暫時被鎮壓下去了。到了一九四八年，武大的學生又再起來搞運動；國民黨就以特別法庭之名把學生會領導人抓起來關。運動於是又暫時沉寂了。然而，透過學生運動的洗禮，我們這些由國民黨從台灣送來的留學生受到了深刻教育，思想也就愈來愈向著進步的方向前進。大陸解放前夕，我們這批公費生的一部分人因為家庭因素而提前回台；其他四十幾個人留下來，繼續完成學業，並投入建設新中國的工作行列。因為受過大學教育，基礎好，我們的工作條件自然比那些台籍國軍好。四十年來，雖然歷經反右運動及文化大革命等極左思潮的衝突，但總的來說，我們所受的委屈並不很大。

江　濃：根據我們後來的陸續瞭解，回台灣的同學大致也有兩種不同的發展情況。一種情況是繼續在台灣的大學念書，尤其是到台大，把最後一年念完。另外一種是直接投入新民主主義革命，不再念書了。他們的工作性質，比較多的是當老師，尤其是中學教師。他們在大陸待了有三年多的時間，瞭解大陸的真實情況；因此，他們經常在學校裡頭，通過老師的身分，向學生講述在大陸的所見所聞，介紹大陸的學生運動及青年的思想狀況，從而幫助在台灣接受反共教育的青年學生瞭解到大陸的現況及國共內戰的真相。在白色恐怖的當時，他們對於揭露國民黨的真實本質，啟蒙台灣的青年（包括中學生）起了很大的作用。因為這樣，有幾個人後來還在國民黨肅清時期遭到逮捕、槍決的厄運。我所聽到的犧牲者就有以下四人：暨南大學的張璧坤（經濟系）與劉碧堂（新聞系）；他們兩個同是嘉義朴子人，一九四八年底一起從上海回台灣，插班台大。另外，還有從廈門大學回去的台南人蔡瑞欽（英文系，是公費生中年紀最大者）

與苗栗客家人謝傳祖（化學系）。

楊玉輝：我們十四位〔暨大〕台籍公費生由於積極參加學生運動，有的被開除，有的不得不離開學校。到上海解放時，只剩下李天贈、王青學、陳耀賡、盧國松和我五人。為什麼公費生拿國民黨的錢，做共產黨的事？就因為國民黨太腐敗，人心盡失，把公費生逼得跟共產黨走。杜長庚、許孟雄（徐萌山）、羅美行（白明）到了解放區，參加戰鬥。盧國松、李天贈於上海解放前夕先後被捕，上海解放後獲救。回台繼續求學的同學，劉榮超得幸繼續在台大求學；丁保安被逮捕，後出逃到日本；劉碧堂被捕入獄，在獄中病死；張壁坤因參加台灣「四六事件」被通緝，一九五二年被捕，隨即被槍決。

江　濃：一九四七年暑期演講團解散後，我才回家見父母一面，匆匆回到上海，以為不久能夠團聚的，但想不到從此與家鄉隔離，父母早已故去，而又不能到他們的墓前祭掃，實在是痛心的事情。㊹

㊹前引江濃〈溫故求新　拓展前景〉，頁六六。

附錄：一九四九年後滯留大陸的台灣公費生名單

原名	現名	生年	原籍	學校和校系	重要經歷	備考
陳威博	楊威理	一九二五	台北	北京大學經濟系	中央編譯局圖書館館長	著有《雙鄉記——某台灣知識人之悲劇》
呂清銘	呂平		桃園	北京大學政治系	中華人民共和國駐美大使館一等祕書	
黃厚年	方舵	一九二六	台北	北京大學數學系	哈爾濱軍事工程學院系統工程系主任	
張天成	陳曉帆		嘉義	北京大學經濟系	上海市公安局	
尤寬仁		一九二五	屏東	北京大學西語系	哈爾濱工業大學圖書館副研究員	一九九四年返台定居後病逝
郭炤烈		一九二四	台中	北京大學政治系	上海國際問題研究所副所長	上海市台灣同胞聯誼會第一至三屆會長
蘇瑞鵬	方木		新竹	北京大學經濟系	廣西省台灣同胞聯誼會第一至四屆會長	

原名	現名	生年	原籍	學校和校系	重要經歷	備考
廖天朗	陳天章		台中	北京大學經濟系	上海外貿學院副教授	
莊德潤		一九二四	嘉義	武漢大學政治系	台盟中央祕書長	一九九二年病逝北京
陳錦華			新竹	武漢大學經濟系	天津市政協翻譯中心編輯	
張鳳時	張東峰		嘉義	武漢大學政治系	安徽工程學院教授	
黃煥霖				武漢大學文科	福建省政府	
胡連城			台南	武漢大學文科	上海市閘北區政府	
許孟雄	徐萌山	一九二五	雲林	暨南大學史地系	台盟中央副主席	一九九五年病逝北京
楊玉輝			台南	暨南大學新聞系	福建省政府台灣事務辦公室副主任	前福建省台灣同胞聯誼會會長

原名	現名	生年	原籍	學校和校系	重要經歷	備考
杜長庚		一九二四	台北	暨南大學外文系	九兵團台灣幹部訓練團	
盧國松		一九二三	台北	暨南大學國際貿易系	全國人大代表	二〇一〇年病逝福州
李天贈			台北	暨南大學新聞系		返台定居
羅美行	白明	一九二三	桃園	暨南大學法律系		
陳耀賡				暨南大學商科	福建省詔安縣武裝部	曾經參加抗美援朝戰爭
江濃		一九二三	嘉義	復旦大學新聞系		二〇〇五年病逝北京
陳伯熙	陳弘		台北	復旦大學經濟系	中央編譯局譯審	
陳炳薪			台北	復旦大學新聞系	國際廣播電台記者	

原名	現名	生年	原籍	學校和校系	重要經歷	備考
謝發楸		一九二六	苗栗	復旦大學農藝系		畢業後前往香港
劉守文	方宜		嘉義	上海醫學院	國際廣播電台駐日記者	
孫榮華				南京中央大學工科		移居美國
洪瑤楹		一九二八	台中	浙江大學農化系	黑龍江省北安國有農場管理局農業處副處長	
陳澤炙	陳懿榕		台北	浙江大學土木系	浙江省第四至七屆政協委員	
蔡海金		一九二七	苗栗	浙江大學化工系	第二機械工業部先進工作者	前江蘇省與南京市台灣同胞聯誼會第一屆會長
吳才木			新竹	浙江大學化學系		返台定居

原名	現名	生年	原籍	學校和校系	重要經歷	備考
簡石春			桃園	浙江大學物理系	無線電廠工程師	
彭騰雲		一九二五	苗栗	廈門大學航空系	空軍工程部基層工廠技術科長	前全國台灣同胞聯誼會專職副會長。二〇一一年病逝北京
鄭鴻池	鄭堅	一九二七	彰化	廈門大學經濟系	十兵團台灣幹部訓練隊隊長	前全國台灣同胞聯誼會副會長
黃國雄			台北	廈門大學商科	廈門大學教授	

第五章 二二八後師院的學生運動

地球，在宇宙間日夜轉動，
熱血，在血管裡不斷呼嘯。
任謊言掩飾無恥，
絲毫改變不了偽善的腔調；
任暗箭輪番射出，
永遠無法封煞憤怒的吼叫。
看幾度春風吹綠校園小草，
聽一支號角翻騰海峽波濤。
多行不義必自斃！
我自巍然仰天笑。
這是歷史的永恆，
誰能禁止我的心跳!?

——鄧傳青〈誰能禁止我的心跳？〉

經過二二八的鎮壓後，台灣學運暫時沉潛下來了，大部分學生都憤慨地鬱悶著。到了暑假，從大陸回來的公費留學生巡迴演講團及其他個別回鄉度假的留學生，通過各種方式介紹了大陸的政治局勢與學生運動，為這些正處於低潮、苦悶中的台灣學生打開了一條思想出路；他們這才認識到，除了黑暗的白色祖國之外，還有另一個充滿希望的祖國。

暑假過後，台北大學校園的學生社團又慢慢恢復活動了。台灣本土的學生運動也因此與大陸的學生運動更加息息相通。與此同時，在大陸的內戰戰場，一九四七年下半年以後，特別是一九四八年，中國共產黨所屬的人民解放軍已經轉入全國規模的戰略進攻。國民黨在軍事上節節敗退，政治、經濟也面臨全面危機；惶惶不安而虛弱的它因此在台灣加緊經濟上的盤剝搜括，以支持大陸的戰事。在這樣的變革時代，大陸國統區形成的以學生運動為中心的聲勢浩大的「反內戰、反飢餓、反迫害」愛國民主運動，立即給予台灣學生直接的啟發和影響。一名當年台大學生自治會的核心幹部在描述當時的校園情形時寫道：「同學們對外間不安的時局，現在已逐漸敏感起來。一部分師生之間，常把國內時事作為課餘閒話和討論的中心；校內的空氣已不像過去那樣和平恬靜，尤其是外省籍同學之間，他們都為自己家鄉正在發生的一切事情弄得情緒不安；校中平素活躍的及一些被認為好學的學生都參加了帶有政治色彩的活動；宣揚中共政策的印刷品，漸漸在校園中流傳開來；公開性質的學生刊物，也表現出鮮明的政治立場」。①

就在這樣的歷史背景之下，因為學生全部享受公費而吸引了台灣和大陸各省市許多貧寒家庭

①〈鄭畏三懺悔錄〉，收錄於張大山編《另一個戰場的勝利》（台北：中國新聞出版公司，一九五三年九月），頁一五。

子弟就讀的台灣省立師範學院成立學生自治會之後，首先向教育當局提出「改善生活」的要求，領導師院同學持續展開要求提高公費待遇的「反飢餓」鬥爭。

通過經濟上的「反飢餓」鬥爭與校園社團的學習活動，師範學院的學生又再度在認識上、組織上凝聚起來了。

一 要求改善生活的鬥爭

陳培基：台灣師院學生的首次愛國運動，是參加台北市學生一九四七年元月九日在新公園舉行的抗議美軍強暴北大女學生沈崇的大會。當時師院創立伊始，只有七個系和九個專修科的各一個班，都是一年級生。他們高舉橫幅大標語，手擎五彩小旗，隊伍走得特別整齊，顯出師範生特有的風采。經此鍛鍊，他們的愛國精神和為維護正義而鬥爭的勇氣更加增強。②

盧兆麟：我是彰化人。二二八事件之後，我考進師範學院第二屆教育系。在我看來，受到「二二八」影響而不敢關心過問政治的人，可能是少數一部分的台灣士紳吧！對我們知識分子，尤其是大學生來說，受到「二二八」衝擊以後，反而更會思考如何有效的改革社會。我們認為，「二二八」是胡搞一氣的群眾暴動，沒有人領導、組織，只是一群烏合之眾胡亂喊一下，所以沒有達成改革的訴求。因為這樣，我們就開始思考：怎樣才能更團結、更有效地改革社會與政治？大家都往如何挽救台灣社會的方面去想。一般來說，台灣學生對國共內戰的問題都非常關心。同學們認為，中國如果這樣繼續亂下去，國家就無法統一，我們也就不會有安定的環境安心讀書。因此，就一直有很多以「反內戰」為訴求的學生運動產生。③

曾文華：「二二八」後，一方面見識到國民黨壓制人民的殘酷手段，同時也注意到，那些來台灣接收的官僚，有很多回去大陸後是被人民清算的對象。我就想，既然這些人會被清算，一定是他們在那裡也在做壞事，人家才不歡迎嘛！那麼，相對地，清算這些人的政治力量應該是好的嘍！這樣，我就發現大陸還有一股要求民族獨立、國家統一的政治勢力啊！可以這麼說，那時候我對祖國的認識才改變。當然，我也讀過一些日文的社會主義的書啦！像是京都帝大經濟學教授河上肇寫的《貧乏物語》。讀了那本書之後，我才瞭解，人為什麼會變窮，社會為什麼會腐敗！那時候，報紙也看得到關於內戰的報導。我看到，國民黨的部隊正節節敗退。我就會想，為什麼共產黨的條件那麼差還會贏？想來想去，唯一能解釋的就是：它得人心嘛！我認為，歷史上，不得人心的政權早晚會崩潰的。我當時的認識就只是這樣而已，也不是說有多麼徹底啦！後來，大家都覺得，中國人打中國人沒有意思啊！所以，只要是自治會決定遊行，大家就會去；遊行的Slogan（口號）很單純，就是「反飢餓、反內戰、要和平」啦！

涂炳榔：一九四八年，我考入師院藝術系第一屆。雖然「二二八」已經過了，貪官污吏、社會亂象還是層出不窮。我們這些青年學生對現實更加感到不滿，再加上受到大陸蓬勃的學生運動影

---

②陳培基〈「四・六事件」中的台灣師院〉，福建省台灣大專院校校友會編《「四・六」紀念專輯》（福州，一九九九年），頁三八—五〇。以下陳培基證言皆同。

③盧兆麟證言，一九九〇年五月，台北。詳見藍博洲《天未亮》，頁一〇五—一三八。以下皆同。

響，除了一般文藝性的社團活動之外，還不時舉行反飢餓、反內戰，提高公費的遊行。因為住宿舍，聯絡方便，參加遊行的學生大都是台大和師院的公費生；負責領導的以大陸同學居多。其實，同學們並不是為了什麼私利，只是出於愛鄉愛國的心而自發參加；在遊行的過程中也只是呼呼口號而已，相當溫和，並沒有什麼反政府的口號或行動。這也是時代的一股潮流。

盧兆麟：我們這些師範生吃住有公費。可是，教育當局在管理方面卻做得很不完備，所以我們經常不能按期領到公費，負責「伙宿委員會」的同學還要先去借錢來墊伙宿費；而且每月配給的米，也不曉得是怎樣轉來轉去還是怎樣？等我們領到時都已經發臭了，吃到嘴巴裡還有味道。因為這樣，大家的情緒都很不好！特別是大陸來的同學，因為兩岸的通信很不方便，家裡來的匯款經常有問題，所以在吃不飽又沒有錢用的情況下，當然會對現實不滿，就經常以「反飢餓」的口號向當局抗議。其他同學因為吃不飽，自然就會投入反對運動行列。後來，學運訴求從「反內戰」發展到再加上「反飢餓、反迫害」的來龍去脈，就是這樣。

陳玉成：我於一九四六年夏考入台灣省立師範學院教育系。一九四七年秋，師院學生自治會在全國的「反飢餓、反內戰、反迫害」蓬勃發展的學生運動影響和同學們強烈要求下成立了。先由各班級推派代表，由代表中產生理事和監事，再由理事中推選出常務理事（即主席），由監事中選出常務監事。代表中不少是班級的班長。我是學生自治會的常務理事，理事有陳澤論、林加坤等，常務監事是楊義堅。學生自治會剛成立，同學們就強烈地提出改善生活的要求。師院原來只有微薄的公費作膳食用，經過二二八事變，台灣當局為了支持蔣介石打內戰，對台灣大肆盤剝搶奪，物價一日數漲，同學們更加吃不飽，整天在飢餓線上掙扎。因此同學們強烈譴責國民黨官僚揮金如土，而讓我們這些肩負重任的未來教育者，整天挨飢受餓……有的情緒激昂，提出立即罷課抗議，到省政府請願。同學們這種心情是完全可以理解的。④

陳培基：師範生是「思飯生」，這是四〇年代裡的人由於同情師範生公費的微薄而取的別稱；也是師範生出於無奈的自嘲。「思飯生」到了連飯都吃不成的時候，再老實怕事的，也不得不奮起鬥爭了。

鄭鴻溪：物價天天漲，貨幣急遽貶值，師範學院學生原來所領的微薄的公費代金經不起這種打擊，弄得連肚子都吃不飽，怨聲載道。學生乃起而鬥爭，舉行罷課請願，同省當局談判，迫使教育廳提高公費待遇，為自己爭得了生活的改善。⑤

陳玉成：我身為學生自治會常務理事，考慮到鬥爭的策略，提出了「先禮後兵」的建議，同學們最終接受了我的這個意見，推派了陳澤論等同學為代表，由我帶隊前往交涉。教育廳祕書長出來同我們談判，由我代表同學提出要求：立即給同學發制服，提高公費待遇，否則，同學們就會立即罷課，前來請願。祕書長一直瞪視著，威脅恫嚇著我，但我不懼怕。代表們也言詞鋒利，態度嚴肅堅決，毫不退讓。在代表的堅決鬥爭下，省政府終於答應我們的要求。每人一套淺黃色、斜紋布的學生裝不久就發下來了。中午也加了味噌湯。

④陳玉成〈台灣師院學生運動片段〉，收錄於福建省台灣大專院校校友會編《「四・六」紀念專輯》（福州，一九九九年），頁一三一—一三五。以下陳玉成證言皆同。

⑤鄭鴻溪〈回憶台灣「四・六」事件〉，原載北京《台聲》雜誌，一九八四年第三期，頁五三—五四。以下鄭鴻溪證言皆同。

二 校園的民主氣氛

鄭鴻溪：鬥爭的勝利，一掃校園的沉悶，民主空氣頓形活躍。各系社團紛起，同學們通過壁報針砭時政，為要求生存而吶喊，大辦歌詠隊、演劇社，諷刺腐朽、沒落的現實，讚美對光明的追求。

陳玉成：由於要求改善生活的鬥爭初步得到了勝利，增強了同學們團結戰鬥的信心和力量。校園內民主的氣氛空前活躍，各班級、各學科、各社團的壁報如雨後春筍。大多數是針砭時政，鞭撻腐敗，追求進步；也有風花雪月，吟情誦景的；還有純學術研究的，琳琅滿目，遍地開花。早晨上學，每節下課的時候，許多同學挾著「便當」和書包，在壁報前閱讀、評價、爭論。

陳培基：走進台灣師院的校園，人們可以感到一種令人興奮的生氣勃勃、熱氣騰騰的景象。師院只有兩座教學樓，主樓樓下貼滿了二十多版的壁報，還有形形色色的標語、招貼和海報，真是琳琅滿目，美不勝收。壁報有科系或班級編的，如國文系一年級的《大荒》、二年級的《野草》，史地系的《時與地》，美勞專修專科的《調色板》，美術系的《漫畫》等；也有由志同道合的朋友合辦的，如鄧傳青、劉君任的《五月》，是最突出的一家……各種壁報的內容雖然不同，但多半與校內外的時事有關。如：當時國民黨在大陸節節敗退，把大批部隊搶運到台灣。《漫畫》上就出現劉君創作的〈綠化寶島〉圖，畫的是在台灣省的地圖上，像竹筍一般插滿了頭戴鋼盔、身穿綠軍裝的「國軍」。

盧兆麟：我們學生很流行辦壁報，從師院門口進去，從第一棟大樓一直走到後面第三棟底，走廊兩邊的牆壁上都貼滿了壁報；幾乎每個系和社團都有出自己的壁報。我們教育系的壁報每期大概有兩三萬字。壁報的內容主要是討論有關學校、社會、國家、政治局勢方面的問題。其中，當然也有學術性的文章；但是，主要還是討論時局或怎麼樣改善生活方面的問題等等。所以，當時我們就把那條長廊叫作「民主走廊」。

洪敏麟：從政治傾向上來分的話，就我個人的理解，當時師範學院的學生有三種：一種是經常參加讀書會或自治會活動的「左傾」學生；還有一種是國民黨派來臥底的「職業學生」；第三種就是像我一樣不管事的普通學生。每天早上，我去上廁所的時候，就會看到廁所的牆壁上塗寫著他們二種學生罵來罵去的話；譬如：這邊罵對方是「共產黨派來的特工」什麼的，另一邊就罵對方是「國民黨的走狗」等等。他罵他一句，他就罵他一句。他們就這樣透過廁所的牆壁罵來罵去。每天如此。所以，我們就把這叫作「廁所壁報」。

盧兆麟：一般講起來，那個時候的學生思想比較左傾！因為那時候的世界思潮，就拿日本和美國來說，學生的思想傾向也都是偏向替弱者打抱不平，爭取階級平等的社會主義。所以，要說「左傾」，也不只是台灣這樣而已！日本和美國，也是這樣。日本的赤軍還鬧得很厲害呢！

陳培基：標語和招貼，有學生業餘組織的戲劇之友社、人間劇社等劇團的公演海報，有「大家唱」歌詠隊定期練唱的新歌節目單等等。叫人看了，無不為之振奮，為之雀躍，為之嚮往。當你移步去到學生宿舍，而這時適逢假日或是課餘休息的時候，一定會聽到此起彼伏的歌聲，或是〈你是燈塔〉中的「偉大的中國學生們」，或是〈康定情歌〉中的「跑馬溜溜的山上」。

朱乃長：我是上海人，二二八事變以後來台，就讀享有公費的師範學院英語系。在學校，除了熱心辦壁報之外，也參加了師院學生組成的進步社團大家唱合唱團，通過唱歌、跳舞的方式，推展台灣的學生運動。⑥

朱商彝：那時候，我們師範學院有一個大家唱歌詠隊，它和台大的麥浪歌詠隊經常聯繫。我記得，當時學生比較常唱的歌有〈你是燈塔〉、〈傻大姐〉、〈康定情歌〉、〈我們為什麼不歌唱〉……還有一首由美國民謠翻譯過來的〈團結就是力量〉。

柯旗化：一九四八年九月，我升上三年級前後，師範學院裡大陸轉學生明顯多了起來……他們都異常活躍，向訓導處申請設立了名為「大家唱」的合唱團。合唱團裡唱著使人聯想廣大草原的新疆牧歌民謠和雄壯的進行曲。我和室友也加入了合唱團。轉學生們熱心地在鋼版上刻出歌詞歌譜，用謄寫版油印歌集分給團員。歌集裡也有蘇聯的〈祖國進行曲〉。⑦

李松盛：我是屏東竹田客家人。一九四六年九月考進師範學院專修科史地科。一九四八年秋天開始，沉寂一時的台灣學運又重新活躍起來。在師院，同學們也在學生自治會主導下組成大家唱合唱團、話劇社和社會科學研究會等社團，以「團結就是力量」的行動原則，提高了台灣學生對祖國文化的認識與體會。在這樣的時代新氣氛下，個性上看不慣不義行為的我，也開始積極參加大家唱合唱團、社會科學研究會等學生社團的各種活動。同時，也因此認識了具有社會正義感、思想進步的同學，像是周慎源、陳水木等人。⑧

洪敏麟：那時候，我們師院新的第一宿舍蓋好了。宿舍是二層樓的建築，一間寢室住八個人，每間有四個雙層的床鋪；我就住在宿舍二樓某寢室的上層。第一宿舍隔一條馬路就是師院最旁邊的音樂教室。我們師範學院跟法商學院、台灣大學搞讀書會的學生經常去那邊唱歌。唱什麼歌呢？每天晚上，我都聽到他們在唱〈團結就是力量〉，還有「起來，不願做奴隸的人們」的〈義勇軍進行曲〉，那就是後來的中共的國歌；還有唱那條「安息吧，死難的同學，別再為我們擔憂」（〈安息歌〉）。據我所知，這好像是郭沫若為了悼念那些被國民黨抓去槍殺的學生而寫的歌詞。歌詞裡面還說：「黎明前的黑暗，我們會跟著你走」（你流著血照亮的路，我們繼續向前走）。這些歌，我雖然沒有參加讀書會，但每天聽，聽到後來也都會唱了。師院的音樂教室就變成學生搞讀書會的集中地。

謝培元：我是台中沙鹿人，二二八事件過後的夏天考上師範學院英語系。我因為看到光復以來那些政府接收官員貪污腐敗、濫用特權的種種行為，心裡早就起了疙瘩，所以，到了二年級時，就開始參加學生自治會辦的讀書會，摸索政治問題。當時，我只不過是二十一、二歲的年輕人，參加讀書會的動機不過是想瞭解自己國家的政治、社會是怎麼樣的？我們讀的書包括三民主義和馬克思主義方面的書。讀書會算是正當的課外活動，可是後來它卻從合法變成「非法」。⑨

涂炳榔：在「四六事件」之前，師範學院各社團的藝文活動很活躍，像放電影、說唱藝術、歌詠隊、台語劇社、讀書會等等。我對大陸的情況不很清楚，基於一種想要瞭解祖國的單純想法，再加上知識分子對時代的使命感，就開始跟著大家看一些社會主義或三〇年代作家的書，如老舍的啦！巴金的《激流三部曲》啦等等。同時，我們還跟一些大陸來的學生學會唱〈國際歌〉

---

⑥朱乃長證言，一九九九年九月二十四日，上海。詳見藍博洲《天未亮》，頁三三七—三四七。以下皆同。

⑦前引柯旗化《台灣監獄島》，頁八九—九〇。

⑧李松盛證言，一九九七年三月二十五日，屏東竹田。詳見藍博洲《天未亮》，頁一三九—一五八。以下皆同。

⑨謝培元證言，一九九七年三月三十一日，台北市。詳見藍博洲《天未亮》，頁一八五。

和扭秧歌等歌舞。在一九四九年以前，這些書和歌，都還可以公開讀和唱；到了一九五〇年以後，它們不但被查禁，而且還成為我們被捕以後的判決「罪證」。

三 要求改省立為國立

陳培基：在日本帝國主義奴役下此起彼伏地鬥爭了五十年之久的台灣同胞，一旦回到祖國懷抱，強烈感到作為一個獨立自主國家的公民而無比自豪。於是，台灣籍同學特別認為：國立學校的學生要比省立學校學生更為榮耀，希望國民黨政府把台灣師院從「省立」改為「國立」，以此顯示國家對剛剛回到祖國懷抱的台灣之高等師範教育的重視。這種良好願望很快成為師院學生的集體行動，掀起一場要求改省立為國立的運動。他們寫申請、出專刊、開記者招待會等等，搞得轟轟烈烈。

陳玉成：有些台灣同學在壁報上發表了改省立師院為國立的意見，他們這種增強民族情感的建議立即獲得全體師生的普遍支持和響應。許多壁報就此展開了熱烈的議論，各抒所見，有的提出只有改省立為國立，才能真正做到「人才實邊」。呼聲愈來愈大，小字報改為大字報，國立運動的輿論猶如錢塘江的浪潮，洶湧澎湃。它的可貴之處，是台灣同學首先提出的。在日本帝國主義統治台灣時，台灣同胞只許講日本話，不准講台灣話，這種奴化教育的最終罪惡目的，就是要使台灣同胞泯滅了中華民族的意念。因此，在台灣，不同於別的省份，國立是表示國家對台灣的重視，國立的大學師範生顯示著我們台灣同學作為中國人的光榮和肩負責任的重大。學生自治會為此連續召開了幾次會議，並出了專刊，我寫了一篇〈論改國立運動的重大意義〉的文章作為刊前語。為了大造輿論，爭取社會各方的支援，學生自治會還舉行一次記者招待會，闡明了我們台灣師院請求改省立為國立運動的重大意義。會後，《新生報》也曾就此做了簡短的報導。不久聽說南京教育部長朱家驊要來台「視察」，學生自治會討論決定採取以下措施：一、印發台灣師院為改國立運動告全國同胞書；二、組織同學到松山機場「歡迎」，要求朱家驊接見學生代表；三、遊行、示威，給朱家驊施加壓力，以此來迫使朱家驊答應同學們的要求。

陳培基：朱家驊見到一大群舉著旗子的學生，嚇得一下飛機，便鑽進汽車溜走了。事後，曾經表示支持學生行動的李季谷院長，竟傳學生會常務理事（當時未設主席）陳玉成，理事陳澤論和請願代表鄭鴻溪、周慎源等人去「訓斥」一頓。

陳玉成：一進入李季谷的住處，他氣勢洶洶，厲聲吆喝，說什麼警備司令部來了通知，認為我是化了名的共產黨員，專門來製造學潮的，更說要砍我的頭顱。這個無中生有，突如其來的打擊，實在使我忍受不了，當場想反駁，李季谷不容我分說，蠻橫地斥退了我。我帶著滿肚子的冤屈，憤憤不平地離開了。

四　第一屆民主選舉的學生自治會與「五四」紀念晚會

陳培基：一九四八年春，台灣師院實行民主選舉學生自治會主席，鄭鴻溪當選為第一任主席。鄭鴻溪，台灣省彰化縣人。他父親〔鄭抱一〕早年參加抗日活動，受日寇的追捕，隻身逃往福建。一九三七年，他父親目睹日寇侵華戰爭即將爆發，遂將全家遷到福建，直至抗戰勝利，台灣回到祖國懷抱，一九四六年夏才遷回彰化。鄭鴻溪在泉州念小學，在同安和廈門讀中學，因此，從小對祖國大陸和大陸同胞懷有異常深切的感情。一九四七年考進台灣師院教育系。他學習勤奮，成績優異，關心同學，熱情服務，深得師長和同學的讚譽，當選為師院第一屆民主選舉的學生自治會主席。鄭鴻溪同學覺悟高，作風好，善於引導，使本省與外省同學緊密團結，是台灣師院學運最重要的領袖。

盧兆麟：學生自治會的活動的確非常活潑。自治會的選舉方式也比較特殊，有點類似現在的選舉方式。譬如說，競選會長（或是主席）的學生要先跟學校登記；登記之後，在一定期限內，要找幾個人來當副會長、各部部長等職位，組織一個「影子自治會」的內閣；然後，在登記期限過後，幾個出來競選的學生（每次大概都有二至三個），就在規定的選舉期間，通過貼壁報、散發傳單、開政見發表辯論會等方式，有模有樣地展開競選活動；投票那天，得票數最高的候選人，就出來組成自治會。當時的選舉氣氛真的是滿熱烈、動人的。這些競選活動也給我們剛進來的新生上了活生生的民主課程。由於學生的組織力量已經很大了，學校根本就管不住我們，也不敢怎麼干預，只好任由學生進行普選。即使他們不答應，我們學生也會自己來。可以說，基本上已經是「學生治校」了。

鄭鴻溪：當時，師院學生衝破當局規定的「訓育制度」，不承認「官辦」學生會，自己起來實行普選，組織「學生自治會」，把命運掌握在自己手裡。

柯旗化：學校要組織學生自治會，轉學生的領導人鄭鴻溪參選自治會長。我們房間的人竭盡全力支持他，本省人學生大多數都支持他，因而以差距甚大的票數擊敗出身於國民黨青年軍的對手。⑩

朱商彝：鄭鴻溪在福建念過中學，國語講得很好，日本話反而說得不怎麼好。我受到外省同學介紹進來的「學生愛國民主運動」思想的啟發與鼓舞，也投入實際的學生運動。我不但支持進步的同學鄭鴻溪競選師範學院學生自治會主席，並且應邀擔任學術部長。

洪敏麟：我想，在那樣的時代，師院那些思想較左傾、人脈關係較好的同學會積極參加某種讀書會的組織，也是自然的。假如我有那樣的關係，我想我也會加入。因為我很愛畫漫畫，會寫美術字，對他們的文宣工作一定特別有好處，所以，後來，我感覺班上比較傾向於這方面的同學，曾經和我接近過，要我加入自治會的活動。但是，他們和我接近後，大概發現我只是對美術方面較有興趣而已，可能對我信心不夠，就放棄了。

黃旭東：抗日戰爭勝利後，我到台灣彰化女子中學任教，在該校與鄭堅、鄭晶瑩等同事。一九四六年秋，我考上了台灣師範學院國文系本科。鄭堅考上了廈門大學。一九四七年秋，鄭堅之弟鄭鴻溪考上了台師院教育系，由於鄭堅的介紹，我與鄭鴻溪相識。一九四八年春，鄭鴻溪組閣競選學生自治會主席，我是委員之一。一九四八年「五四」紀念晚會，鄭鴻溪指定我主持，各系、科表演節目，豐富多彩，氣氛非常熱烈。⑪

---

⑩前引柯旗化《台灣監獄島》，頁九〇。
⑪黃旭東〈在「四．六事件」的時候〉，前引福建省台灣大專院校校友會編《「四．六」紀念專輯》，頁八七。

陳培基：在學生自治會主持下，全校同學舉行了五四紀念晚會。晚會開始時，由黃旭東同學帶領唱〈新青年進行曲〉、〈你是燈塔〉、〈暴風雨中的雄鷹〉和〈團結就是力量〉等歌曲。鄭鴻溪主席在會上發表講話，他說：我們青年學生要繼承五四革命傳統，發揚五四革命精神，反對帝國主義、封建主義和官僚資本主義，為拯救於內戰水火之中的祖國而英勇奮鬥。接著是文藝表演，還首次在師院校園裡扭了秧歌。

五　反對宿舍檢查及一九四九年的台語劇演出與二月罷課

陳澤論：我是師院方生社社長兼筆聯會主席。一九四八年秋，訓導處聲言要檢查學生宿舍。方生社副社長兼筆聯會副主席鄧傳青寫了一篇〈誰能禁止我的心跳？〉的反對大字報，驚動了李季谷院長、廖鑾揚主任和生管組長魏鏞，引來了進步同學的喝采，讚揚。⑫

陳培基：鄧傳青，江西省清江縣人。一九四七年考進教育系，是鄭鴻溪同班又同寢室的好友。他才思敏捷，下筆千言，書法挺秀，學生自治會的許多文告和巨幅標語大都出於他的手筆……他和志同道合的劉君任合辦的《五月》，是師院最突出的一份壁報。他倆在壁報的邊上掛個投稿箱，還貼了「稿約三章」，表明文章一旦發表，文責概由《五月》的主辦人負責，因此投稿特別踴躍。為此，他們曾多次被訓導處傳去訓斥，在壓力之下仍然堅持辦下去……訓導處傳出要檢查學生宿舍的消息，《五月》立即刊登鄧傳青寫的新詩〈誰能禁止我的心跳？〉，引起全體同學的熱烈反響，訓導處終於不敢動手檢查了。

朱商彝：學生自治會學術部長的工作，主要是負責壁報跟社團活動。除了歌詠隊，當時師院學生的戲劇活動也很活躍，它包括以外省學生為主組成的戲劇之友社和師院劇團，先後演出過《梁上君子》、《金玉滿堂》和好幾齣獨幕劇。本省學生也組了一個師院台語戲劇社。

涂炳榔：我參加的社團活動主要是台語劇社。台語劇社是由我們幾個朴子人發起召募，登記成立的；主要是英語系的蔡德本在辦，他對戲劇編、導、演都有一套；我負責畫壁報和宣傳工作。我們演出的劇目包括《日出》、《阿T之死》、《沒有太陽的街》，以及從茅盾、老舍小說改編的，對社會有意義的戲。我們曾在台北、嘉義、朴子等地巡迴演出，節目水準頗高。那個時代還沒有電視，一般民眾也沒有什麼休閒活動，所以，每次演出，民眾都會自動前來欣賞，相當轟動。

蔡德本：我是嘉義朴子人。一九四六年，我考進師範學院專修科英語科，後來轉入本科英語系。我記得，台語戲劇社正式成立是在一九四七年八月，由我擔任社長。當時我不但完全不會講「中國話」，而且連「台灣話」也還不太會講；只會講日語而已。因為，日據時代，我們如果說台語，是會被老師處罰的！那時候，就是「終戰」那時候，我們台灣青年就想，既然台灣已經回歸祖國，回到我們自己的國家了，我們就應該要會自己的語言才對。所以我們就開始學「台語」，因為「台語」是我們的母語，一定要學的。後來，我就寫了一篇籌組台語戲劇社的

⑫陳澤論〈回憶「四．六事件」〉，前引福建省台灣大專院校校友會編《「四．六」紀念專輯》，頁五一—六一。以下陳澤論證言皆同。

文章，募集社員。沒想到，這個提議立即獲得熱烈的響應，到後來就有將近三百人響應，差不多是師院三分之一以上，快要到一半的人，都有來參加過這個戲劇社。這個戲劇社就這樣組織起來了，後來，也出去募到一些錢，開始公演。我們抱著介紹祖國名劇的心情，演的第一齣戲就是曹禺的《日出》。但是，它有一幕是要從天花板吊一個小孩下來，在舞台技術上，我們還沒辦法演，所以我就把劇情稍微改編。改編以後，我把它取名叫作《沒有太陽的街》。也有人說是《天未亮》。當時，那個改編的經過，新聞也有刊登出來。後來，因為《日出》的劇作家曹禺靠向那邊〔共產黨〕，這個……哇！我想，這樣不行！因為這樣，我擔心大家再怎麼看都會認為這齣戲是「左傾」的戲劇，那該怎麼辦？如果當局把我當作是共產黨來抓的話，我也沒辦法辯解啊！雖然演出當時這齣戲還沒有被禁，學校也還稱讚過我們；但是，因為曹禺的政治態度，《日出》隨時都會有思想上的問題啊！我想一想，《日出》演完後，就決定選一個比較藝術性的戲來演；一九四八年，我就把有島武郎一個有名的劇本《口吃「又」之死》改編為《阿T之死》，在學校公演。暑假，我回去朴子，組織朴子學生聯誼會，也是演這些戲。地方上的反應很好。那時候也沒有電視可看，大家都擠著來看呢……另外，我搞這個戲劇社也不是只有演戲而已，同時，我也在研究「台語」要怎麼表現的問題。為此，台語戲劇社也曾召開關於「台語」表現法的座談會，討論用羅馬字，還是漢字，或者是用漢字攙雜羅馬字來表現比較恰當。當時，楊逵先生也從台中上來參與討論。可惜，沒多久，「四六事件」發生，我們的團員差不多有七、八個被抓。事件以後，一切的社團就全部都沒有了，台語戲劇社也就解散了。⑬

朱商彝：師院台語戲劇社於一九四九年一月十五、十六日兩天，在師院大禮堂演出根據曹禺的四幕名劇《日出》改編的《天未亮》。為此，我特地寫了一篇介紹文章：〈寫在天未亮演出以前〉，發表在演出當天的《新生報》「橋」副刊第二〇一期，廣為宣傳。在文章中，我意有所指地指出：曹禺想在《日出》裡寫出令人興奮的希望，暗示出一個偉大的未來。而我也相信《天未亮》能給我們帶來天亮前的希望！演出之後，師院學生自治會又聯繫了「橋」副刊主編歌雷先生，於十八日下午七時，在師院新宿舍舉行了一場「《天未亮》演出座談會」。出席座談會的人除了歌雷、師院學生鄭鴻溪、導演蔡德本和我之外，還包括師院教授鄭嬰、陳雲程和台籍作家龍瑛宗先生。在會上，我就這樣的戲劇演出提出改進意見說：「民謠最能夠發揚地方色彩，多多與民間接觸，採集真正人民痛苦的吶喊，採取民歌形式，而加上藝術的內容來表演出來。」

陳培基：一九四九年二月，正當大陸的學生風起雲湧地進行「反飢餓、反迫害、反內戰」的運動時，台灣師院的學生也再度向台灣省政府請願，要求當局給予「改善生活」。

陳澤論：我在二月罷課之前，以史地系二年級名義寫了一篇罷課宣言，得到了國文系二年級、教育系二年級和大多數班級的支持，人數超過了半數，學生自治會才按章程召開全體學生大會，會上決定「反飢餓、反迫害」罷課，我和鄧傳青同學都被選為委員（委員還有鄭鴻溪、周慎源、莊輝彰、陳培基等人）。罷課期間，我們一同去教育廳打交涉，一同商議如何發動同學堅持鬥爭。

⑬蔡德本證言，一九九七年三月二十七日，台南市。詳見藍博洲《天未亮》，頁二五三—二八三。以下皆同。

陳培基：這一次的談判雖然艱難很多，但是當生活改善委員會決定要宣布罷課時，台灣省政府終於還是同意學生的要求，自新學期起，公費金按照物價的提高指數發給。有人說：如此的勝利是台灣師院學生善於鬥爭的結果。

六 周慎源擔任學生自治會主席與風暴將臨

陳培基：為了讓更多有才幹的同學得到鍛鍊，鄭鴻溪堅決主張學生自治會主席任期半年，不贊成連任，第二學期積極支持周慎源競選。

蔡德本：周慎源是水上人，但是住在朴子，也可以說是朴子人。這個人很純直，很有正義感。他出來競選自治會會長時，對手是一個外省學生。自治會是內閣制。我也是周慎源的內閣之一，叫作康樂部長。競選的時候，這些部長的名字都要寫出來，康樂部長是誰等等，讓大家一起選。他會叫我出來就是因為我們台語戲劇社的票很多嘛！還有就是他和我也滿熟的。

陳澤論：師院的台籍同學約占七〇％，學生自治會工作的成效決定於台籍的大多數，一些進步同學為了分散×××同學的選票，讓台籍的周慎源內閣中選，於是推出傾向進步但不很主動的外省同學方啟明組閣競選。

柯旗化：學生自治會長改選，出身嘉義中學的數學科二年級周慎源當選會長。和我同宿舍又同鄉的王俊廷也是數學科二年級，因為他和周慎源要好，就接下自治會的總務工作。⑭

李松盛：周慎源當選自治會主席時，為了各族群的團結，就要我作為客家同學的代表，擔任其中一名理事，同時兼任自治會風紀部副部長（部長是大家公認的好好先生許昇龍）與糾察隊負責人。

涂炳榔：周慎源是高我一屆的嘉中學長，在師院的時候，我們常常在一塊。平常我們都叫他周仔。他是一個頭腦冷靜、很有組織力的人，人緣又好。我認為，當時的學生工作都是他實際在做。

陳培基：周慎源於一九四七年秋考入台灣師院數學系。他相貌清秀，戴著一副黑邊近視眼鏡，像是一位文弱書生。在他任職學生自治會第二屆主席期間的一九四九年上學期起，是台灣學運高漲期。他在前任主席鄭鴻溪支持下，領導師院同學奮勇鬥爭，取得一個又一個的勝利。

朱商彝：可以這麼說，那幾年，師院的學生運動，我們這些自治會的人都是帶頭的。二二八事變後，本省學生的觀念轉變了，台灣學生運動的走向也和大陸的學運合流了。合流的主要原因，實在是因為國民黨太過於腐敗。當時，國內學運提出的口號是「反內戰、反飢餓、反迫害」；台灣學生也提出相同的口號。我們這些人的思想、行為，愈來愈左傾，國民黨當局也開始注意我們了。他們一定在想：為什麼台灣學生會提出和國內學運一樣的口號呢？它一定會懷疑學校裡頭有共產黨潛伏？這是可以理解的。

陳培基：由於有人多次發現一些特務潛入校園偷看壁報和招貼，刺探學生的活動情況，連續兩任學生自治會糾察部長的莊輝彰一再通知同學們，一旦發現形跡可疑的陌生人，一定要問清來

---

⑭前引柯旗化《台灣監獄島》，頁九一。

意，必要時，馬上通知學生會。

洪敏麟：我認為任何歷史事件的發生都有它必然的時代背景。一九四九年那個時候，正好是國民政府就要敗退台灣的危險時刻，從大陸陸續來了一批又一批的軍人、公教人員，或是一般百姓，他們的表現又處處引起本省同胞的非議，經常發生衝突。而在這之前台灣又有過二二八事件，再加上當時台灣的經濟崩潰，貨幣膨脹得一塌糊塗。在這樣混亂的情況底下，國民政府一定認為，學生若是時常發動學潮、罷課，會影響整個社會秩序，當然要把學運鎮壓下去。

第六章
以麥浪歌詠隊為代表的台大學運

麥浪、麥浪、麥成浪，
救苦、救難、救飢荒。

——楊逵

一九四五年十月十三日，台北帝國大學改名國立台灣大學；十一月十五日，台北帝大接收完畢。十一月二十日，國府行政院國務會議通過台灣大學設置案。十二月二十五日，台大首次招生放榜，錄取三十六名。

一九四六年三月十二日，天津《大公報》根據重慶十日發的專電載稱：「台灣大學農、工、理、法、醫各院系，決於今夏在國內各地招新生，該校農、醫兩院設備特佳，後者每年生產價值法幣九億元之血清，今後可供應西南各省需用。」看到這則報導之後，「生在台灣，學在日本，住在中國」的平、津地區的台胞有識之士，「對如上述的台灣教育問題，不得不表示一點兒意見。」於是在四月一日出版的台灣同鄉會機關刊物《新臺灣》第三期發表題為〈台灣大學需否在國內招生？〉的「論述」，質疑說剛剛光復的台灣有許多嚴重的問題，其一即為滯留日本內地的一萬多名台灣留學生，教育當局萬勿使他們回台以後因為沒有學校可讀，而成為高等教育的時代犧牲者。因此，他們主張：「台省當局應速與內地教育當局密切聯絡，並需規定轉學的辦法。無論於台灣或內地求學，只要台灣當局能保障這些可憐留學生的出路時，不但台灣大學，就是其餘的專科學校或中等學校，總可以解放給內地學生的。」

四月二十二日，上海《文匯報》第二版刊載許汝鐵〈國立台灣大學概述〉一文，詳細介紹台大的「沿革」、「校舍設備」、「學院研究所」和「教職員學生」的概況；並強調「就台大規模的宏偉，基礎的穩固，和設備的完善來說，它正跟著光復後的台灣走上光明燦爛的坦途」。

五月十一日，上海《文匯報》又據中央社十日電，於第五版刊載「台灣大學招收內地學生」的通訊。通訊指稱：台大現有文、理、法、農、工、醫等六院，另有附屬醫學專科先修班，熱帶醫學研究所，華南人文研究所，華南資源科學研究所等；圖書館約有圖書五十萬冊；擬於秋天招收男女新生每系十名，內地各省學生共招一百名。

七月十六日，上海《文匯報》第六版，柯靈主編的「讀者的話」刊載一個學生讀者「探問台灣大學近況」的投書，聲稱看了《文匯報》關於台大的介紹後認為「台灣大學的設備及其他，遠勝於國內其他任何大學」，因而「不禁有些神往」，「想到那兒去讀書」；希望能夠知道「今夏招考」的詳細事宜。針對這位讀者的投書，同月二十九日，該報第六版「讀者的話」又刊載了一篇關於「台灣大學近況」的答覆。

通過這樣的報導，許多對寶島台灣懷有歷史感情的各省學生紛紛前來投考台大。於是從內地到台灣來念台大的外省籍學生漸漸多了起來。

在內戰的歷史背景下，這些外省學生大體都受過大陸學運的洗禮。然而，相對於大陸，台大的學生運動卻並不那麼活躍。一些進步的外省學生因此就克服語言的障礙，通過與本省同學一起讀書、辦壁報及搞社團活動，開展台大的進步學運。於是，在大陸內戰和學生運動的推動和鼓舞下，台大的學生運動逐步從小到大發展起來了；它的矛頭直指美國帝國主義和國民黨腐敗政府。它的具體行動則是「二二八」爆發前一個多月，為了抗議美軍暴行而在台北發動的「一九」愛國示威運動。

「二二八」起義被鎮壓後的一段時期，台大學運一度處於低潮。

但是，野火燒不盡，春風吹又生。

經過一陣表面沉寂之後，台大學運又逐漸活絡起來。那些從大陸各省來台大就讀的進步學生所組織的各種社團活動，尤其是麥浪歌詠隊，當然起到了推動的作用。

一 活躍的社團活動

林義萍：我認為，搞學生運動，是不能天天遊行示威的呀！真的搞學生運動，平常要去組織同學，因此要搞一個合法的、公開的社團，這是較主要的。要不然，大家怎麼能有其他共同的認識呢！於是，緊跟著，我們就搞了歌詠隊等等各式各樣的學生社團。因為在「二二八」之後，我們的工作再不能大規模地去搞呀！國民黨在鎮壓後也很注意了。所以，我們就下來搞一些細緻的工作與活動。

張以淮：我是福建莆田人，一九四六年六月來台，考進台大電機系。「二二八」後，台大學生開始在校內組織各種社團。當時，農學院有方向社和耕耘社，工學院、文學院有麥浪歌詠隊、蜜蜂社，還有台大話劇社，這些社團主要都是外省同學；本省同學則有一個專門唱聖歌的Glee Club；法學院也有一些團體，可是名稱我忘記了，只記得有份吳聖英與周自強主編的《台大人》期刊。「台大人」的說法，大概就是從這個時候開始有的吧！這一些都是合法的社團，在學校都有登記，只是學校沒有任何補助，一切都要自生自長。我參加的社團有蜜蜂文藝社、台大話劇社和麥浪歌詠隊。蜜蜂文藝社大概有十幾個人，當時做了不少事情；主要是通過輪編壁報的方式，把大陸的新文藝作品介紹進來，另外也對學校的施政做一些批評。基本上，對當時台大學生的影響不小。①

①張以淮證言，一九九六年四月五日，台北市。詳見藍博洲《麥浪歌詠隊》，頁四七—六五。以下皆同。

鄭約翰：我是福建仙遊人，一九四六年考入台大農學院，參加了當時的學生運動。為豐富學校生活，促進文化交流，提高學習質量，在當時的形勢下，同學們組織了各種社團，如蜜蜂社、方向社、向光社、子不語社等等，做了些學術和思想的切磋交流；文藝方面有麥浪歌詠隊在校內外演唱進步的歌舞節目；戲劇研究會組織演出諷刺劇《裙帶風》，頗得社會好評。一九四八年五月四日，在台大新生南路宿舍舉辦「五四營火晚會」，宣揚「五四運動」提出的反帝、反封建革命傳統，提倡「民主」和「科學」運動。②

張以淮：一九四八年六月，我曾參與台大話劇社在中山堂的戲劇演出，劇目是洪謨、潘子農作的諷刺國民黨官員搞裙帶關係的三幕諷刺劇——《裙帶風》，由省外作家陳大禹指導我們這些從未正式演劇的學生演出。上演那天晚上，儘管下著大雨，許多觀眾還是冒雨前去觀戲，並且不因為我們沒有舞台演出的經驗而跑光。

呂訴上：一九四七年十月至一九四八年四月，上海觀眾戲劇公司旅行劇團在台灣全省巡迴演出。從此以後，台灣的業餘劇團和學校劇團便有如雨後春筍般興起。台大學生也在這樣的社會氣氛中開始演起戲來了。一九四八年十月二十五日，台灣省政府為慶祝台灣光復三週年，舉行規模盛大的「台灣省博覽會」，並在台北市中山堂和新公園音樂台每天舉行話劇、音樂會、電影、舞蹈等等的演出。台大話劇社的學生也在這段期間的十二月十一日，在中山堂演出話劇《天未亮》（重慶二十四小時）。③

殷葆衷：我是江蘇無錫人，原上海復旦大學學生，一九四七年秋天，隻身來台。第二年，插班台大政治系；考上之後，就等開學，沒別的事。我就四處去轉。後來，我知道美國新聞處能夠看到一些新的資料，就經常去那裡逛，看看外國的雜誌。有時候，台大一些搞基督教團契的學生會在那裡舉行晚會，唱唱歌什麼的。我也去聽啊！可我很詫異的是：他們唱的歌和我在上海念大學時唱的完全不同，都是些宗教類的外國歌曲。難道台大沒有進步的學生團體嗎？我於是就主動跟他們中的一些人聊。聊了之後，我覺得他們的生活很單純，思想也比較貧瘠，顯然並沒參加過什麼學生運動，對時事好像也不怎麼關心。他們算是我最早接觸到的台大學生了。後來，我加入了麥浪歌詠隊，還參加了一個全校性的社團——方向社。方向社是一個有登記的、合法的、比較進步的學生團體。在這過程中，我還油印了一份報紙，叫《方向導報》。這份報紙，從刻鋼版、排版面、油印，都是我一個人負責的。社團的負責人叫王耀華，在「四六」時也被捕，關了三年多才放出來。④

路統信：我是河南人，一九四八年七月隻身來台，投考台大，先後就讀哲學系及森林系，一九五〇年七月二十八日，在台大學生宿舍被捕，處刑十年。我之所以被捕與我參加耕耘社有關。在官方說法中，耕耘社被當作是「匪學運外圍組織」。這根本就是硬扣給我們的「紅帽子」。其實，耕耘社不過是一個種菜的學生社團而已。一般說來，當時，大多數學生的經濟能力都很差。早餐，就只是幾片黃蘿蔔和幾粒花生米配稀飯而已。然而，因為大家都還年輕，求知欲又高，對這些並不在意，也不覺得有多苦。而且，只要外頭兼個家教，再加上公費補助，生活

②鄭約翰〈為什麼會發生「四・六事件」？〉，前引福建省台灣大專院校校友會編《「四・六」紀念專輯》，頁一〇八—一一〇。以下鄭約翰證言皆同。
③呂訴上《台灣電影戲劇史》（台北：銀華出版社，一九六一年九月初版），頁三六三—三六五。
④殷葆衷證言，一九九三年六月十日，北京。詳見藍博洲《麥浪歌詠隊》，頁七五—一一五。以下皆同。

還勉強過得去。可是，隨著內戰的發展，大多數的同學都和家人失去聯絡，家裡每月寄來的生活費也都斷了。這樣，不想個辦法，生活就會有困難了。於是就有幾位同學在校園共同闢地種菜，後來參加的同學多了，就向校方登記，正式成為學生社團。耕耘社就是在這種情況下產生的。我們在傅斯年校長的支持下，在農學院的空地開闢了幾塊菜園，自己勞動，種菜自己吃；如此而已！不搞讀書會，更不搞任何活動。另外，還有一個健康社，後來也有很多同學被抓；他們也只是一個社團——自己磨豆漿喝，如果有多的，也賣給其他同學喝而已！⑤

林文達：我是台北人，日據時期移居天津，一九四七年夏天返台；一九四八年夏天，考上台灣大學歷史系。當時，台大的學生社團活動很活躍。公告欄上經常貼著許多社團活動的海報，社團的名目繁多，有青年軍退伍生的、宗教性的、同鄉性的、學術性的；有的社團定期刊登牆報，有的出版油印刊物，風氣相當自由。入學不久，我就參加了幾個同班同學組織的星雲社，組織出版牆報；同時也參與了系上的歷史學會。因為物質生活上的艱難，這些學生社團的活動很自然就同大陸各大城市大學生「反飢餓、反內戰」的學運訴求聯繫起來。⑥

二　要求教育部整頓台大

孫志煜：我是浙江杭州人，一九四六年來台，插班台大政治系。據我所知，台大在日據時代是台北帝國大學，包括農學部、醫學部、理學部和文政學部。文政學部是不念法律的，雖然名義上有「政」字，但不讓台灣人學習政治。一般說來，現代的大學主要是以理工學院為重點科系；

可帝大時期的台大卻沒有工學院，因為日本帝國不讓台灣青年學工程。到了光復以後，羅宗洛接收了台大，台大才設有工學院。羅宗洛不但帶來一批教育部聘的優秀教授，也留用了金關丈夫等幾個知名的日本學者，所以教授陣容算滿好的，學校設備也不錯。曾經當過清華理學院院長的第三任校長莊長恭就說過，台大的部分設備可與清華媲美，尤其是圖書館。一九四六年八月十三日，行政院例會通過任命陸志鴻為台大第二任校長。陸志鴻是東京帝大畢業的礦冶專家，原來是中央大學地質教授，也做過中大工學院院長；同時，是個不太管事也不大負責任的好好先生。在這種情況下，他當然請不到好老師嘛！所以，在他任內，台大的師資並不好。當時，他任用教務長戴運軌兼任理學院院長和物理系主任，文學院院長錢歌川，工學院院長彭九生，法商學院院長劉鴻漸。⑦

陳威博：一九四六年四月八日，（東京帝大醫學部台籍學生）葉盛吉在時隔五年之後，回到了日夜思念的故鄉。他和早一步回到了台灣的我都轉學到台灣大學醫學院。依葉盛吉的說法，我們轉學進來的台灣大學，「變作一個最不好、最非民主的大學了。」（原漢語日記，一九四六年十月二十三日）許多日本教授都回國了。教學的水平不斷地在下降著。⑧

孫志煜：一九四七年一月七日，台大合併省立商學院（日據時代的台北高等商業學校），並改制為

⑤路統信證言，一九九七年三月二十九日，台大農學院。詳見藍博洲《麥浪歌詠隊》，頁二三九—二五五。以下皆同。

⑥林文達證言，一九九八年九月十五日，台北。詳見藍博洲《麥浪歌詠隊》，頁一七七—二一〇。以下皆同。

⑦孫志煜證言，一九九六年五月二十四日，台北市。以下皆同。

⑧前引楊威理《雙鄉記——某台灣知識人之悲劇》，頁二〇七、二〇九、二一一。

台大法學院。我進台大，原本要念經濟系，因為法學院的學生太少，就改念政治系。台大雖然名義上是國立的，經費卻由長官公署提撥，教育部本身並不出錢。陳儀主政時，基本上還是尊重學術的，所以一直沒有過問校務。可是省參議會成立之後，情況就慢慢不對了。有些參議員認為，既然台大是國立的，學校經費就應該由教育部負責；現在既然是由省當局負擔，那麼，省參議會理當代表省民監督校務。因為這樣，後來台大校長就得去省參議會報告校務。師資不好，再加上省、部、學校之間經常發生不必要的爭執，弄得學習熱情很高的學生覺得無聊，無心上課，教授也覺得沒意思而無心教學。

鄭約翰：國民黨政府在勝利抗戰後，發動了反人民的內戰，社會經濟蕭條，物價高漲，時政腐敗，民不聊生，廣大人民生活在飢餓和死亡線上。在這種形勢下，國民政府撥給的教育經費，少得可憐。我們在學校裡沒有宿舍，沒有公費，生活十分困難，許多同學要邊讀書邊工作以渡難關。一九四六年秋，同學們組織了學生自治會，向學校要求宿舍、公費。當教育部長朱家驊到校視察時，同學們寫了請願書向朱家驊請願。廣大學生經濟生活困難，自然引起對統治當局的不滿。

孫志煜：我們學生認為，好好的學校辦成這個樣子，實在可惜！所以，一九四八年年初，聽說教育部長朱家驊即將來台，同時也會到台大巡視；我們學生就商量決定，屆時一定要貼大字報，要求他「整頓台大」。一月十四日，朱家驊來到台北。第二天，也就是一月十五日，我們就請他去台大講話。那時候，台大也沒有禮堂，我們就請他在大飯廳裡面講話。後來，有些同學也起來講話，但沒有直接提到政治上的事情；就是覺得學校裡頭沒有生氣，主要的一句話就是：大家感到知識不能滿足。那天，我們在飯廳後牆貼了很大一張標語：「請教育部整頓台大」。

學校當局看了當然不高興。可是，請願以後，問題並沒有解決。

三　學生自治

孫志煜：我覺得，剛進台大念書時的氣氛很好。學校方面後來也特別為我們省外來的同學安排了宿舍。我住的宿舍在新生南路上台灣最有名的一所初中——大同中學（現在的金華國中）的校舍。大同中學撥出兩排教室，用作台大的學生宿舍。因為住宿學生不多，所以條件比在大陸時候好得多；一間教室隔成兩間寢室，每間寢室住四個人，空間很大。宿舍走廊的牆壁上有一塊公布欄，同學們只要對生活上有什麼意見，譬如說，今天的菜不好或是飯不夠之類的小問題，都可以把它寫下來，貼在上頭。所以，我們都把它叫作「民主牆」。學校還派人給我們燒飯。我們就成立了一個類似膳食管理的委員會來管理。我也曾經當選過伙食委員（正確名稱記不得了）。伙食委員有一部分是本省同學。有一陣子，不知怎麼搞的，我們用作伙食費的公費（每月老台幣四十七元），一直沒有發下來，餐廳因此就沒錢做菜。同學們於是派我和另一名叫蔡福財的本省同學代表向校長反映。校長陸志鴻其實是一個老老實實、規規矩矩的好人，他也不知道有這樣的事，就打電話給出納組長，問是怎麼一回事？我們站在一旁，聽不見對方是怎麼說的？只聽到陸志鴻用責備的語氣向對方說怎麼可以這樣？學生的伙食費你怎麼可以這樣……聽這對話，我們心裡就明白：這錢一定是被污掉了！陸志鴻放下電話後跟我們說：你們現在就去找出納組長，馬上給你們解決問題。聽他這樣說，我們就很高興地去找出納組長。見了出納組長，我就不客氣地責問他：你怎麼可以把我們的伙食費隨便挪用呢？他兩手交叉，扶著後腦，沒有話講，兩隻腳不停地抖，好像不理我們的樣子。我就說我們剛從校長那裡下來，你不要不理我們啊！他仍然一句話也不講，腳不停地抖著；看起來很痛苦的樣子。他不講話，我忍不住又繼續教訓他：我們的伙食費是用來活命的，你怎麼可以隨便拿來用！他大概是怕一開口就激怒我們年輕人，所以還是一句話也不講。我們看這情形，心裡也明白，錢既然已經花掉了，跟他怎麼吵也沒有用。最後，我們要他保證：以後有飯吃。他答應了。我們就離開了。

林義萍：除了參加社團活動之外，我覺得，既然要插手搞學生運動，我們在學校裡同時還要通過學生自治會搞組織；學生自治會是公開的、合法的學生自治組織，可以搞的。陳實就是當時「自聯會」的主席。實際上，當時各個學院都有學生會；而自聯會主席就是從各院學生會主席聯席會議裡推選出來的。我們就開始去搞這個，這都是純粹的學生運動。

林文達：台大的學院自治會採取「內閣制」。首先，通過普選，產生自治會主席一人；再由主席自組自治會的幹部班子。然後，由六院的學生自治會共同推選成立學生自治會聯合會。因此，各學院學生自治會的領導權成為各派學生爭取的一個焦點。各學院學生自治會的選舉過程也顯得既熱烈又複雜。就以文學院那次的選舉來說吧！起初，中文系三年級黃瑜（惠安人）的活動頻頻；後來，有人看到他經常出入警備總司令部，懷疑他是職業學生；於是引起同學們警惕。這樣，一部分學生開始醞釀由外文系二年級的麥浪歌詠隊女同學陳詩禮出來與黃瑜競選；但陳一直推讓，於是就改由外文系三年級的麥浪成員王耀華出面競選。後來，黃瑜沒有出來競選，改由同是惠安人的中文系一年級的李友邦同學出來；但是，大部分人都懷疑李友邦不過是黃瑜表面的替身。競選期間，民主的氛圍吸引著全院同學參與，我也在歷史系積極鼓動，為王耀華助選。投票在文學院大樓樓梯口的大廳舉行。結果，王耀華以較大的拉鋸當選主席。我想，這也許是日後他在「四六事件」當中被捕的原因之一吧！各學院學生自治會的主席選舉出來之後，他們又推舉農學院學生自治會主席陳實為台大學生自治會聯合會主席。

李登輝：一九四七年正月，我已經回到台灣大學，有一項事情真重要，你們都沒問到，這和吳克泰也有關係，也就是台灣大學要成立學生自治會聯合會，只有台大而不是各校的學生聯合會，因為一下子要成立大規模的也做不起來。我還記得學生自治會聯合會在圖書館召開會議，圖書館在學校大門進來左手邊，會議主席是我。我不會說中國話，用日語講，由吳克泰翻譯。他也算是台灣大學的學生，又回到醫學院來念書，不過他的詳細情況我不知道。由於各學院的學生很多，要一下子成立學生自治會聯合會相當困難，解決的辦法是先成立各學院學生自治會，以後再成立學生自治會聯合會。我畢業之後，學生自治會聯合會才慢慢由各學院自治會組織起來。你們大概想不到，對這種事比較認真的學生是農學院和工學院，還有一部分是醫學院，法學院對這件事並不認真，這沒法度。我在一九四六年到台灣大學復學時，農學院包括我在內才五個學生，第二批學生晚了兩年才進來，人數也不多，可能只是多了四、五人。在沒有多少人的情況下，台灣大學農學院成立學生自治會，由我做理事長。自治會的理事長是學生直接選出來的，當時沒幾個代表，自治會有學藝部、活動部等等部門，詳細的部門我不是很記得了，應該去查台大農學院學生自治會規則或是會則。我做自治會理事長做到畢業，差不多有兩年多，每次改選我都選上。那時候從中國來台灣的學生也多起來了，有一些是中國派來的職業學生，晚一點來的有過去做青年軍的學生。在台大時有一個周自強我要提一提。那時候大家都在學習，周自強已經讀過先修班，他有肺病，身體很壞，但是他的頭腦很厲害，我常常說我真正瞭解新聞報導的內在含義，這種觀察能力就是向周自強學的。從中國來的一些人，譬如自治會的總幹事陳實和周自強，他們都是厲害人，分析、組織、活動都真厲害。⑨

陳　實：從一九四七年下半年到一九四八年上半年，台大各學院先後成立了學生自治會，自治會幹部都是通過學院學生大會選舉產生。我是台大農學院首屆學生自治會主席。當時台大共有理、工、農、醫、文、法六個學院。在六個學院學生自治會的基礎上，經過各方協商，於一九四八年下半年，成立了「國立台灣大學各學院學生自治會聯合會」，我被推舉為主席。這樣，台大就有了一個全校統一的學生組織，領導全校甚至是全市的學生活動。像這樣的學生組織，在台灣歷史上還是破天荒第一次。台大自聯會成立後，舉辦過許多活動，其中主要有：反對續招轉學生。設立福利基金，救濟生活困難的台大師生。支持學生社團的進步有益活動，並經常向學校當局反映同學的要求。籌備成立「台北市學聯」等等。

四　考生服務團

公論報：一九四八年七月初，台大公告：新學年將招收一年級新生，總計六百一十名。其中，文學院每系三十名；法學院除法律系招收五十名外，其他每系三十名；理學院共收一百二十名；工學院每系二十五名；農學院共收九十名；醫學院本科六十名。決定從七月二十八日起至八月四日接受報名。考試日期定於八月十一日起，一連兩天；八月十二日舉行口試及體格檢查。又，本屆考試的報名及考試地點只在台北一地舉行，不在國內舉辦。至於轉學生招收，視各院系設備、人數而定，不必先參加新生考試。台大同學隨即主辦新生補習班，第一期於七月十一日結束。七月十日起，在法學院該班事務室開始接受第二期報名，並於七月十六日開始，改在徐州街（幸町）該校法學院內，分日夜兩班上課，科目有國語、英語、日語、理化、數學、會計、應用文等七種，各科並按實際分高、中、初三級。此外並設投考大學高中輔導班，除由教授、助教、同學分別授課外，並請該校名教授於每週末做與升學課程有關之演講。後來，為鼓勵清寒有志向學者進修，特設免費生名額若干名，並將已於十六日正式上課之第二期報名日期，延至本月二十二日。另外，留校舊生唯恐考生對伙食住宿等問題感到困難，特別加緊籌畫組織考生服務團，對投考新生加以幫助與指導。七月二十七日晚上，由台大各學院學生自治會生活促進會、新南團契、青年團等四單位聯合組成的考生服務團正式成立，並於二十八日開始工作；為考生辦理伙食、宿舍、升學指導、試題解答等事情，並出版快報，專門報導有關投考方面各項消息。女生服務部門由水道町女生宿舍的舊生負責。⑩

路統信：我會參加考生服務團，主要是因為高中畢業那年，來台之前，先到南京考中央大學；那時，我才十八歲，從來沒有出過遠門，在戰亂的情勢下，自己一個人，坐了兩天一夜的火車，來到完全陌生的南京；因為舉目無親，又不知道到考場的路怎麼走，一路上，心裡頭總覺得不踏實。但是，下了火車，走出車站，我就看到南京中大考生服務團的同學，拉著醒目的布條，

⑨李登輝口述，張炎憲訪問〈我爲什麼加入又退出中國共產黨？——回首恐怖動盪的年代〉。

⑩一九四八年七月三、五、六、十、二十七、二十九日。

在為外地來的考生服務。我於是走過去，然後在他們的安排下，坐上開往中大的校車。我對中央大學考生服務團同學的服務熱誠，非常感動。基於這種體驗，我們認為也應該給那些來報考的考生服務。基本上，考生服務團在同學聯誼方面，起了很大的作用；開學以後，許多新成立的學生社團就是在這樣的基礎上自然組成的。

五　反對續招插班生

鄭約翰：一九四八年五月，上海學生同文化界、新聞界和其他各界一起，展開了反對美國扶植日本侵略勢力復活的愛國活動，並迅速擴展到其他許多城市。反對日本侵略勢力復活，被國民黨政府認為是「不法行為」。台灣當局怕台北學生急起響應，除派武裝軍警在學校周圍進行戒嚴外，當年六月某日，台大訓導長帶領被省警務處列入黑名單的台大四位同學，乘小車到省警務處，由警備處長親自「訓誡」，要大家遵守「國家法律」，不許「亂說亂動」。隨著國內戰爭局勢的迅速變化，國民黨在大陸的大批主力被殲，為退守台灣做好準備而進一步對台灣加強統治。是年秋，任命原青年部副部長鄭通和為台大訓導長，學校內增加了一大批由京、滬來的轉學生和「寄讀生」，即所謂「職業學生」。

陳　實：一九四八年秋季，在當局的壓力下，台大校方在正常招生過後又續招轉學生，目的是為了安插由大陸逃到台灣的學生中的特務分子和高官子女。因此，剛剛成立的自聯會支持同學衝擊會場，事後還舉行了記者招待會，向社會說明真相。這就是當時頗有影響的「反對續招轉學生事件」。

林文達：由於國內內戰形勢的發展，使得國統區急遽縮小，所以，就發生了大批內地大學生轉學台灣大學而引起的風潮。當時，台大是台灣唯一的一所綜合大學；儘管新生入學已久，校方卻突然公告要招收轉學插班生。許多台大學生擔心，內地大學裡的職業學生（特務）將藉此機會大批轉入台大。台大學生自治聯合會於是緊急通過組織「反對續招插班生委員會」向校方交涉，反對當局讓這些學生不經考試就轉學台大。

林義萍：一九四八年十月，我們剛好碰到台大繼續招生（轉學生）的問題。開學以後，學校還陸續進來從大陸來的學生；他們從沒對人說：「我是轉學生。」沒有！好像他們也是通過招生考試進台大的！但是，我們已經知道這些進來台大的人都是有來歷的，也就是說，他們並不是真正的學生；這些人主要都是他們安排來的，什麼青年軍呀什麼的！但他們都說是來插班的。我們認為，青年軍不就是國民黨的……嘛！說起來，我們當初為了進台大還得為入學考試弄得半天，你怎麼可以說要安插誰就安插誰呢？雖然他們也有舉行考試！但我們很清楚，那只不過是個形式而已！他們主要都是這麼安排進來的。所以，為了不讓當局安排不是真正的學生進來台大，自聯會就提出「反對續招插班生」的口號。因為大部分同學也反對「繼續招生」，這個運動一下子就搞起來了！而且搞得比較厲害，後來還把校長跟教務長都逼跑了。

孫志煜：一九四八年四月十九日，陸志鴻校長辭職，由第三任校長莊長恭繼任。基本上，莊長恭是正派辦學的學者，他認為官方干涉學術不太好，因此就辭職不幹；儘管同學們追到松山機場，希望他留下來，他還是不留。

林文達：台大學生自治聯合會反對續招插班生的行動造成台灣當局與學生的對立。（十一月四日）校長莊長恭因為處在學生反對與當局壓力的中間而決定離開台灣；但是，學生自治會幹部在飛機起飛前趕到台北機場，並且把他挽留下來。最後，終於以台大一些教授評卷轉學考試的妥協，解決了這個紛爭。

香港《文匯報》：台大校內的特務分子為了讓更多的特務分子，所謂「職業學生」進入台大，於十月上旬，新生入學已久，學季已過一半，突由校方公告招收轉學插班生。學生得悉內幕後，大加反對，自治聯合會緊急通過組織反對續招插班生委員會，展開如火如荼的抗議、請願、呼籲，提出：反對不合理續招插班生、保證學生安全、改革台大等三項要求。校方以事出意外，張皇失措，一面仍繼續進行招考準備，一面闢謠、誘勸；並暗中利用早已有之職業學生從中挑撥離間，進行搗亂會場秩序，招貼謾罵文章和標語，更使出紅帽子亂飛的「法寶」恫嚇威脅。但是這類卑污下流的行為，更引起學生的憤慨……十月二十九日，校方不顧一切拉下臉來，舉行新招插班生入學考試，至此學生湧趨考場，向考生揭露這一陰謀的內幕，說明考試只是一種欺騙和掩飾，錄取人數早已內定……於是大部分考生未終場，即相率離開。⑪

六　麥浪歌詠隊

1. 從黃河到麥浪

張以淮：麥浪歌詠隊是我投入最多的團體，也是台大最有社會影響的社團。大一的時候，我就和任先哲，還有一些工學院和青年軍復員分發台大就讀的同學，十幾個人，成立了黃河合唱團；小規模，自己唱一唱。因為在大陸的時候，我們是唱「黃河」長大的！差不多〈黃河大合唱〉是人人會唱的。到了大二，也就是「二二八」後，有很多人也喜歡跟著一起唱歌，所以就把黃河合唱團擴大，並且改名麥浪歌詠隊。

陳錢潮：我是浙江溫州人，一九四六年十月隻身來台，就讀台大機械系。一九四七年十一月，台大校慶的時候，在一些老師和同學的鼓勵下，我自告奮勇出面籌建黃河合唱團，在中山堂演出〈黃河大合唱〉。我估計，這是〈黃河大合唱〉在台灣的第一次演出；當時，它受到了台灣各界的熱烈歡迎。黃河合唱團是臨時組織的團體，因團內團員思想不統一，以後就解散了。我以後和志同道合的同學共同組織麥浪歌詠隊，在第一次全體隊員大會上，我被推選為隊長，胡世璘和林義萍二人則被推選為副隊長。⑫

胡世璘：我是四川重慶人，一九四七年七月來台，考進台大數學系。我到麥浪歌詠隊，純粹抱著一種唱歌玩玩的心情。參加歌詠隊以後，我變得比較活躍，也把很多女同學拉進來一起唱歌。當時，內地人比較少，像我們這些女同學就都是抱著一起玩玩的期望去的。另一方面，也因為當時的台灣好像沒有太多介紹大陸、國內的民歌，很少聽見。所以，我們也抱著一種把

⑪一九四八年十一月二十日香港《文匯報》「台北航信」。轉引中國科學院歷史研究所第三所編輯《近代史資料》（雙月刊）第三期（北京：科學出版社，一九五四年），頁七一—七二。

⑫陳錢潮證言。詳見藍博洲《麥浪歌詠隊》，頁二一一—二三八。以下皆同。

大陸的民歌帶到台灣的心情去唱歌。歌詠隊的發展，起初並不叫「麥浪」；記得好像是叫「黃河」吧！從我來說吧！純粹就是唱唱民歌。因為我的聲音唱得很高，所以，他們就要我領唱，唱〈黃河大合唱〉。可我年紀小啊！心裡害怕，就找了一個女同學陪著我一起去唱。就這樣，「黃河怨」那段就由我領唱。在我們學校的演出日期是什麼時候，我不記得了。在中山堂演出的時候，沒有擴音器，我就靠喊，這樣喊唱下來的。想起來，當時嗓子還是挺大的。我記得，那好像是一九四八年年初的事啊！後來為了紀念「五四」（日期並不一定是五月四日），我們又在中山堂做了一場〈黃河大合唱〉演出，反應也很不錯。在檢討會上，大家都覺得這個歌詠隊能留下來也挺好的，就把它留下了。大夥兒也都願意唱，之後就慢慢發展成麥浪歌詠隊。學校那邊也註冊了，是有註冊的一個社團。⑬

陳　實：一九四七年暑假過後，台大校園裡的學生社團又慢慢恢復活動了。其中，合唱團與劇團的活動最受歡迎。在日據時期，台灣同胞只能唱日本歌曲。光復後，形形色色的西方音樂又湧向台灣。可是，對於剛剛擺脫殖民枷鎖的台灣人民來說，即使是經歷了一場二二八事變之後，仍然渴望瞭解和欣賞祖國的歌曲，特別是那些反映祖國人民心聲、歌頌祖國壯麗山河的歌曲。因此，當台大的黃河合唱團在台北中山堂公開演唱〈黃河大合唱〉等歌曲時，當場便以其磅礴氣勢和炙熱激情贏得了廣大台灣人民的讚許。不久，台大的部分學生便在黃河合唱團的基礎上，於一九四八年成立了大型的學生文藝社團——麥浪歌詠隊。

胡世璘：麥浪歌詠隊的成立，其實並沒有一個時間限制；比方說在什麼時間開始啦！或者舉行一個什麼成立大會啊！都沒有這些。這個歌詠隊就是在〈黃河大合唱〉演出後繼續保持下來了。後來有人提議說改個名字吧！改個什麼名字呢？有人提到黃河邊上的麥浪，這個「麥浪」就是當大麥要收成時，麥像波浪般一波一波地隨風起伏，很漂亮的。所以就取了個名，叫「麥浪」，後來還搞了個隊歌。

張以淮：麥浪，這個名字是我和機械系的陳錢潮取的，我們都很喜歡詩，當時不曉得在哪首詩上看到「麥浪」這兩個字，我們就決定用它做隊名。後來，我還作了一首詩，我記得它開頭一段是：陣陣春風吹起麥浪，麥浪、麥浪、夾帶著芳香，把金黃色的歡樂帶給大地的兒女……另一曾經組織青年軍的合唱團在校內演出〈嘉陵江三部曲〉的農經系隊員樓維民，把它譜成四部合唱曲，結果就成了麥浪歌詠隊的隊歌。

張光直：我是台北板橋人，可是生在北京，長在北京。一九四六年十二月，我同父母和兩個弟弟回到了台灣，並且進了建國中學。一九四九年四月六日，國民黨情治機關周密計畫扼殺台灣的學生運動。那天早上，大概五點鐘左右，我也在台北市延平區甘谷街家裡被五、六個穿著軍裝和警察制服的大漢押進吉普車，帶到中山區第一分局的派出所的籠子裡關押。初步審問之後，我又被裝入一輛大卡車，眼睛被蒙上，載到只有用「人間地獄」可以描寫的情報處。一段時間之後，我們又被移送到老舊的台北監獄。在這裡，生活中最有樂趣的事，莫過於學歌了。「麥浪」的人教我許多歌，有一次我問陳錢潮（陳胖子）「麥浪」這名字是怎麼來的，他說你要是在北方看見過麥田快收成的時候，一波一波的麥浪被風吹起來，你就會欣賞這個名字。我說清朝的鄭板橋有一首詞第一句是「麥浪翻風又早是」。胖子大喜說：「我們的名字原來有典故

⑬胡世璘證言，一九九三年十月二日，北京。詳見藍博洲《麥浪歌詠隊》，頁一六三—一七四。以下皆同。

了。」⑭

2. 發展最快的台大學生社團

張以淮：在台大，麥浪歌詠隊可以說是發展最快的社團，也可以算是最特出的一個社團，初期的團員大概有三、四十人，主要是工、農學院的學生，文學院跟青年軍也有一些人。這以後，凡是學校有任何慶典都是由麥浪歌詠隊去表演。

陳錢潮：麥浪歌詠隊和台大學生自治會有密切的關係，台大各學院學生自治會聯合會主席陳實，文學院學生會主席王耀華，法學院學生會主席周自強，工學院學生會主席簡義郎，理學院學生會主要負責人劉登元，這些人都是麥浪歌詠隊的核心人員。所以，麥浪歌詠隊在台大學生運動中不斷成長壯大。

林文達：由於宿舍同房的陳錢潮、張以淮，隔壁寢室的王耀華、周自強，都是麥浪歌詠隊的主要骨幹，我後來也通過陳錢潮和張以淮的介紹，參加了麥浪歌詠隊。麥浪代表的意思不止是大陸農村的鄉土氣息，它也表現了迎風飄動的麥浪樸實迷人。由於參加麥浪的活動，我結識了許多志同道合的同學。麥浪的活動主要是定期在一間教室學唱大陸的民謠民歌、學運歌曲和抗戰歌曲等。在麥浪，我們學唱了樸素無華的新疆、西藏、青海的民歌民謠民舞，如：〈在那遙遠的地方〉、〈康定情歌〉、〈半個月亮〉、〈苦命的苗家〉、〈馬車夫之歌〉等等，把台灣民眾帶到遼闊祖國的邊疆。〈別讓它遭災害〉、〈你是燈塔〉、〈光明贊〉、〈跌倒算什麼〉、〈團結就是力量〉等學生歌曲，喚醒、鼓舞了困頓中的台灣青年。歌舞有〈西藏舞曲〉、〈朱大嫂收雞蛋〉、〈王大娘補缸〉等。抗日大合唱的歌曲有氣勢磅礴的〈黃河大合唱〉及馬思聰作曲的〈祖國大合唱〉。每次練唱〈祖國大合唱〉，當男女齊聲唱到「暴風雨狂囂的聲音，在全中國到處怒吼！中國的人民不願再做奴隸，人民要永遠做中國的主人……」的那段歌詞時，我一邊唱著一邊感到自己已經熱血沸騰了。我想，它不但唱出了青年學生的愛國心聲，也唱出中國老百姓（包括台灣同胞）渴望做自己的主人的心聲。

陳　實：麥浪一成立就是一支活躍的文藝隊伍。在成立不到一年的時間裡，曾舉辦過大中型演出十餘場。通過這樣的歌詠活動，它聯絡、團結了廣大的進步青年，本省學生與外省學生之間根本談不上有什麼隔閡了。其實，就以當時的學生人數而言，外省學生總是少數，我們搞的活動，如果沒有本省學生的合作，是絕對搞不起來的。

烏蔚庭：我是浙江寧波人，一九四六年十月隻身來台；一九四七年七月考進台大農化系。因為個性外向，喜歡參加活動，所以學校裡的社團活動，像是辦壁報或考生服務團，我都熱心參加。升上大二那學期，大概是一九四八年九月吧！開學不久，葛揚先與葛知方兩兄弟就來找我參加麥浪歌詠隊；我喜歡活動，就去參加了。可我不是很會唱歌，主要就是演出時負責服裝（另外一名同學是蔣子瑜）。麥浪的演出服裝，基本上都是租借來的。我記得，為了演出所需的農民衣服，有個關心麥浪的本省籍同學楊斌彥還特地帶我到鄉下，跟本省農民借。⑮

---

⑭張光直〈我在台北「四．六」蒙難經過〉，前引福建省台灣大專院校校友會編《「四．六」紀念專輯》，頁一六三、一六六、一六七、一六九、一七〇、一七二。另見張光直《蕃薯人的故事》（台北：聯經出版公司，一九九八年一月初版），頁六四—六五。

⑮烏蔚庭證言，一九九九年四月六日，台北市。詳見藍博洲《麥浪歌詠隊》，頁一三三—一四四。以下皆同。

周韻香：我是浙江紹興人，一九四六年八月來台，一九四八年考進台大哲學系。進台大後，大家熟了，就有同學問我：學校有個麥浪歌詠隊，你要不要參加？我覺得好玩就參加了。我在麥浪就只是跳舞，他們當時選了幾個舞跳得還可以的跳，我跳了一個秧歌舞，還有合唱團，就唱起來了。那時候唱的是一些愛國歌曲，還有抗戰歌曲，像是〈黃河大合唱〉啦！秧歌舞，我在大陸沒學過，是到台大才學的。我們那時候也不曉得秧歌舞會是共產黨的舞，其實那只是民間的舞。我看就像是現在的吉魯巴。⑯

殷葆衷：開學一段時日之後，我和其他同學就慢慢地熟悉了。有一天，我到校本部去，剛好看到一個歌詠團在排練歌舞；我於是停下腳步，站在旁邊看。我覺得他們的內容都比較陳舊，拿不出什麼反映時代的節目。他們休息的時候，我就主動過去和他們聊；也介紹一些搞學運時學來的民歌和民舞。有的我就唱一段給他們聽一聽，有的我就稍微演給他們看一看。我記得有〈王大娘補缸〉、〈青春舞曲〉等等。接著，我又對那些民歌都做了一點介紹。我說，〈青春舞曲〉的歌詞，意思是：太陽下山，明朝依舊爬上來，但青春一逝就不回返了；所以，年輕時候就要抓緊時間奮鬥。這些民歌都有一種鼓勵人們向上的精神。後來，我也加入了這個名為麥浪的歌詠隊。他們要我擔任舞台監督，主要負責舞台布景、化妝、節目的排練和宣傳品的撰寫等工作。因為這樣，大家就叫我導演。

張以淮：麥浪歌詠隊當時唱的歌主要是馬思聰作曲、金帆作詞的〈祖國大合唱〉，還有〈黃河大合唱〉，另外還有一些民歌；也跳一些民牧舞，介紹一些像是西藏、新疆、四川的土風舞。

胡世璘：在麥浪歌詠隊期間，唱的就不只是〈黃河大合唱〉了，〈生產大合唱〉也唱；另外，還有〈青年進行曲〉也唱。

殷葆衷：麥浪的演出，據我的觀察，它最大的收穫應該是，促使台灣同胞重視自己的民歌，開始接受新的文化思想。除了民歌之外，台灣學生也開始注意到民間的舞蹈。有一次，有幾個學生社團的代表跑來問我：秧歌究竟是怎麼一回事？他們說他們從來沒有看過。我就跟他們講：在內地的農村，每逢過年過節，農民都會扭秧歌；這扭秧歌其實就是農民在慶祝生產豐收時，從歡樂的情緒中迸發出來的舞蹈動作。我又告訴他們：其實，在台灣，像我這樣年紀的內地人，都知道秧歌的扭法，並不複雜。然後，我就教他們怎麼扭。

林義萍：麥浪還有一個特點，那就是，隊員除了主要是我們台大的學生之外，師範學院也有一部分同學參加；因此呢，雖然說是台大麥浪歌詠隊，但實際上已是跨校際的學生社團了。那時候，在台北最有名的兩所大學，主要也是一個台大，一個師院嘛！當時，師範學院有一個老師，頂好的一個老師，叫黃榮燦（據說後來也被抓去槍斃了），非常積極參與麥浪的活動，經常到我們這兒來，一起搞活動。他是搞化妝的，在師院就是教美術。我們都很尊敬他。他在我們歌詠隊裡面算是年紀最大的，有三十好幾了吧！

殷葆衷：黃榮燦當時已經是中年人了，長得瘦弱，看起來好像身體不太好。有一次，麥浪演出後，他到後台來，提了一些關於化妝和美術方面的意見；我們因此而認識。他是一個木刻版畫家，風格進步。麥浪的節目手冊的封面，用的就是他提供的木刻作品。他經常到麥浪走動，曾經邀我和幾個女同學到他宿舍，自己做飯菜給我們吃。麥浪巡迴演出時，他也是從頭跟到尾。

---

⑯周韻香證言，一九九七年三月二十一日，台北市。詳見藍博洲《麥浪歌詠隊》，頁六七—七四。以下皆同。

3. 在台北中山堂專場演出

陳　實：當時台灣社會經濟混亂，物價暴漲，物資匱乏，學生陷於經濟拮据、生活無著的困境。為了籌募救濟台大師生的福利基金，一九四八年十二月底，台大自聯會特別組織麥浪歌詠隊，連續三天，在中山堂專場演出以〈祖國大合唱〉和歌劇《農村曲》及舞蹈〈王大娘補缸〉等為重要內容，包括大陸和台灣的民歌、民謠：〈康定情歌〉、〈收酒矸〉等在內的許多精彩節目。起了介紹祖國，增強向心力，消除民間的省籍隔閡，促進團結的積極作用。

張以淮：我們在中山堂公演的所有花費都靠賣票的收入維持，台大沒有給予任何津貼。我們的節目都要向台大報備。不過，當時台大的校風非常自由，對我們的表演沒有任何干擾。

胡世璘：剛開始，麥浪只是在校內演出。校內演了以後，才到中山堂公演。我記得，同學之間還有這樣一個說法：那就是，他們認為，民間音樂是向來不登「大雅之堂」的；是不能到中山堂演出的；那是交響樂啊！高貴的藝術才能到那裡演出的地方。所以，我們這種民間音樂可以到那種地方演出，好像也是經過爭取才得到的。從我們歌詠隊來講，當時會唱這些民歌，主要是想台灣被日本統治了那麼多年，所以我們希望把國內的地方民謠、民歌介紹過來，所以我們唱的主要就是〈在那遙遠的地方〉、〈康定情歌〉、〈黃河大合唱〉等歌曲。

林文達：麥浪在台北中山堂公演三個晚上的歌謠舞蹈晚會座無虛席。樸實無華，訴說人民痛苦的民歌民謠，博得了同學和市民們的稱讚和共鳴。我注意到，舞台兩旁的柱子上寫著「從人民中來」、「到人民中去」的大幅標語，教人看了耳目一新。雖然我未能完全理解這兩句話的全部涵意，可多少也能受到感染。在演出時，我除了參加大合唱之外，就是在後台做一些採購，如為演唱同學上街買「胖大海」等事務。

鄭　勉：這次台大學生自聯會所舉辦的歌謠舞蹈晚會，其節目內容多是採用各地的民歌，把它經過藝術的整理之後，用舞蹈配合演出，使觀眾感到一種新鮮趣味。這種演出，雖如他們自己所說的是一次「大膽的嘗試」，但是在中國以絕對多數的農民所組織的社會裡，他們在所負的溝通使命上，卻獲得了相當的成功。因在目前各都市所演出的話劇，雖已相當的通俗普遍化了，但由於一般人民知識水準的不夠，或因與他們實際生活相距太遠了一點，所以使藝術與大多數人民脫了節。而這次的舞蹈晚會用極通俗的人民自己的東西——歌謠來演出，一方面使聽慣了爵士音樂、看慣了都市化的話劇的先生小姐們換換口味，另方面也提醒一般從事藝術之作者，對於民眾藝術應加以注意。這種偉大的倡導精神是值得我們敬佩的。⑰

王　華：偉大的藝術家早已告訴我們，世間優美的旋律是從什麼地方尋找出來的，但是在今天，都市的人們都醉心在爵士樂、流行歌曲，一味摹擬著西洋音樂，把這原始的、真的、優美的音樂旋律忽視了，麥浪舞蹈晚會的演出正是給城市中看大腿舞、坐酒館，麻醉在〈何日君再來〉的人們換換口味，給他們一個呼吸清新空氣的機會。⑱

白　堅：當我由麥浪歌謠舞蹈晚會會場步出之後，心中感到一陣喜悅，我喜悅，不單因為沉悶的心情在一場輕鬆的空氣裡消失得飄然無蹤；也不只為了自己年輕的心被那〈跌倒算什麼〉、

---

⑰鄭勉〈人民藝術的發掘——台大「歌謠舞蹈會」觀後〉，一九四九年一月七日《新生報》「橋」副刊。

⑱王華〈麥浪舞蹈晚會觀後記〉，一九四九年二月七日《新生報》「橋」副刊。以下王華證言皆同。

〈兄弟們向太陽向自由〉的歌聲激動得躍躍欲出；我喜悅，乃至於說我如獲珍寶似地欣喜若狂，那主要是因為從數小時的藝術欣賞裡，我看見了祖國人民淳樸的生動的熱情的面影和朝氣的雄壯的巨流，我又一次獲得了信念：我們民族藝術的方向是被正確地找到了，路是多麼地寬廣與光明呀！它使我在靈魂裡發誓：走上這條路吧！⑲

趙林民：台大麥浪歌詠隊在中山堂舉行歌謠舞蹈公演，介紹向來不登「大雅之堂」的民間歌謠和舞蹈，這是台灣藝術文化界一件可喜的大事，演出之後，各界一致予以好評，認為這不但灌輸了台灣藝術文化界以新血液，並且還指出藝術工作者一個新的方向。但是無可否認的這還不過僅僅是一個開始，一種初步的介紹，如今人民藝術的發展真可稱一日千里，我們必須迎頭趕上去。⑳

白　堅：麥浪此次的演出，一般說來是可以滿意的，但並不是說至善至美而一無缺點。不，缺點總是有的，我們應嚴格地指出，要求予以改正。我們如要忠實於藝術，必先要忠實於生活。進一步說，我們如要為人民的藝術而獻身，那麼，「把自己呈獻給這苦難的大地和沉毅的民族，以深切的愛去擁抱這巨大的民族，心與人民的心扣在一起，共同看脈搏」是非常重要的。作為一個文藝（ㄒ）作者，他固然要先把自己的心與人民的心緊扣在一起之後，才能用血淚洗練出表現人民的戰鬥與要求的作品，而作為舞蹈或戲劇的演員，如果要確當地把人民那種生動的樸素的形象搬上舞台，同樣也必須先與人民密切地結合。基於此，我認為麥浪諸同學也許對人民大眾的生活尚有一些隔閡，尚不能深入地瞭解他們，因此，在演出時就忽略了某些藝術的真實，沒法很逼真地表現人民的生活與性格。更具體一點說，就是穿著農民的衣服還擺脫不了學生的動作……麥浪諸同學以高度熱情來追求與人民擁抱，卻仍然與人民（主要是農民）有著某一限度的距離，這難道不該叫我們警惕吧！讓我鄭重地指出吧！無論你有著多大的熱情想獻身給人民藝術，想盡所有的力量介紹它倡揚它愛護它，如果你對於人民還很生疏的話，那麼必然你會失敗的。這是我要以至衷獻給麥浪諸同學乃至一切人民藝術工作者的意見。

蔡史村：台大麥浪歌謠舞蹈的演出，雖然在藝術技巧上還需要更進一步的學習，但，我們不要忘記，他們並不是在表演技術，他們是在傳播，在耕耘，他們想把祖國各地人民真正的聲音，廣大群眾的言語，帶到台灣來；他們是一群忠實辛勤的耕耘著，撒一把種子在這塊貧乏的土地上。台灣音樂相當普及，但一般音樂工作者，一向崇尚於西洋樂的追求而忽視了民間歌謠。這種情形，本來不獨台灣為然……台灣也有一些很好的民謠，可惜一向被看作下層歌曲而被忽視。甚至如〈收酒矸〉，竟被教育當局斥為有傷風化，這是很可遺憾的！至於祖國樂曲的介紹，說起來也很痛心，三年來，多少人把人民真正的聲音帶到這裡來？反之，我們到處只能聽到上海流行的歌曲，靡靡之聲流行到每一角落，所能看到的到處是摩登女郎的頭巾、錢袋、絲襪，至於人民是怎樣的生活，是怎樣地覺醒和有著新生的意識，在這裡是很難看到的。一般台胞，耳濡目染的都是這些，他們難免以為這些就是代表著祖國的文化，殊不知這些飽樂之後哼出來的淫靡之聲，這種摩登的裝束婀娜的體態，僅是代表著行將潰滅的吸血階層的文化。這次歌謠舞蹈的演出，唱出來的是人民真正的聲音，舞出來的是人民真正的生活，從音樂戲劇的角

⑲白堅〈獻給麥浪〉，一九四九年二月二十一日《新生報》「橋」副刊。以下白堅證言皆同。
⑳趙林民〈迎台大同學民歌舞蹈再演出〉，一九四九年二月二日《新生報》「橋」副刊。以下趙林民證言皆同。

度上去看祖國文化，這裡就是祖國文化的核心。㉑

4. 在北一女的彩排演出

趙林民：台大同學顯然不以上次演出的成績而自滿，繼續學習，力求提高內容和技術的藝術水準，這一次並且還在推廣的工作上著手，聽說除了最近將在本市再度公演之外，還擬赴台中上演一次，這種嚴肅熱情的工作態度，實在是值得大家學習的。

胡世璘：麥浪第一次在中山堂演出後，反映很好，這是我們都沒有想到的。當時，我們還害怕演砸了。這之後，我們還到台北市的一女中演出。

林文達：為了南下公演，麥浪在台北一女中彩排，禮堂坐著滿滿的觀眾。

王　華：麥浪舞蹈晚會是台大同學在（一九四九年）二月四日、五日兩天於女一中大禮堂演出的，雖然整個的演出並不叫人完全滿意，但是一些十幾、二十歲的孩子們，憑著年輕人的勇氣和熱情團結起來，蔚集出這麼一朵清新美麗的白花葩，也是值得人們讚頌的。在這次晚會節目裡採集了康定、新疆、青海、台灣等地的民謠，在政府關懷著邊疆人民生活上來評價這介紹，可說是有相當的價值和意義，像〈祖國大合唱〉一曲，它震動了每個同胞的心弦，聽到讚美我們親愛的祖國的美麗，雄壯的山河，想到今天遍地烽火、人民的苦難，顫動的心幾乎要碎了。「光明的歌頌」，整個的歌曲從〈團結就是力量〉到〈跌倒算什麼〉，和最後一段充滿了希望的〈光明贊〉，表現出一股不可遏止的朝氣，只有學生，只有在這個大時代的學生，才能構結出這樣的歌聲，這歌裡有血，有淚，有骨氣，有明天，相信中國只要有這歌聲存在，是不會怕任何侵略以及侵犯的。

黃榮燦：歌謠舞蹈原是一種人民生活表現的形式，它從原始村落生活到所謂物質文明後，可惜都趨枯萎，甚至如普通流行在民間的一般表演形式與內容也受影響，於是逐漸都錯誤地在變化——但是它的藝術本質尚在民間：人民樸實的生活、感情、願望，始終保存在歌謠舞蹈中，它是迫害不了的，我們要抱定這種明確的意識隨著時代而翻新。歌謠舞蹈被重視的呼喚，要把過去的歌謠舞蹈的遺產與新興的舞蹈和音樂充沛起來，要把技巧與本質從做中學起，中國新生代的人民藝術——歌舞、歌劇、歌謠才能招致成功。㉒

王　華：〈農村曲〉是一個三幕的歌劇，劇情是描寫抗戰時期日本鬼子屠殺我們善良的同胞，鄉村的老百姓怎樣參加游擊隊，怎樣保衛家鄉。今天雖然時過境遷，但想到兄弟鬩牆，骨肉分離，人民受到的苦難正有過於抗戰時期，聽到孤兒小毛悲慘的歌聲，我們會不流下眼淚？〈王大娘補缸〉是河南、山東一帶的民謠，現在因為通過了藝術的手法普遍到全國各地，明瞭、易唱、易懂，它是一個控訴黑暗社會的東西，但有著喜劇的格調，這也許是容易叫人喜歡的原因。以前在北方演王大娘的多是男扮女裝，這次由台大女同學擔任，這一點是值得叫人喜悅的。

殷葆衷：麥浪以河南民謠〈王大娘補缸〉編成的歌舞劇，在中山堂的第一天公演，就受到台灣觀眾的熱烈歡迎；第二天，他們就指定要看這個節目。為什麼會這樣呢？我的理解是：〈王大娘

㉑蔡史村〈從「麥浪」引起的〉，一九四九年二月二十三日《新生報》「橋」副刊。以下蔡史村證言皆同。
㉒蘇（黃）榮燦〈歌謠舞蹈做中學〉，一九四九年二月八日《台灣民聲日報》新綠第一三九期。以下黃榮燦證言皆同。

補缸〉原本就是流行在河南、山東一帶農村的民謠，明瞭、易唱、易懂，通過內地「反內戰」學運的宣傳，已在全國各地普遍。這裡頭有一些詞，經過改寫之後，就帶有控訴黑暗社會的批判性；在台北演出時，我又把它再改了一下，變成反映國民黨貪污、腐敗的諷刺劇！這就反映了勞動人民內心的不滿，當然也就能夠引起台灣觀眾的共鳴了。

是　真：〈王大娘補缸〉據說是台大麥浪歌謠舞蹈會中最精彩的節目，曾獲得不少觀眾的愛好。前日該團假一女中大禮堂二度公演，我也抱著一顆熱誠的心，去欣賞這民間藝術，而結果是大失所望。節目一個一個的過去，在「大補缸」將開場的當兒，觀眾不約而同的鼓掌了，幕啟，補缸老漢出場，化裝尚好，舞步不知所云，像是在台上演滑稽，等王大娘出場，既不自然又欠活潑，舞步更談不到，然而完場之後仍舊是「滿堂采」，這是為什麼？因為一般觀眾不能瞭解舞蹈的真意義。這次的演出要說是滑稽戲，那我承認是成功的，要說是舞蹈表演，我覺得尚有研究的必要。㉓

蔡史村：這次麥浪的演出，隨處表現出很大膽的作風和新的姿態，這種作風打破了許多過去的錯誤觀念，而給人一個有力的印象，新鮮、活潑、真實、熱情的感覺。尤其是〈王大娘補缸〉，更是博得觀眾一致的好評。藝術是大眾的，只有這樣的歌謠這樣的舞蹈最能接近大眾，被大眾所接受。事實上，這一樂曲，根本就是來自民間的，它是人民自己的聲音，自己的動作。民謠舞蹈，都是直接抒發感情的東西。這和我們需要哭便哭，需要笑便笑，需要蹦蹦跳便蹦蹦跳一樣，是淳樸的、真摯的、無潤飾的、粗獷的，但是最有力的。民間的歌舞是舉行在高低不平的田野間，而不是舉行在光滑如蠟的舞廳上。民間的舞蹈是要抒發感情而不是要表演技術，故此，它不需要像銀幕上的舞男舞女一樣的一轉再轉一百轉，轉個滿場飛；那是另一種文化，與民間淳樸的文化不同。王大娘固然有點呆滯，但我們要原諒她是出來補缸，而且是個被王保長拾來的二房，一個鄉間的俗婦，而不是出來做貂蟬或虞姬，要她「舞」出什麼「步」來呢？我覺得，那種呆滯欠活潑倒有幾分像劇中的王大娘，如果不幸給她高興舞一舞，恐怕全劇便破壞在這裡。我應該再說，藝術是大眾的，尤其是民歌舞蹈，絕不容許和以前一般藝術一樣被少數貴族階級、「上流人物」所竊為己有。故此，一件藝術品，我們應該從大眾的立場上去評價，不應該憑著一己的偏見，以及過去一切錯誤的觀點去妄下針砭。就拿〈王大娘補缸〉來說，它是一首民間故事，它寫出中國社會的一角落，封建殘餘的時代背景，舊的統治者被推翻而新的統治者崛起，它寫出一個有深味的人間悲劇，一個喜劇式的悲劇，我們可能從滑稽的氣調中看見人民生活的陰影，而引起深度感情的激動。幾乎是大眾所公認的，〈王大娘補缸〉的演出，演者技巧相當熟練，歌謠內容又是相當現實豐富，絕不僅是滑稽而已。在有些劇曲裡，滑稽和噱頭確會傷害全劇的氣氛，但這並不是一個絕對的定理。在〈王大娘補缸〉中，演者的表情姿態並不會傷害全部的氣氛，因為這齣戲悲劇的意味是隱藏在故事背後，要人去體味才覺得，而不是直接表現在舞台上的。〈王大娘補缸〉在演出前後均博得觀眾滿場采，自有它的成功條件，而不是偶然的。更不是如是真先生所說「因為一般觀眾不能瞭解舞蹈的真意義」。須知大眾所能接受的藝術，就是大眾的藝術；大眾的藝術，就是最有價值的藝術、最不能否認的藝術。過去的時代，藝術被少數人所占有，變成上流人物有閒階層的玩物，被囚禁在象牙的寶座

㉓是真〈舞蹈乎？滑稽焉——「麥浪」歌謠舞蹈會的「大補缸」〉，一九四九年二月八日《新生報》集納版。

裡。今日，讓我們把它拾回來，把它解放出來，變成大眾的東西。這種工作是有意義的，但願麥浪諸君，你們還有青春的活力、奮戰的意志，多撒幾把新生的種子，在這塊未開墾的處女地上。

黃榮燦：台大麥浪歌詠隊在台灣從做中學起來了，同學們尤其瞭解「藝術的偉大的社會意義乃是改善生活的工具」，若果是幼稚、平凡……這是做中學必然的過程，同時又受頌揚的，有希望的。為著祈求新歌舞、歌劇、歌謠的迅速發展，它應該獲得文藝界、美術界、音樂界等的扶助與同時做中配合起，這種最綜合性的現代藝術才能實際的發達起來。這一系推理必須有一個共同的方向，要密切的以民族的意識聯繫著，並使其他溶解之下而發展著新的生命，這樣就概括著各個有關新歌舞、歌劇、歌謠藝術的資料採集與整理，及通過導演、演員、音樂、美術、歌詞的再創造，與實際舞台工作人員的技術，及事務組織、推廣、宣傳等人員的做中學的合作意義上，去促成它的成就——提高中國人民的生活水準，也就是提高中國新歌舞、歌劇、歌謠藝術的水準。台大麥浪歌詠隊的努力，我認為是做中學的先生，在中國人民之間不知應該要多少千萬個做中學的先生。在台灣尤其盼望同學的先生普及起來，譬如您們曾在台北中山堂、省立師範學院、第一女中及不日在台中旅行演出中的經驗，能設法用到實際普及意義的多方面去發揮效能，並將您們如何在集體做中學中的不自大的自我互助學習的能力，就是那些表現出中國真實的歌舞劇：〈王大娘補缸〉、〈插秧謠〉、〈農村曲〉等明快的民族風格而有教育意義的表演與歌唱；〈團結就是力量〉、〈祖國大合唱〉、〈你這個壞東西〉等的現實最強音的意識中做中學。

王　華：麥浪歌舞晚會準備做一次旅行演出，到中南部去，相信不久他們的歌聲便會普及到全島，文化交流這個擔子是落在這群熱情的青年的肩頭上，希望他們永遠的將這些優美的旋律帶給每一個青年人、中年人和老年人。

5. 南下巡迴演出

張以淮：經過中山堂的表演之後，我們發覺這些民歌、民舞十分受到本省同胞的歡迎，就覺得應該將這些歌舞介紹給台灣各地的民眾欣賞；一九四九年寒假，就從台中開始，巡迴演出。

林義萍：當時台大有許多各種各樣的社團，但最活躍的就是麥浪歌詠隊；也可以說，在所有的社團裡影響力最大的也是麥浪歌詠隊。我為什麼說麥浪歌詠隊的影響比較突出呢？原因就是它不單是在台大演出，還跨出校園。它在為自聯會募捐福利基金的演出之前，就在中山堂演出；演出完，就去旅行演出。這是當局最頭疼的事了。我們當時是利用電力公司總經理劉晉鈺的關係在全省表演的。從台北、台中、台南這樣一路演下去的呀！這樣，它所帶來的影響是很大的，了不起的。因為我們是公開在社會上演出的啊！所以，它的活動就特別引人注目。

周韻香：一九四九年寒假，麥浪受邀到台中、台南、高雄表演。那時候是學生，愛玩嘛！而且南部也沒有去過，就覺得去玩玩也不錯。其實我參加麥浪的下鄉巡迴演出，也沒有什麼特別的感受，就只是覺得台灣的風土跟大陸不一樣，好玩嘛！而且覺得都是在學校裡，都是學生啊！但是卻受到民間盛大的歡迎！我倒是覺得我們那時候都是很克難的，服裝上都沒什麼打扮，清湯掛麵的，還穿學生服呢！不過，我們當時歌唱得很認真，我們的指揮林文俊也指揮得滿好的。我的感覺就是，那時候真年輕啊！喜歡活動，喜歡玩，就這麼簡單。

陳錢潮：麥浪歌詠隊到台中、台南演出，是台大各學院學生自治會聯合會討論決定的。為了擴大領導，法學院學生會主席周自強、工學院學生會主席簡義郝、農學院學生會主要負責人劉登民等人也都參加，並推舉陳實為麥浪歌詠隊南下演出領隊。這次南下演出，並有很多新參加麥浪的同學。記得，法學院自治會主要人員吳聖英負責財務管理。

殷葆衷：因為在中山堂的演出成功，就有人提議：利用寒假到全省各地，一面旅遊，一面做巡迴演出。大家都很同意。我們打算用一個月的時間，自台北一直到高雄，再到屏東，做巡迴演出。於是就先派代表下去，一個縣一個縣地聯絡。在這個過程裡，我倒有了一個想法：那就是，原先我在上海復旦念書時就已投入學生運動的行列，到了台灣之後，我感覺到，台灣這邊的學生運動，跟內地那邊的差距是比較大的，甚至連一個正式的學生組織都沒有，那我們為什麼不成立一個公開、合法的「台灣大專院校學生聯合會」呢？有了這個思想後，我每到一個地方，就通過演出作為聯絡橋梁，盡量結交當地進步的學生和文化界人士，準備將來成立一個「大專院校學生聯合會」。我想，學生首先要團結起來。這樣，力量才會大些。

林文達：南下公演不但可以為學聯的福利基金籌措一些經費，聽說還要與台中農學院、台南工學院的學生團體串聯，醞釀成立全台灣的學聯組織。

中央社：國立台灣大學麥浪歌詠隊一行，今（二月七日）晨由台北抵此（台中），該隊定於九日起連續兩日，假國際戲院舉行歌詠及舞蹈表演。㉔

麥浪：我們在去年（一九四八年）十二月二十七日在台北首次演出，得到了各界人士們很多寶貴的批評和鼓勵；經過嚴格的自我批判和檢討以及短時間練習之後，在二月四、五兩日再度在台北演出。我們的目的雖然是在介紹我國各地的民間歌舞給本省觀眾，我們卻更希望在演出的內容和技術上，能得到更多人士廣泛的討論和批評；因此，我們經過隊務會議的決議，到台中來做一次旅行演出。台中是本省文化中心，我們這次南下，除了抱著上面兩個希望外，更願在這本省文化中心地的各界熱心人士們以及各校的同學們，能夠因為我們這一次的演出而英勇地擔負起推廣民間歌舞的這個重大責任。我們知道民間歌舞是人民勞動動作的影響和表徵，它的情調原是健康、熱情，而充滿活力的，但隨著時間的推移，民間歌舞便被有閒的資產階級的淫蕩、委靡、頹廢的音樂和舞蹈排斥而旁落而終於沒沒無聞，而在今天這種音樂卻反而毒害著廣大的人民意識了！我們認為健康的歌和舞是健康人民生活中不可缺少的部分，它的意識必須更有勞動的積極性，它必須鼓勵起人民勞動的熱情，鍛鍊人民的集體勞動意識，能更高度的激發人民進取創造的精神，我們熱誠希望台中各界熱心的人士們，各校的同學們，靠攏起來，組織起來，共同為推廣民歌民舞而努力，同時我們更希望大家對於這次演出給予熱烈的批評和教訓。㉕

陳　實：最讓我難以忘懷的就是，當我們抵達台中時，受到抗日作家楊逵的熱情歡迎。由於我們的行動已經受到特務注意，演出的過程並不順利。楊逵幫助我們找到一家戲院，解決了演出場地問題。

林文達：年初三，我就趕到台中，為麥浪的演出尋找場地。我住在台中商會負責人顏老先生的家裡，受到他全家的熱情招待。顏老帶我到幾家電影院、劇場商洽，但都沒有結果。後來，麥浪

㉔一九四九年二月八日《新生報》。
㉕台大麥浪歌詠隊〈我們到台中來〉，一九四九年二月八日《台灣民聲日報》「新綠」第一三九期。

的幾個同學也來到台中，一起聯繫演出和住宿的地點。我們一同拜訪了著名文學家楊逵先生。楊逵先生住的是簡陋的日式房屋，幾乎沒什麼擺設；生活非常清苦。儘管如此，我們還是得到楊逵和葉陶夫婦的熱情接待與支持。他們非常讚揚大學生走出校園、關懷社會的作法。我們也在他們夫婦的幫忙聯繫下，解決了演出地點和住宿的問題。我們借宿台中女中的教室，課桌拼起來就是床鋪。楊逵先生還為麥浪在台中的公演發動輿論宣傳。有人說麥浪是「一群辛勤的耕耘者」、「他們把祖國各地人民真正的聲音，廣大群眾的言語傳到台灣來」。楊逵先生自己也在報上介紹麥浪歌詠隊。

張以淮：當時，台中的《台灣民聲日報》做了很大篇幅的報導，並且配合麥浪的演出，每天做一個專欄刊出。

台灣民聲日報：台大麥浪歌詠隊，來台中市舉行歌謠舞蹈會，定九、十日二晚（十日並有日場）在國際戲院演出，台灣廣播電台台中分台為了使台中市民先「聽」為快起見，八日晚七時三十分，邀請麥浪隊員播唱〈在那遙遠的地方〉、〈沙里紅巴哀〉、〈康定情歌〉、〈插秧謠〉和〈苦命的苗家〉等五首民歌，嘹亮率真，大家聽了都有親切之感。料想這種來自民間，還諸民間的民歌演唱，必能為號稱本省文化城的台中市民所熱烈歡迎。此次，台大同學來市參加或籌備演出的共有八十多人，連日工作奔走得很起勁，諸凡一切布置、宣傳、售票、接洽、糾察和招待等，都將由同學自己負責。相信他們的努力，絕不會白費，演出時定能秩序整然，成果甚豐的。㉖

胡世璘：當時雖然也有報導，但是報導得不多。儘管如此，在我們的整個演出當中，觀眾都還是很好的；每一場，人都很滿，後面的都站起來看。我想，會有那麼多人喜歡看，主要就是因為大家沒聽過這樣的歌。當時，我們還唱了〈義勇軍進行曲〉，也就是〈青年進行曲〉。

林文達：演出前，楊逵先生詳細瞭解我們的演出劇目後，還建議我們增加一些台灣民歌，如〈補破網〉的表演。由於麥浪沒有人會唱這首台灣民歌，他就推薦他的長子楊資崩和另一位許肇峰兩位中學生，上台演唱〈補破網〉。我也上台獨唱〈收酒矸〉。這樣，麥浪在台中的演出就不僅僅是內地民歌而已，而且也有了台灣民歌的演唱。

張以淮：楊資崩和另一個學生許肇峰上台演唱台灣民謠〈補破網〉，讓我們發現台灣民謠不但優美，而且是另一個寶藏。於是，麥浪在往後的演出都會加入台灣民謠的演唱。

林文達：我記得，麥浪在台中三個晚上的演出是在鐵路東邊的一個劇場，劇場裡坐著滿滿的觀眾，引起不小的回響。這和顏老先生、楊逵先生以及台中學生團體的支持是分不開的。

台灣民聲日報：台灣大學麥浪歌詠隊此次來中，假國際大戲院公演祖國民間舞踏，深得台中市各界人士讚賞，前後演出三場，場場擠得水泄不通，向隅觀眾每逾千百。因為所演出者全係介紹祖國民間歌唱舞蹈，與人民實有無限親切之感。㉗

6. 文藝為誰服務座談會

張以淮：在台中，我們受到以楊逵為主的文化人士的熱烈反應；我們還一同在台中圖書館舉辦了

㉖ 一九四九年二月九日。
㉗ 一九四九年二月十二日。

一次座談會。

殷葆衷：我們演出的第一站是台中，演出時間比較長。因為台中的文化界人士比較多，也召開座談會啊！像知名的作家楊逵也參加了，後來還因為這個座談會坐了牢。

陳　實：會後，楊逵安排了一場以「文藝為誰服務」為主題的座談會。除了麥浪全體隊員，還邀請了當地文藝工作者（主要是青年作家）和新聞界朋友參加。會上充分發揚民主精神，各抒己見，暢所欲言。我記得，討論中大家都一致認為「文藝應該為人民服務」。但是，首先遇到的一個問題就是：究竟誰是「人民」？「人民」的概念是什麼？「人民」中該不該包括國民黨反動派等等。麥浪中有些看過毛澤東〈在延安文藝座談會上的講話〉的隊員就明確指出：「人民不應該包括國民黨反動派，國民黨反動派是敵人，是人民要打倒的對象，文藝不是也不能為他們服務。」但是，有人並不同意這個看法，他認為「反動派也是人，也就是人民」。這樣，爭論就由此展開了。經過激烈的爭論，最後取得了較為一致的意見，就是：「人民不應該包括國民黨反動派，不要把『人』和『人民』混為一談。反動派是人，但不是人民，他站在人民的對立面，是反對人民的。我們的文藝，是人民大眾的文藝，不能為反動派服務。」座談會快結束時，楊逵發了言，他首先肯定這樣的討論很有益處，提高了大家的認識。然後，他結合自身的文藝實踐經歷，深刻地闡述「文藝必須為人民服務、必須反映人民的心聲」。最後，他還即興朗誦了一首詩，送給麥浪。詩的最後兩句是「麥浪、麥浪、麥成浪，救苦、救難、救飢荒」。在此之前，楊逵曾問過我們為什麼叫麥浪？我就回答他說：在中國北方，麥子成熟的時候才會形成浪，這意味著中國革命即將成功，國民黨反動派統治即將垮台。所以我們把歌詠隊取名為麥浪，富有象徵意義。因此，我個人認為，從楊逵的詩句內容來看，詩的前面一句，寄託著他對中國革命即將取得全面勝利的期待。因為當時中國人民最大的苦難，莫過於遭受由國民黨反動派發動的內戰之苦。反內戰、反迫害、反飢餓，是當時愛國民主運動的迫切要求。麥浪的全部演出活動都配合了這一要求。所以得到了楊逵的讚揚。至於詩的後面一句，就體現了老作家的這種喜悅心情，它實際上也凝聚著老一輩的作家，在經歷了一場「二二八」的民族悲劇後，對青年一代的期望。

7. 告別台中

台灣民聲日報：十一日晚上，麥浪歌詠隊以離中在即，特假省立台中女中舉行茶會，接待本市新聞界，以示話別，到記者公會鍾理事長、台中文化界先輩楊逵先生暨各報編輯記者十餘人，麥浪隊員七十餘同學全部參加。七時，茶會開始，席間對民間歌唱舞踏的發揚，各抒宏見，談笑風生，極一時之盛，至十時始盡歡而散。聞麥浪隊全體同學以連日勞累，十二日擬至日月潭遊覽稍舒身心，十三日返中後，即將赴台南繼續公演。㉘

麥　浪：我們這次到台中公演，得到台中各界熱心的先生們在精神上和物質上給予的極大鼓勵和幫忙，使我們能夠順利演出，僅在這兒致最大的感激，我們一定要用工作來答謝各位的盛意。我們本著「從人民中來」應該「回人民中去」的信念，雖然我們的經驗和修養都不夠，但我們願意虛心學習，從生活中鍛鍊自己，從工作中追求進步，因此，我們再度懇切地希望各熱心

㉘ 一九四九年二月十二日。

民歌民舞的先生們能夠組織起來，共同為發掘和推廣民歌民舞而努力，我們以為人數少，力量小，修養不夠都不足畏，只要不脫離「為人民」的方向，能虛心學習，是必定能夠獲得工作的勝利的。各界熱心的先生們！同學們！我們雖然暫時跟台中告別，但我們的精神將永遠聯繫在一起，在「為人民服務」的目標下，讓我們齊一步伐，攜手前進！㉙

林文達：台中演出後，麥浪就利用這個機會到風景迷人的日月潭一遊。大夥兒玩得很開心，不但劃過大霧茫茫的潭面，到涵碧樓對岸的原住民部落聯歡、合影，同時也到日月潭發電廠參觀。然後我們又繼續南下台南。在台南市，我們還是通過楊逵先生的親自安排，借宿在一座寺廟裡，打地鋪。

台灣民聲日報：台灣大學麥浪歌詠隊十二日上午應邀赴日月潭大觀發電廠表演。十三日，該隊全體隊員並至日月潭番社訪問高山同胞，互相交換舞蹈，盛會歷時四小時之久始散。十四日上午九時半抵台南，晚間該市文化界假參議會址舉行歡迎會，賓主情況頗為熱烈，現該隊定於十五、十六、十七三天，在台南南都戲院演出。至於是否續赴高雄，將視演出後之情形而定。㉚

張以淮：我們繼續南下，先後到了台南、高雄、屏東表演；非常奇怪的是，我們在屏東受到歡迎，要比任何地方更加熱烈。演出之後，許多學生和空軍來向我們要歌詞和歌譜，並且希望我們能夠教他們唱跟跳。

殷葆衷：我們到台南演出時卻在意見上鬧分歧了。分歧的起因是：屏東方面有人要我們也下去表演幾場（那時屏東是工業區）；結果，歌詠隊的幾個主要演員卻不願意去，要求回台北。表面上看起來，是因為戀愛的關係，不過，或許還有其他因素。結果，當晚的那一場〈王大娘補缸〉就演不出來了。跳「補缸匠」的是一個大一同學，也是我的同鄉，鬧情緒就不跳了。我只好跟他說：「你不跳，那我只好自己來跳；可我來跳，風險比較大，因為我是被注意的人啊！」後來，我再繼續跟他做溝通，他才同意跳。

林義萍：我們隊員之間在隊裡頭找對象的，的確很多，還有互相吃醋的。我們演到屏東之後會演不下去，就是因為指揮為了感情的關係，搞了個名堂，發了脾氣，離開，不指揮了！不得已，劉登民只好上去代替！

陳　實：這支由八十多名台大學生（包括部分的師範學院師生參加演出）組成的歌詠隊，利用寒假做環島旅行演出，從台北到台中、日月潭，直抵台南、高雄。每到一地，都受到當地父老兄弟姊妹的由衷歡迎，場場爆滿，盛況空前。一直到現在，我還深刻地記得，當時，許多台胞含著熱淚觀賞整個演出的情景。此外，有的還連續看了好幾場。我記得，一位台灣詩人在觀賞後表示他的感情深刻地寫道：「麥浪的感人之處在於，唱出了廣大台胞對偉大祖國的真摯感情，唱出了他們對民主自由的渴望和對光明前途的憧憬。」

8. 特務嚴密盯梢

林文達：情治機構顯然對麥浪的南下公演相當緊張，我們也覺察到他們正注視著我們的一舉一

㉙ 一九四九年二月十二日《台灣民聲日報》。

㉚ 一九四九年二月十七日。

動。當我們在台中演出時，不但台下有人在監看，而且還有警員直接竄進後台，一會兒要看我們的「演出許可證」，一會兒又要查我們的戶口，百般刁難。在台南演出時，情治機構的人員又到後台「查戶口」，而且想要阻止我們再繼續南下高雄。可我們還是到了高雄，但情治機構的人員不准我們參觀港口和製鋁工廠（據說是亞洲最大的電解鋁工廠）。

胡世璘：我記得，在巡迴演出的過程當中，就開始有特務來盯了；坐在前面幾排的，往往都是他們這些人。當時，我已經不是一般地只愛唱唱歌那樣簡單了，開始有一些政治的感覺了。在我們演出的過程中，有時氣氛比較緊張，連我都感受得到。甚至於，有的時候，那些便衣特務還會到後台來搗亂。不過，在前排貴賓座上的也不完全是這些特務，還有的是有錢的、支持的觀眾。有時候，情治單位也是不希望有太多特務出來的。儘管這樣，那時支持的人還真不少啊！學生觀眾也很多，在我們表演之後，跟各個學校就有了聯繫。

陳　實：一九四九年二月，麥浪回到台北。當時的形勢是：一方面，國民黨在大陸內戰戰場上的大勢已去，黨政要員一批又一批地撤到台灣；另一方面，台灣學生運動正向縱深發展，組織日益發展壯大，這對國民黨無疑是心腹之患，所以，對學生下手只是時機問題。在這樣的形勢下，我作為台大自聯會主席兼麥浪歌詠隊旅行演出領隊，在巡迴演出的過程中，已經被特務嚴密盯梢了；另外，其他幾個主要幹部也被盯了。我們判斷特務隨時可能逮捕我們，於是準備離開台灣。大約是三月二十日左右吧，我不得不離開台灣，結束了我在台灣整整三年的生活歲月。

第七章 籌組全省性學生聯合會

團結團結就是
力量
團結團結就是
力量
團結團結就是
力量
團結就是
力量

——〈團結就是力量〉

台大與師院兩校學生的社團活動，給二二八後氣氛沉悶的台灣社會注入了一股新的生氣。台灣的民氣也跟著再次活絡起來。相對地，大陸的內戰局勢又有了新的變化。一九四九年一月，繼遼瀋、淮海兩大戰役之後，北平、天津相繼易幟；共產黨的解放軍接著陳兵長江北岸，隨時準備渡江。國民黨當局已經被大陸的危機搞得焦頭爛額，疲於應付。這種政治形勢自然波及台灣。

也就是說，相應於大陸國共內戰的局勢演變，台灣的地位更加重要了。

一九四八年九月，國民黨改組台灣省黨部，把三民主義青年團和黨合併。丘念臺請辭省黨部主委之職。十二月二十四日，國民黨華中剿匪總司令白崇禧，自漢口發動逼蔣「引退」的態勢，接著，長沙綏靖主任程潛，河南省主席張軫，直率提出「總統毅然下野」的要求。蔣介石於是重新布置人事，公布陳誠為台灣省主席，蔣經國為台灣省黨部主委。

一九四九年一月十日，蔣介石派蔣經國去上海，命令俞鴻鈞將中央銀行現金移往台灣；一月二十一日，發表文告，宣稱為「弭戰銷兵解民倒懸」而引退。副總統李宗仁代行總統職權。然而，蔣介石雖然宣布下野，不做總統，卻掛出國民黨總裁的招牌，繼續以黨領政。二月初，蔣經國奉命轉運中央銀行儲存的黃金、白銀五十萬盎司，前往台灣、廈門。

三月五日，中華全國學生第十四屆代表大會在北平召開，決議成立「中華全國學生聯合會」，同時指出「當前中國學生運動的首要任務」在於「號召全國同學，堅決擁護中國共產黨毛澤東主席提出的真正民主和平的八項條件，和中國人民在一起，加緊努力，粉碎美國帝國主義與國民黨反動政府虛偽和平，把革命進行到底，在全國範圍內建立新民主主義的中華人民民主共和國」。①

三月二十三日，何應欽內閣登場。

就在這樣的政治形勢下，三月二十日，台北大安分局的警察拘捕單車雙載的台大和師院兩名學生，引發了一場學生反迫害運動。新一波的台灣學運隨即由此持續展開，最終公開提出組織全省性學生聯合會的主張。

一　警察拘捕單車雙載的學生（三月二十日）

林文達：受到局勢動盪的影響，台大學生的生活和思緒也起了相當大的震撼。有一天，我發現，工學院一名同樣住在新生南路學生宿舍的范同學，突然請假回南京；後來，我才得知，原來他父親范漢傑已在錦州戰役中被解放軍俘虜了。②後來，我收到家兄從北平的來信，他的信寫在解放軍進入北平城時公告傳單的背面；我想，我哥的用意是很清楚的，他是要告訴我北平和平解放的消息。其實，林彪（解放軍東北野戰軍司令員兼平津前線司令員）簽署的入城北平的公告已在同學中間傳閱了；甚至還有人把它貼在校園裡。同學之間還互相傳播著新華社播發的戰犯名單，議論紛紛。我們知道，徐州戰役後，解放軍已直驅長江邊。一部分同學已經學會新華電台播放的〈我們的隊伍來了〉——有些同學甚至公開哼著：我們的隊伍來了，浩浩蕩蕩飲馬長江……國共兩黨的和談在進行著。我們察覺到一個新時代似乎就要到來，同時也預感到，黎明前的台灣也許會有一段更加黑暗的時期。在那樣的時代氣氛下，我像念書一樣，跟著幾個老學長、老大哥（同寢室的陳錢潮、張以淮、華宣仁和鄰室的王耀華、孫志煜、般葆衷、周自強等），很認真地投入當時的學運。

柯旗化：一九四九年三月，我在師範學院最後的學期開始了。隨著大陸戰況吃緊，學生們的活動也活躍起來。社會科學研究會的座談會、社會諷刺劇的演出、壁報展覽等頻繁舉行，有時還有中共的宣傳報《光明報》張貼在學校的牆壁上，學生們圍著看。一些很少看到的左派理論書籍也開始陳列在書店裡。我也買了《科學的哲學》、《思想方法論》等唯物辯證法和唯物史觀的書來看，和左派的陳水木辯論……另一個左派的賴裕傳，不知從哪裡弄來河上肇的《貧乏物語》和《第二貧乏物語》等，給宿舍的同學輪流看。他狂熱到要把德語的《資本論》譯成中文。③

胡世璘：這段時期，我也參加過各系學生自己搞的讀書會，讀的是艾思奇寫的《大眾哲學》。我記得，我曾經在一個讀書會上說：將來，我的人生就是要為人民做好事。

張以淮：三月，麥浪歌詠隊從南部回到台北之後，剛好就碰上「三二〇」事件。什麼事情呢？其實只是很小的一件事情。那就是有兩個學生，一個台大和一個師院的，兩個人共騎一輛腳踏車，被四分局警員抓去揍了一頓。台大和師院的學生聽到了，就去包圍第四分局。

鄭畏三：自民國三十八年入春以來，台北市的大專學校學生社團活動的消息，就已漸漸成為本省

---

①〈中國學運的當前任務〉，華商報資料室編纂《一九四九年手冊》（香港：華商報社，一九四九年四月五日三版），己：五九。

②一九四八年十月十四日，解放軍開始向錦州攻城，經三十一小時的攻堅戰，完全解放錦州，殲俘東北剿總副總司令范漢傑以下十二萬人。

③前引柯旗化《台灣監獄島》，頁九〇—九一。

報紙省聞版內的重要新聞。原因是近日許多由學生主持出版的反政府刊物，以及報導共黨當時的政協主張、工商政策、城市政策、新民主主義等露骨的宣傳文字標語，公然無忌地到處散播，已普遍引起外界人士的注意。學生大膽的行動且已影響到社會治安，因而衝突的事件也時有所聞。報上刊載的一則關於兩個同學因與警察衝突被捕、學生結隊搗毀警局的新聞，尤其逗人注意……事情看來不大不小，卻也可大可小。敏感的記者已競相預測：學潮勢將有擴大可能，並預示這是本省自三十六年冬（一九四七年一月九日）學生反美大遊行示威運動以來的，另一次大規模風潮到來的朕兆。④

中央社：二十日晚九時一刻，有台大學生何景岳及師院學生李元勳共乘自行車一輛，中山路派出所警員謝延長，認為違背警章，前往取締。當時雙方發生誤會，至十時許遂將何、李二人轉送至四分局辦理。約十一時十分，有師院學生二百餘人至四分局，提出三項條件：㈠嚴懲肇事人；㈡同學如有傷害賠償醫藥費；㈢警局長登報道歉。經林分局長應允後，學生於十二時十分全部回校，約半小時，復有師院及台大學生三百餘人再至四分局，並要求總局劉局長親自到場簽字，以昭鄭重。劉局長派龔督察長前往，是時台大鄭訓導長已先趕到，勸勉學生回校，該生等以劉局長未到場，遂偕龔林二人離開分局。⑤

公論報：關於事件的起因，據說是因台大法學院一年級學生何景岳和師範學院博物系學生李元勳，於二十日下午九時多，兩人共坐一輛腳踏車，經過大安橋附近，被中正路派出所謝警員看見，認為違犯交通規則，當即上前取締，因而發生衝突。何、李被警員打了好幾下，二人並受拘押，事態即由此展開。至十時多，師院學生先得到這個消息，便集合二三百名趕赴第四分局交涉，沿途唱歌，經過新生南路，歌聲吹入台大宿舍裡，於是台大學生也集合參加，出動了四五百名，趕到第四分局，要求釋放何、李兩人，並要求總局長劉堅烈出來向學生道歉。四分局長林修瑜當即將何、李兩人釋出，並將肇事警員拘押，一面搖電話向總局請示。學生們仍然等候總局長出面，過了一個多鐘頭左右，學生情緒漸漸不耐起來，台大訓導長鄭通和，也乘了傅校長的小汽車趕到疏勸。可是學生還是很堅決，一定要見總局長，四分局長又搖了幾次電話，但都沒有結果。不久警局督察長龔經笥趕到現場，代表局長前來調解，惟學生仍堅持由劉局長親來解決。至三時左右，大家覺得再等下去並沒有結果，於是共同決定先回宿舍。之後，學生們就偕龔經笥和林修瑜到新生南路台大宿舍的廣場上談始末的經過。過了好一會，天已將亮，有些人支持不下，便提議解散。⑥

朱乃長：那天，天氣晴朗，溫暖愜意，師院的不少同學利用課餘結伴外出。到了晚上，男生宿舍裡的同學照例各在自己寢室看書，或三三兩兩聚在一起縱情談論，周圍一片寂靜。忽然，我聽到走廊外邊有人叫喊：不好了，兩個同學給抓走了。這聲呼號就像一個號令，樓上樓下的走廊裡頓時腳步雜沓，人聲鼎沸。有人問：誰給抓走了？是誰抓的？也有人在呼喚：老莊！老莊在哪兒？還有些人在急匆匆地說著什麼。這時，一位身材高大的同學，聲音宏亮地喊道：到食堂去，大家到食堂去。於是，同學們爭先恐後，邁開了大步，穿過走廊，嘩嘩地下了樓梯，進了食堂。我跟著同學們湧下樓去。進了食堂，我發現那兒已經聚集了不少同學，正在仔細

④前引〈鄭畏三懺悔錄〉，頁四。
⑤一九四九年三月二十二日《公論報》。
⑥一九四九年三月二十二日。

聆聽一個操著不那麼純正國語的同學大聲報告說：剛才回校的路上，我看見幾個警察和共騎一輛自行車的兩個同學在激烈爭吵，接著互相推擠起來。這夥警察不由分說，就把兩位同學拖走了。只聽得同學在掙扎，在叫喊：警察打人！警察打人！救命！救命啊！圍觀的人隨著紛紛高喊：不許打人，警察不能隨便打人。可在場的警察卻厲聲喝道：再搗亂！把你們這些傢伙全抓起來……同學們一聽就大聲喧嘩起來，七嘴八舌地議論開了。不久，有人喝了聲：大家靜靜，靜靜。我仔細一看，原來是學生自治會糾察部長莊輝彰。他接著問那位同學是哪裡的警察局把兩個同學抓去？四分局。好。同學們，我們是不是到四分局進行交涉？莊輝彰的話音未落，同學們便一齊喊道：對，到四分局去，要他們放人。大家立刻從食堂一擁而出，步履飛快地衝出校門，沿和平東路拐到新生南路，朝四分局走去。到了四分局門口，我發現已經有許多同學在那兒。這時，學生自治會的幾個幹部代表同學們進局裡交涉，其餘同學站在分局門口等候。我掉首四顧，看到了同班的宋承治和汪應楠。我們就湊在一起交談。等了好久好久，老汪擔心地說：怎麼搞這樣久，是不是他們不肯放人？果然，真如老汪所料。代表從裡面傳出消息，說值班警察始終講他們不知道抓人的事情；分局長和別的警官早已下班，都不在了。代表們要求值班警察打電話，請分局長到分局來放人，值班警察也不敢，一味搪塞。二百多位同學一直站在四分局前面的路上耐心守候，直到深夜，進局裡談判的莊輝彰忽然出來了。他勸我們，說同學們，時間很晚了，你們還是先回去休息，讓我們這些代表在這裡等候消息吧！我相信警察局不敢不放人，你們還是先回去休息吧！大家聽老莊這麼說，心中雖然不很樂意，還是陸陸續續地轉身離開，走回學校。走了一段路，我們就迎面碰上來自台大的百來名同學。原來他們才得到消息，急忙趕到四分局來聲援。他們聽我們說四分局還不肯放人，只有學生會代表在分局繼續交涉，就主張同學們不該回去。於是，大部分師院同學又和他們一起回到四分局。

殷葆衷：我記得，那天是星期日。我正在學校宿舍裡洗澡，突然聽到幾個同學在大聲嚷嚷：大家趕快去新生南路的派出所支援，師院的學生和警察打起來了！人被抓了！我立刻沖洗完，穿上衣服，跑出浴室，然後問他們怎麼回事？他們告訴我，說有兩名學生，一個台大和一個師院的，因為共騎一台腳踏車，被四分局的警察揍了一頓，並且關了起來；一些師院的學生就趕過去聲援。聽說正僵持不下。我想，我們台大的學生也應該去支援，於是，就跟幾個同學趕快跑步過去。到了現場，我看到學生已經把整個警察分局包圍住了。

林文達：三月二十日晚上，我在新生南路學生宿舍裡突然聽到有人大喊：學生被抓了，趕快去救！宿舍裡的同學聽到呼喊聲後，立刻就走出寢室瞭解究竟；呼喊者解釋說，台大、師院的兩名學生說是違反交通規則，被大安警察分局抓去扣留了。同學們一聽就不約而同沿著新生南路，趕到台北警察局大安分局。我也去了。當我趕到時，台大和師院的同學們已團團圍住分局，有人在分局裡進行交涉。後來，有些不耐煩的學生也衝進了警察分局。除了留下來與學生交涉的警局負責人外，分局的警察都走光了。我看到那些跟警方交涉的同學態度還是很斯文的。

盧兆麟：因為抗議的學生人數很多，第四分局看苗頭不對，就同意放人。但是，學生認為警察無故抓人的行為不對，光是放人不夠，還要分局長出面道歉，並保證以後絕不再犯。

朱商彝：第四分局局長表示：在他的管區內，他可以保證，可在其他管區，他無法保證。同學們的要求沒有得到合理的解決。

殷葆衷：學生代表要求放人，分局長在口頭上也同意了。學生代表認為口說無憑，要求書面保證今後不再發生類似事件；結果，這分局長卻不肯簽字。這樣，學生代表也不願再跟分局長進行交涉，他們要分局長打電話給總局局長，要他出面保證。這分局長當然不敢打啊！學生代表硬逼著他打，結果，他還是不打。學生代表就自己打電話給警察總局局長，要求他過來處理，並保證學生的安全；要不然，我們學生就不撤退。他在電話那頭也答應了。過一會兒，四分局門口果真來了一部吉普車。我看到一個戴著金邊眼鏡、手拿警杖的年輕人走下車來，哼哼哈哈、耀武揚威地走進四分局。我和幾個同學就跟司機搭訕，說你們這局長，年紀還真輕啊！不料，這司機卻說什麼局長？那是我們的督察啊！在裡頭的同學聽到這局長是冒充的，一下子就控制不住情緒，動手把辦公室的桌椅掀翻，玻璃窗也打碎了。這時，我趕緊走進去，勸說不管怎樣，我們還是要跟他們講理啊！千萬不能動手。

朱乃長：同學們儘管非常氣憤卻拿他們一點辦法也沒有。有幾個同學氣憤不過，就隨手撿起幾塊石子，朝四分局的玻璃窗扔去。於是啪、嘩啦接連傳來好幾聲打破玻璃的響聲。屋子裡的警察大聲吆喝著咒罵起來，扔石子的同學也大聲回罵了幾句。這時，有人對自己的同學喝道：別吵。別砸。要講道理。外邊的喧嘩驚動了還在屋子裡交涉的同學，他們趕快跑出來，喝住了那幾個扔石塊洩憤的同學。這時，同學們都已疲憊。有人建議，大家先回去，明天商量好再說。有幾個同學就開始走了。還待在那裡的同學也感到厭煩起來，覺得老這樣待下去，難有結果。

殷葆衷：我又建議學生代表們，把冒充局長的年輕人連同分局長，一起押送到警察總局，要總局長對這個冒充者做出處分。代表們同意了，同學們就排好了隊，準備把這兩個人押送過去。誰知道，這時候狀況卻發生了變化，他們竟把人押送到新生南路的台大宿舍去了！

朱乃長：不知誰出了個主意：警察抓了人還不承認，我們不要在這裡再跟他們談下去，要談，叫他們跟我們到台大新生南路宿舍（那兒離四分局較近）去談吧。早就疲憊不堪的同學覺得這倒是個好辦法，完全沒有深入去想這麼做會造成怎樣的後果，就挪動了腳步。最妙的是，那兩個警官居然一不抗議，二無異議，乖乖地隨著大夥走了起來。

殷葆衷：我一看情況不對，立刻跑到隊伍前面勸阻，要他們還是將人押送到警察總局，以免事情複雜化。現場根本沒有人聽得進我的話。這樣一來，我們就由主動變成被動了。儘管那個年輕人冒充了警察局長，可他畢竟還是個督察；在法律上，我們也不能限制他們兩人的行動。最後，同學們把這兩個人押到宿舍的排球場，讓他們坐在裁判坐的高椅子上；同學們圍成一圈。我擔心地問一位正忙於張羅的同學說這要幹什麼呢？他笑了笑，說供神（公審）。我認為照這樣搞下去的話，事情會愈來愈麻煩，最終還是對學生不利。我想，這還是要學生自治會的人出面才行，就到宿舍找自治會主席陳實。可他連行李什麼的都沒了。打聽之下，我才知道他已經離開台灣了。這下子，沒辦法了，我只好回到排球場，跟被押來的那兩人談判，希望他們自己離開現場；我保證同學們不會為難他們。可那兩個人氣焰還是非常囂張！他們一直強調，我們不但妨礙警察執行公務，而且又羞辱警察主管，犯有「褻瀆公職人員罪」。我反問說你們冒充公職人員又該當何罪！他們無言以對，但就是賴著不走。同學們也拿他們沒辦法！

朱乃長：同學們終於累得不行了。這時，有人建議，讓那兩個死不認帳的警官走吧！可也有人反對，認為萬萬使不得；萬一他們一出去就躲了起來，讓警察總局出面向同學要人，怎辦？這下同學都犯了愁。因為，早已過了午夜，警察總局又離得遠，而同學們也已累得不行了。別說總局，就是把他們送到離那兒不遠的四分局，也沒人幹。萬一他們在路上跑了怎麼辦？可你也總不能讓在場的師院和台大同學全都留在操場，陪那兩個警官直到天亮。

林文達：就我所知，這些質問的同學都不是平常學運的頭。頭到哪裡去了呢？像是陳錢潮啦！張以淮啦！那天晚上剛好都不在宿舍；如果他們在的話，我想，大概還不至於發生這樣的事情。這個突發事件，完全是自發的，隨意性極大，也不曉得有誰在主持？同學們只顧把平時積壓的一股怨氣發作在這兩個人身上，也不考慮後果會怎樣？後來，陳錢潮、張以淮等人從外面回來了。陳錢潮瞭解情況後，對這樣的作法氣得要死！但是已經做了怎麼辦呢？既然已經上了馬啦！那麼現在要怎麼下呢？總不能把那兩個警官放回去就算了。他於是又約了宿舍裡的幾個骨幹商量，經過討論後，大家傾向於第二天就組織遊行。

朱乃長：因為明天還得遊行到警察總局請願，讓他們盡快釋放被捕的那兩個同學，所以大家還得先回去休息休息。大家商量著，最後，不知哪個出了個主意：師院和台大各出一個志願者，留下來，負責陪那兩個警官；讓他們躺下來睡覺，但絕不容許他們溜走，免得事後麻煩。明天早晨，由前去警察總局遊行請願的隊伍前來接應，帶他們一同去，交給警察總局。大家全都明白，要負責保護這兩個警官的同學，責任是何等重大，誰膽敢毛遂自薦呢？我們在站出來表示願意擔當這一重任之前，除了得掂量掂量自己有否平安完成重任的能耐？還得想想自己往前跨出這一步，將來會因此惹上多大的麻煩？遭到多大的不幸？大家一時面面相覷，無人自告奮勇。過了一會，台大那邊的同學有人默默地站了出來。又過了一會，我睜大眼睛，看見師院這邊人影晃動。我仔細瞧瞧，宋承治、莊輝彰和自治會裡的另一個同學聚在一起，好像在商議著什麼。我未經思索，也來不及和他們打招呼，就搶先往前跨出一步，說好吧，我算一個。我並不是膽略過人，也不是有恃無恐；當時我只有一個念頭：與其讓自治會的同學站出來承擔，不如讓我這個無名小卒站出來，承擔這個風險吧。

二 學生遊行抗議警察暴行〔三月二十一日〕

中央社：二十一日晨九時，師院及台大學生數百人，結隊至警察總局。要求除前三條件外，加提兩條件：㈠請總局長公開向受害學生道歉；㈡登報保證以後不發生同樣事件。上述五條件，均經劉局長應允，學生遂即分別返校照常上課，一場誤會圓滿解決。⑦

公論報：二十一日上午十一時許，台灣大學和師範學院兩校學生千餘名，為了警員取締學生違警，處置不當，引起兩校全體學生不滿，乃集體到市警局向局長劉堅烈請願。八點左右，住在公園路宿舍的學生先整隊出來，由女生領先，到羅斯福路校本部集合，師院學生也整隊而出，經過一度會商，並選出台大學生王惠敏〔民〕等十二名，和師院趙制陽等六名合組主席團，並派人擔任糾察，整隊出發，經南昌街，進入市區，合唱〈團結就是力量〉歌，並呼口號，碰到經過的車輛，都以粉筆寫著：「反迫害」、「保障人身自由」、「反對警察打人」、「反對官僚作風」等標語。十一時，學生一路唱歌抵達市警局門口，背後又零星的到了一批，人數約有千餘名。學生們有的坐在路上，有的站立著。圍看的路人將所有空地都占滿了，一時空氣頗為緊張。由主席團代表學生向劉局長交涉，劉即與代表們在樓上會議室商談，學生提出了五項要求：㈠嚴懲肇事人員；㈡受傷同學由警局賠償醫藥費；㈢由總局長登報道歉；㈣請總局長公開向被害同學道歉；㈤登報保證以後不發生類似事情。劉局長先是表示要向上峰請示，但學生要

⑦一九四九年三月二十二日《公論報》。

求在十分鐘內答覆，結果劉局長就當場在那五項要求的書面上簽了字。最後又要求局長親自向門外的學生道歉，劉便下樓對學生說：「各位今天到本局來，給予我們很多的指示，各位是智識分子，社會中堅……」剛說到這兒，學生中有人說這種「訓話」式的話他們不愛聽。於是劉局長即改變簡短語氣，表示肇事警員已經看管起來，登報道歉，完全照辦。學生們得到了圓滿答覆，這場風波才算暫時平息。十二點十分，兩校學生整隊，由中華路回校。於是龔督察長和林四分局長也離開台大宿舍閱覽室回到警局。⑧

曾文華：學生自治會認為警察欺負人、迫害人，我們學生不能甘休啦，於是宣布罷課遊行。台大那邊的情況我不知道，可能也差不多啦！後來，師院的代理院長謝東閔就跑來阻止我們說：你們不要去，不要去！可是，我們學生就在禮堂那邊集合，有些人還穿著木屐，喀喀喀，走來走去；有些人就哈哈哈地大笑；沒有人要聽他的話。他就搖搖頭走了。大家在禮堂集合後就出發遊行。

殷葆衷：同學們把冒充的局長連同分局長帶到台大校本部，聯合其他學校，開了一個學生大會，控訴警察暴行。大家都認為：分局警察不但毆打學生，又把學生關起來，違法在先；督察冒充總局長，欺騙在後，致使事態擴大，警方應負全部責任。大會決定把他們送回警察總局，讓總局局長給同學們一個合理交代。這時，傅斯年校長聽到了這件事，就找了台大的學生代表去，勸說學生不要上街遊行；並且特別交代一個原則：行動不能過火，一定要很好的平息下去。但是，同學們不同意放棄示威，決定立刻從台大遊行到中山堂。

朱商彝：台大與師院的學生聯合起來，由師院體育系的學生前後壓陣，轉去包圍警察總局。一路上，我們和國內的學生運動一樣高喊反內戰、反飢餓、反迫害的口號，唱〈你是燈塔〉、〈跌倒算什麼〉等歌曲。這使國民黨相當驚怕。然後，我們又把這些口號寫在公共汽車上，讓它隨著汽車到處繞跑，這影響的範圍又更大了。

殷葆衷：遊行隊伍缺乏準備，連旗幟、標語都沒有。於是有人發給大家幾支不同顏色的粉筆，可以在沿途的地面或牆上寫下這次遊行的口號：反對暴行！反對警察打人！

林文達：台大學聯會和師院學生自治會決定就學生被抓一事舉行聯合遊行。大家於是分頭去準備。我立刻跑去找經濟系一個叫吳聖英的同學，跟他說大家準備要遊行了，要他準備漿糊和紙張。遊行前，學聯傳下來：口號要統一，隊伍要整齊，同時要防止職業學生混進來搗亂。參加遊行的台大學生有幾百人，領頭是陳錢潮。

殷葆衷：隊伍從台大校門口出發，同學們把那個冒充的總局長和分局長帶到前頭一起走。同學們一路上高唱〈團結就是力量〉，高喊反對暴行和反對警察打人的口號。後來，不知道是哪個同學把據說是何應欽的女兒也帶到隊伍裡頭來；當時，她還只是個中學生，跟一些一起來的進步的中學生，非常賣力地唱歌、喊口號。我認為她是官僚家庭的小姐，也不一定搞得清楚狀況，可能是出於對挨打同學的同情心吧！可有她在隊伍裡頭，對同學們卻是很好的保護。

曾文華：我們就這樣一路喊口號，走到中山堂旁邊的警察局。同情學生的聲音很大。到了那裡，很多圍觀的人就靠近過來，也有人在寫標語。

殷葆衷：遊行隊伍走到原總督府廣場時就出了問題。原來，一些三青團的學生也混在隊伍裡頭；

⑧一九四九年三月二十一日。

這時候，有人在廣場的地上寫了「打倒國民黨」和「打倒蔣介石」的標語。這樣一寫，此次運動的性質就變了；統治當局可以根據這兩句標語給學生戴上紅帽子呀！我看到地面上突然冒出這些標語，立刻走過去質問那個還在寫的人為什麼要寫這些標語？是誰叫你寫的？可他卻不吭聲。此時，其他同學也激動地圍過來，說你不說就打！結果，他害怕地跑了。遊行隊伍到了總局，立刻召開記者招待會，說明這次遊行的訴求。我覺得當局已經準備要抓人了，所以我們必須謹慎對待廣場上出現的標語。我於是特別站起來澄清，說這次遊行規定的標語是反對暴行和反對警察打人！可是，剛剛卻有人故意破壞我們這個正義的行動，提出一些超出我們要求的口號。我們在此聲明，那絕對不是我們學生的意思。我的用意主要是不讓國民黨扣我們「共產黨」的帽子。

烏蔚庭：我在考生服務團時經常負責寫海報。到了市警局旁邊的中山堂廣場時，有個同學就拿了一疊白報紙來找我，說老烏你會寫字，就寫幾張標語吧！我想，這是大家的事，也沒有推辭，於是走到對面的地政局，向門口的收發借了筆、墨、硯台，就在地政局走廊的人行道上蹲著寫標語。至於標語的內容要寫些什麼？也沒有人告訴我，完全由我自己決定。首先，我毫不考慮就寫了一句：警察怎麼能夠打人？接下來，要寫些什麼呢？我想了一下，就把大陸上學生運動的口號，諸如反內戰啦！反飢餓啦！美軍怎麼怎麼樣啦！……一條一條地寫下去。寫好以後，有個叫沈慕如的台大同學就拿過去，然後爬到市警局的二樓外牆張貼。

林文達：當大家圍坐在警局門前時，我爬上一根緊靠警察局的電桿上，把標語貼在警局的窗戶上，用手一提，那活動窗戶就帶著標語升上去，下面就有人鼓掌。其實，我這樣做，並不是想出鋒頭啦！而是因為那個地方醒目，我想讓圍觀的群眾知道我們是為什麼遊行的。當我從電桿下來以後，有人就告訴我，我剛剛的舉動已被人拍照下來了，要我注意警惕。我說照相也沒關係呀！那時真是天不怕地不怕的！

盧兆麟：台北市警察局前面有一個平台，還滿大的。我們幾百個人把這裡緊緊包圍住，然後兩個學校的自治會代表上去遞抗議書，並且要求警察局長出來道歉。他們大概是看到我們學生的力量比較大，而且陳誠當時不在，飛到南京去述職了，沒有人敢做「鎮壓」學生的決定。所以，這次抗議的過程很平順。警察局長接了抗議書，站在平台上說明對這個事情的處理態度，接受了我們的要求，當場對警察無理打學生的粗暴行為道歉。這次的抗議活動就這樣結束了。

殷葆衷：學生代表大部分是台灣人。代表進去之後，那個總局長就出來了。我看他年紀已經很大了，個子矮矮的，先給我們一鞠躬，然後態度非常誠懇地說（四川口音很重）：我很感謝同學們這兩天給警務人員的教育；針對昨天的事情，我也已經教訓部下了，希望……雖然他說的只是一番應酬式的官話，但老實說，講得還好；有些同學聽了之後還鼓掌。

烏蔚庭：沈慕如大概只貼了五、六張左右，請願活動就結束了。台大的學生隊伍於是走到博物館門口，在也是麥浪隊員的電機系同學陳錢潮發表演講後，解散回宿舍。

殷葆衷：大部分的同學都認為，既然局長已向我們道歉，還鞠了躬，那就表示我們勝利了。這樣，就有了驕傲的心理。後來，搞起活動就更無所顧忌了，認為國民黨不過就這麼一回事，一抗議就害怕；因此，警惕之心也放鬆了。可我因為在上海時吃過虧，而且還列名「黑名單」上，始終不敢大意。

三　學生與警察針鋒相對的輿論鬥爭與反響

「反對警察暴行」的遊行請願結束以後，台大和師院兩校學生又以「國立台灣大學學生自治會聯合會」和「省立台灣師範學院學生自治會」的名義，共同發表了一份題為〈為何李二同學被毆事敬告各界〉的公開聲明。兩天後（三月二十三日），《公論報》以「讀者的話」為名，全文刊載了這則聲明。

敬愛的父老們：

我們不得不向你們報告一件似甚平常而又極沉痛的事件，即於本月二十日台大何景岳師院李元勳二同學，乘腳踏車經過中正東路時，被台北市第四分局中正東路派出所的警員謝延長毆傷。當時何李二同學力辯無效，反被拘送到第四分局，師院同學聞訊，即派代表十餘人乘車趕至第四分局要求立即釋放被捕同學，該分局竟一口否認，不予理睬。是夜十時師院住校同學全體集隊趕至，該分局林局長見勢不佳，乃承認拘捕同學並立刻釋放了何李二同學，且將警員謝延長綁至該分局門首，欲加體刑，藉以疏導眾怒，此時隊伍中反對之聲大起，同學並標明立場，我們對事不對人，絕對不要刑罰一個無知的警士，而要主管當局負起平素訓教不嚴之咎。適時台大同學趕至，繼續交涉，共同要求：一、嚴辦肇事警員，二、賠償被傷害同學損失及醫藥費，三、由總局登報道歉，四、由總局長公開向二位被傷害同學道歉，五、由總局登報保證今後不再發生警察打人事件。這合理的要求，第四分局表示不能負責，一再電催總局局長，親自答覆同學要求，截至夜深二時許卻來了一位「冒牌」的局長，結果被同學發覺，一致認為警局欺騙，大家非常憤慨，事情更僵持不決，直至四時左右仍不得要領。

今天早上台大師院全體同學為著迅速解決問題，集合於台大操場，由大會決定產生主席團，並議決直接到總局交涉，十一時許，隊伍到達總局，由主席團向總局長重申上述五項要求，結果由局長簽字答應，當時全體同學一致要求局長當面向同學及在場民眾保證，確實履行五項條件，此事至此大致解決。

父老們：當我們說完這次事件的經過後，我們是被非常沉痛的心情逼迫著，我們知道警察是人民供養的，是用來保護人民生命和財產安全的，現在反而變為迫害人民的工具，我們站在人民的立場，不得不提出嚴重抗議！我們反對任何無理欺凌人民大眾的行為，我們要永遠為人民說話，我們呼籲「人權至上，自由第一」！我們深信公正而又慈愛的地方父老們，必能予我們以深切的同情與有力的聲援。

國立台灣大學學生自治會聯合會、省立台灣師範學院學生自治會同啟

三月二十一日

從內容來看，針對這場遊行事件的起因與經過，學生的說法與媒體的報導顯然頗有出入。針對學生的公開聲明，警察當局立即做出不同立場的回應。第二天（二十四日），《公論報》同樣在「讀者的話」一欄刊登了一則與學生針鋒相對的投書，署名「一警員」。

編者先生：

我們一位同志因執行公務，而遭到台大、師院兩校的學生糾集數百乃至千人以上，於前

昨兩天曾一再搗毀警察第四分局，並強抓督察長、林分局長於台大宿舍不法監禁一晝夜，另外毆傷總局警備隊長等無情無理而擾亂社會治安行為，這種毀法亂紀的舉動，這幾天由報紙上輿論間盡人皆知，並且也是彰彰的事實；但是我們因職務賦予的使命乃以維持社會秩序為要旨，故忍辱負重，不願將事擴大，孰知該兩校的學生竟得寸進尺，更無理要求我們向彼等道歉，總局長為弭爭息事，竟忍痛應諾，本為我們全體員警所不認可，同樣預備實行罷勤，並與台大、師院兩校學生據理力爭，不達目的絕不中輟。嗣經游市長、警務處長諄諄告誡，再三慰勉，我們於是打消原意，仍舊固守崗位，照常執行勤務，豈知台大、師院兩校學生竟歪曲事實，於今（二十三日）貴報「讀者的話」欄內，濫放一面之辭，蓋我們才做此嚴正說明。

現在我們要問：該案糾紛之起因，責任無論誰屬，但我們卻被迫而（向）台、師學生道歉，然彼等之糾眾搗毀第四分局，毆傷警備隊長，是否應負賠償責任？並且其何景岳、李元勳兩生違章事實是否應該給予其應得的處分？否則，不但以後我們無法執行任務，更養成我們忍讓而使彼等認為僥倖得勝的「傲慢」錯誤心理，殆無疑問。

最後，我們要向社會說明：台灣大學、師範學院是得天獨厚的最高學府，也是每一個勞苦甚至受飢寒的國民（我們自己在內）的一滴滴血汗所累成的機構，乃冀培育如許知識分子，優秀青年，將來為國家社會而效忠，做人民的準繩。然而，他們今天不但沒有做到標準的國民，他們更沒盡到服從國家法律的義務，反而毀法亂紀，破壞社會秩序。試想，這樣所謂「堂堂的大學」豈不等於虛設，所以由此次糾紛的教訓，固然我們要檢討今後的工作態度，可是教育當局若不嚴格糾正台大、師院兩校的「少數不肖」學生的胡作妄為的行為，則其教育前途，不問可知！以上數語敬祈披露，以正視聽，則不勝感激。

一警員啟

警員處理學生違警事件而引起的警員與學生的糾紛，雖然在表面上已經「圓滿解決」了；但是，從「一警員」的這則投書看來，警察與學生之間潛存的矛盾，顯然並沒有就此化解。因為這樣，就在刊登「一警員」投書的同一天，《公論報》也以題為〈青年運動〉的社論，就此事件可能引發的「不可控制的後果」，對「當局者」和「青年運動的從事者」分別提出忠告：

> 青年運動自來就是一個國族中的新生力量。五四運動之意義與價值，已是大眾的常識……
>
> 青年運動，是一種群眾的運動；同時又是年輕的群眾運動。因為是群眾運動，它就不可免的帶有感情的作用；因為是年輕人的組合，它就更不可免的帶有為之過當、或是非利害未盡妥辨的成分。但要知道，這些作用與成分，是隨著一切改革與進步的要求以俱來的，並非青年運動所獨有……所以，我們對於青年運動底第一個看法是：它是進步的力量，同時它必不可免地帶有感情用事底成分……第二個看法是：它雖然必有感情越過理智的地方，然而它本身底進步意義是不容否定的。
>
> 原則既明，當局對於青年運動應該採取什麼態度？我們認為應該要採取同情底考慮，適當的解釋。前者是對於合理的要求而言，後者是對於逾越理智底感情因素而言。當局者如果拒絕對合理底要求做同情底考慮，則其結果無非是加大要求改革的潛在爆炸力；於事無補，於己有害。如果不對感情奔放的群眾的要求做能令人心服底解釋，則唯一的結論是群眾的感情

不是沒有理由。在此一前提下，奔放的感情得到了理論底基礎，其繼續高漲是必然的結果。於此，我們願意特別鄭重的提出一點，即是：除前舉二原則外，當局者切不可嘗試用壓服或拆散群眾的嘗試來處理這種運動。因為它是國族底生機所繫，當局者無權摧傷國族的元氣。

但是，青年運動的從事者，也應該先對本身運動底意義和領導做徹底的檢討。當前國家事令人憤怨的是太多了，那是轉型期中必有的痛楚，一個落後的殘破的封建帝國要變成進步的民主的現代國家，其過程當然不會順利。半世紀以來，我們經歷著意料中和意料外的苦難，現在還難以立刻結束。青年，未來社會的中堅，應當使自己的運動充分把握住時代的使命。即是一切為了進步，一切為了民主。不應當把小圈子裡的利害看得比生民疾苦重，也不可讓感情過分氾濫，而招致不可控制的後果。那是我們所不忍見的。

四　師院附中學生反暴行罷課鬥爭（三月二十六日）

從《公論報》這篇題為〈青年運動〉的社論的內容看來，它顯然是看到事情正在朝向「不可控制的後果」發展，因而在「一切為了進步與民主」的立論基礎上，呼籲當局千萬不可以暴壓的方式處理青年運動，以免摧傷國族的生機元氣！

但是，歷史的進程顯然是朝著人們「所不忍見的」方向前進著。

就在同一天（三月二十四日）下午，台灣省立師範學院附屬中學兩位趕搭火車回板橋家的同學，又在台北火車站被鐵路警察拉下車來，毆打一頓。第二天，兩名學生向附中學生會報告事情經過，要求伸張正義，討回公道。

台北市中等學校學生於是也展開了一場反暴行的鬥爭。

黃永祥：我立即主持召開了附中學生會緊急會議，大家研究一致決定：在三月二十六日上午，聯合全市中學舉行反暴行、爭自由的示威遊行。同時我以台北市中等學校學生聯誼會主席的名義，通知各中等學校支援我們的行動。台北市師範學校、女子師範學校、成功中學、建國中學、市一女中、市二女中等學校學生會負責人都表示，只要附中學生遊行隊伍到他們學校時，他們響應並組織同學們參加遊行隊伍。我們認真具體研究了遊行路線、領隊人、口號、聯絡人、解散地點等。警備司令部獲知我校學生要舉行示威遊行，同時組全市中等學校聯合行動後，一面通知我校校長和訓導主任不許我們學生遊行，一面派出便衣特務到我校監視我們學生的活動。三月二十六日早上，附中學生會通知全校學生停課，準備罷課遊行。就在我通知各班同學到操場集合的時候，劉登峰和傅元愷兩老師獲知武裝軍、憲、警對我們遊行隊伍要採取鎮壓行動；為了避免不必要的流血犧牲，急忙找我和另外兩位同學商量，建議學生會改變原來的計畫，把罷課遊行改為罷課鬥爭，並派學生代表向鐵路局提出抗議要求，保證不再發生類似案件。我們接受劉、傅老師的建議，立即召集各班學生代表的聯席會議，宣布當天為全校反暴行罷課日，明確地提出「反迫害」、「爭自由」、「爭人權」的口號，號召同學們投入罷課鬥爭。會上，各班學生代表對鐵路警察無理毆打同學表示極大憤怒，情緒激昂。高二班曹君融同學提出成立罷課委員會，派代表向鐵路局提出抗議。大家一致同意這個建議，於是，我宣布成立「三二六」罷課委員會，推選我和曹君融等五人負責，經過反覆醞釀，提出五項條件向鐵路局進行交涉：一、懲辦肇事警察。二、由鐵路局警務處公開承認錯誤，登報向被毆打的同學賠情道歉。三、派人到學校向被毆打的同學賠情道歉。四、保證今後不再發生類似事件。五、如不答應上述條件，我們決定聯合全市中學舉行反暴行示威遊行。我們五位代表到鐵路局警務處提出抗議，要求他們全部答應我們的五項條件。不少同學也到警務處外圍保證我們的安全。經過一個多小時說理鬥爭，警務處警官打電話詢問車站，確實證明鐵路警察曾打過同學之事，迫不得已才口頭答應我們提出的條件。罷課的目的達到，鬥爭勝利了，次日復課。我們將這次「三二六」反暴行罷課鬥爭勝利實況登載在附中學生報上，分發給台北各中等學校學生會，以擴大影響，讓更多的同學認識到：只有用實際鬥爭的行動，才能保證同學的合法人權不受侵犯。⑨

五　在青年節晚會宣布籌組全省性學聯（三月二十九日）

「單車雙載事件」引起的學生抗議風潮過後一個星期，恰逢一年一度的三月二十九日青年節。政府在中山堂舉辦青年晚會。以台大和師院為主的台北市中等以上學校的學生自治會，於是以「紀念黃花岡革命烈士」的名義，在台大法學院廣場舉行慶祝青年節的營火晚會，打對台戲。

當天晚上，除了台大和師院兩校的大學生，剛剛結束一場反暴行罷課鬥爭的台北市各中等以上學校的學生也都熱烈參加；台中農學院和台南工學院的代表也遠來赴會。最後，大會宣布：在各校學生自治會的基礎上成立「台北市學生聯合會」，以「爭取生存權利」、「反對飢餓和迫害」、「要求民主自由」等口號，號召全省學生的連結。

殷葆衷：經過「三二一」的共同鬥爭，台灣學生跟內地學生的感情愈來愈親密了。一個星期後，也就是三月二十九日，恰好是國民黨政府規定的青年節。一些學生社團的負責人就想搞個慶祝青年節的營火晚會，同時也通過這個營火晚會，搞校際間的串聯。

陳培基：師院和台大的學生自治會分頭聯繫台北市部分中學的學生，利用紀念「三二九」黃花岡革命烈士的名義，在台大法學院廣場舉行營火晚會。師院學生在學生自治會糾察部長莊輝彰的指揮下，排成四行縱隊，女生領前，男生殿後，高唱著革命歌曲，走向會場，雄壯的氣勢贏得了友校同學的歡呼和鼓掌。

薛秋帆：我是福建莆仙人。一九四八年九月，我考上台中農學院農機系。農學院有十幾位莆仙同學住在一起，我就組織讀書會，辦《大家來》牆報，啟發同學們關心時局，並且和進步社團便當社的同學呂從周（高雄縣燕巢人）、秦長江等較密切往來。台北「三二一」反暴行運動的消息傳到台中農學院，我們就同進步社團星火社的成源發（女），以及農學系學生自治會主席黃光蒼等人商量，醞釀組織罷課示威遊行，以支援台北同學的鬥爭。由於受到阻撓，罷課示威遊行的活動被推遲了。這件事給我們的教訓是，組織學生運動，光靠本校的力量，是很單薄和脆弱的，必須加強校際間的聯繫，爭取互相支持。這時，從呂從周處得悉，台大、師院以及台北市的一些中學，將藉紀念國民黨「三二九」青年節，舉行盛大晚會，宣布成立台北市學生聯合

⑨黃永祥〈「四六事件」前後，台北市中學學生運動片斷——師範附中「三・二六」罷課記實〉，前引福建省台灣大專院校校友會編《「四・六」紀念專輯》，頁一一三——一一五。

會，邀請台中農學院派代表參加。我與呂從周、秦長江、黃光蒼等人商量，決定派黃光蒼、成源發、×××等三人，代表台中農學院赴台北參加「三二九」晚會。支持台北市成立學聯組織。會後，成源發還分別與台大、師院學生會聯繫，準備醞釀成立全台灣省的學聯組織。⑩

胡世璘：回到台北後，我們在三二九當天搞了個營火晚會。那可熱鬧了，外地有不少學生代表都來了。那時，原來聯繫好幾個學校都要來的，可後來許多學校都不讓來。我還怕，要是都不來了怎麼辦？如果這樣，營火會就開不起來了。後來，外地同學來了，就怎麼也都擋不住啦！滿場都是人。不過，現場還是傳說本地的那些同學不能來。可到了天快黑時，本地的同學也來了，來了很多很多人。我們在台上演出，看見下面操場上聚集了那麼多人，心裡高興極了。

殷葆衷：除了台大和師院的學生，聽說中南部幾所大學的學生代表也來了；另外，台北的中學生也來了不少。一般的說法是，那天晚上，大概有五千人左右；一說至少有九千人。

盧兆麟：這個晚會大概是台大和師院的自治會組織動員的。其他學校也都有自治會，他們之間只要互相呼應一下就可以了。當時也沒有什麼文宣，都是同學之間互相傳話。尤其是大家都住宿舍，有什麼消息也很容易通知；有時候，只要隨便貼一張紙，上頭寫有時間、地點、活動內容，有興趣的人自己就會來。那天晚上，我和二、三個同學騎腳踏車一起來到現場。

烏蔚庭：到了會場，我看到現場已經擠得人山人海，走路都走不動了。後來，我聽說，政府在中山堂辦的晚會，人卻寥寥無幾。當天晚上，也是台大學生的台電總經理劉晉鈺的兩個兒子劉登民和劉登元，向台電借了兩、三個探照燈，架在二樓教室的窗戶上，照亮操場。我們就在操場上唱歌、跳舞，並且教那些中學生跳秧歌舞。就我所知，那天晚上是台灣第一次公開跳秧歌舞。那些中學生以前沒看過人跳這種舞，也跳得很開心。

林文達：操場東頭搭起了簡陋的舞台。台大學聯，師院、台中農學院學生自治會，都有人上台激昂講話。台下坐著滿滿的學生。操場四周布置了幾個聚光燈，把整個操場照得如同白晝；為的是防止特務混進來，乘黑搗亂。慷慨激昂的講話完畢後就是文藝節目，有歌唱、舞蹈以及小話劇，〈跌倒算什麼〉、〈光明頌〉等歌唱出了學生的心聲。其中《王保長查戶口》的小品話劇，諷刺政府的腐敗，非常引人注目。整個晚會以全場學生一起扭秧歌做結束。儘管許多學生都是第一次扭秧歌，但大家都盡情地「扭」，希望「扭」出明天的到來。事後，我聽說當局為了防止學生「暴動」，在操場周圍架起了機槍。

胡世璘：那天晚上真是太激烈了，唱〈王大娘補缸〉的時候，連秧歌都扭起來了，你想想！晚會還是由我們歌詠隊表演，沒有別的。那天晚上，我們也唱〈你是燈塔〉這首歌，可就是把歌詞裡的「年輕的共產黨」改成「年輕的同學們」。記得每次一唱起這首歌，底下的觀眾就很激動。我印象裡，晚會的廣場上還有點篝火。可以算是台灣戰後學生運動的最高峰。

殷葆衷：晚會的表演節目以麥浪歌詠隊為核心。麥浪所唱的歌給人一種清新的感覺和精神鼓舞；它在台灣民間起了一定的影響，而且推廣得很快。在營火晚會上，大家打成一片，跟著台上的表演，一邊唱歌，一邊扭秧歌。同學們藉著慶祝青年節的群眾運動，發洩了對國民黨的不滿；最後還宣布籌備成立全省性的學生聯合會。

盧兆麟：那天晚上，大家表示：要團結起來才能爭取全國和平的實現，就同意以北部的大學和幾

---

⑩薛秋帆〈「四・六事件」的前前後後〉，前引福建省台灣大專院校校友會編《「四・六」紀念專輯》，頁一一三－一一五。

所高中為主體，組成台灣學生聯盟。這可以說是，台灣有史以來，學生關心時局，想要對社會盡一份義務的心情，表現得最團結最熱烈最有成就的一次。但是，當學生運動發展到全省組織化的學生聯盟時，對當時的政府來講，可能就是很大的刺激了。因為台灣學生聯盟如果搞起來的話，全島的學生就串聯起來了，不是只有一兩個學校而已。

第八章 四六風暴

社評
抗議日警槍殺我臺胞
美軍暴行案
血ぬられた"美し
台灣新生報
劇運在臺灣
林曙光
公署專科以上學校公費生公告
處理違警事件起因
警員與學生發生糾紛
臺大、師院學生一度列隊向
請願，已有結果。
警備總部
電令台大師院兩校
拘執不法學生
臺灣大學麥浪歌詠隊
演出
歌謠舞蹈會

跌倒算什麼，我們骨頭硬，
爬起來再前進！
生要站著生，站著生，
死也站著死，站著死，
跌倒算什麼，我們骨頭硬，
爬起來再前進。
天快亮，更黑暗，路難行，
跌倒是常事情，常事情。
跌倒算什麼，我們骨頭硬，
爬起來再前進！

——〈跌倒算什麼〉

台灣的學生運動正一波又一波地朝向組織化的縱深發展。在內戰中節節敗退、大勢已去的國民黨黨政要員也一批又一批地從大陸撤到台灣。據傳，為了防止共產黨對這塊淨土的滲透，各系統的特工也利用這個機會換成平民身分打入台灣。

事實上，當「單車雙載事件」引起警方與學生的衝突風波之後，治安情報機關便認為：「台灣社會運動的過程之中，類似『學潮』的發生，尚以這次為濫觴，以毫無社會運動基礎的學生，絕不可能發生如此有條不紊地大規模的學潮，而且從這製造學潮的方式來看，它的發展演變過程，完全與大陸上中共的手法相同」。①

當台灣的學運被這樣定性之後，它的被鎮壓也只是遲早之事了。

三月十六日，台灣省主席兼警備總司令陳誠應代理總統李宗仁電召，到南京述職。當他返台，聽完下屬報告處理台北學運的經過之後，當場大發雷霆；面對大陸頹勢，銜命整肅後方台灣的他，於是下令由警總副司令彭孟緝負責清查「主謀分子」，準備抓人。一時之間，台北的大學校園便籠罩在白色恐怖的風暴即將吹來的威脅之下，到處風聲鶴唳，學生人人自危。

風暴是從海峽彼岸的大陸吹過來的。

①裴可權《台共叛亂及覆亡經過紀實》（台北：台灣商務印書館一九八七年八月二版），頁七四。

一 南京飄來血腥的氣味

四月一日，南京政府派張治中為首的和平代表團，北上與共產黨議和，希望隔江而治。也就在這樣和戰不定的政治悶局下，南京各大專院校近萬名學生，為了貫徹真正的和平，於是在代表團搭機啟程之時，齊集總統府門前，舉行堅決反對內戰的集會和示威遊行。然而，和平代表團的座機剛剛降落北平機場時，南京的空氣中卻已經瀰漫起沖天的血腥氣味；「學生隊伍遊行經過的柏油路面上，到處是遺落的鞋子及溼漉漉的猩紅鮮血……鮮血從上午十時緩緩地流向下午五時，然後從南京流向全國。」②

林文達：事實上，「三二一」遊行之後，我們就聽到當局要抓捕學生的風聲；風聲愈颳愈緊，「黑名單」的傳說已在學生中傳開。我估計，同學裡頭也有人可能是情治機構的「線民」；風聲就是這樣傳出來的。那時候，也有人向我警告，說我因為在警察局窗戶貼標語的行動，也被列入「黑名單」之中了。

胡世璘：我在麥浪歌詠隊擔任過副隊長，這個職務是輪流的。我當副隊長時，麥浪歌詠隊正好印了一小本歌集，上面是我們表演的歌曲。有一天，學校訓導處找我去問話；問我為什麼出這個歌本？我很沉著的回答說大家喜歡唱歌啊！有個歌本比較方便，沒有其他目的。我當時只有一個想法，就是希望民主，希望能自由的唱歌；可他們卻連唱歌都要管。也就在這樣的情況下，我開始有點反抗思想了。也可以說是，從麥浪的下鄉巡迴演出後，我感覺自己好像已經介入政治了。基本上，我的不滿就是：我想要好好的唱唱歌，你們卻要管我！我的反抗思想的萌芽完全就是因為這樣的一種不滿，自己願意去做的。現在想起來，當時也挺勇敢的。因為，有時晚上練完歌，回宿舍的時候，後面會有人跟蹤。

黃永祥：四月一日至四月四日，為了反映台灣人民痛恨國民黨貪官污吏的民情，台灣省立師院附中學生會劇團又冒著風險，克服重重困難，在台北鐵路局禮堂公演了四場國民黨公開禁演的，陳白塵先生以喜劇性諷刺和揭露國民黨貪官污吏醜惡面目為目的而創造出來的話劇著作《升官圖》。因為學校訓導主任要我們更改名字，我們對外貼海報時更名為《步步高升》。第二天晚上演出時，電閘被破壞，禮堂的燈突然全部不亮了。對此，我們早就做好了準備，請鐵路局兩名電工幫忙檢修電閘開關。與此同時，在台下觀看演出的台灣大學和台灣省立師範學院的同學不但幫助我們維持現場秩序，並且帶領大家高唱進步歌曲：〈團結就是力量〉、〈你是燈塔〉等，台上台下一片歌聲嘹亮。電閘開關不久就修好了，我們於是在觀眾的熱情支持下，得以繼續演出，直到結束。我們的演出獲得了社會輿論的好評，原計畫只演三場，最後經大家要求又增加了一場，共演出了四場。③

林文達：四月一日，南京的大、中學生六千餘人要求和平的遊行被鎮壓，死二人、傷一百餘人的消息傳到台北。恐怖的氣氛籠罩著校園。即便如此，有些天真的學生仍然把一首名為〈大家唱〉的歌詞，改成「一個人被捕多寂寞，一群人被捕多快活」，毫不畏懼地唱著。

---

②一九四九年四月三、四、五日《新生報》；于禁《上海一九四九》（台北：風雲時代出版公司，一九九七年一月初版），頁四一一—四一二。

③黃永祥〈《升官圖》在台灣公演實況〉，前引中華全國台灣同胞聯誼會編《爲新中國誕生而奮鬥的台灣同胞》，頁三〇八—三一一。

殷葆衷：這時候，學生們對自己的力量過於高估了，頭腦也變得比較熱；往往一點小事就要把它鬧大，動不動就想要罷課。學校的氣氛也比以往緊張。我估計可能就要出事了。

盧兆麟：聽說，四月一日，南京學生有一個「希望和平避免內戰」的遊行請願被政府取締，死了兩個學生，受傷的還有幾十個。所以，當陳誠從南京述職回來，知道學生先前抗議遊行的情況，以及在營火晚會上宣布組織學生聯盟的事情之後，非常光火！他認為這樣下去還得了！於是下令要抓帶頭的學生。七八天後，情治單位就開始抓人了。

陳澤論：四月三日和四日，師院同學正準備聲援南京四月一日慘案，可是反動派對學生運動也在密切注視，磨刀霍霍。軍統、中統、憲兵、刑警，所有特務系統都派特務入學院活動、偵查。有便衣的，有穿制服的，有祕密暗中而來，有公開竄入宿舍……這時候，第一宿舍風聲最緊，大有「山雨欲來風滿樓」之勢。

陳培基：由於有人多次發現一些特務潛入校園，偷看學生的壁報和招貼，刺探學生的活動情況。師院連續兩任學生自治會糾察部長莊輝彰於是一再通知同學們，一旦發現形跡可疑的陌生人，一定要問清來意，必要時，馬上通知學生會。

二　周慎源被祕密逮捕與脫逃

四月五日，恰逢清明節，師院貼出：「清明節放假一天」的布告。南京的血腥氣終於跨越海峽，飄到台北。陳誠指令的逮捕行動展開。頭一個被捕的對象便是師範學院學生自治會主席——

周慎源。

陳澤論：拂曉，我照常到學院體育場上跑步。跑道上已有不少同學赤著身子在鍛鍊身體。大霧籠罩，幾步之外就不見人。突然，一位老同學奔跑來找我，喘呼呼地說，今天反動派要抓學生，台大、師院共十四人，我們師院有趙制陽、方啟明、鄭鴻溪、周慎源、鄧傳青、宋承治、莊輝彰七人。老同學說完就走，一下子消失在大霧中。我跑回宿舍，立即到北樓樓上，通知慎源、輝彰、鴻溪和傳青。傳青和鴻溪同住一寢室，輝彰、慎源各住一個寢室，這四個同學都是二月罷課的委員，我和他們很熟，也知道他們各自的宿處，我逐個通知，要他們即刻離開，說特務要在校外等待捕人。宋承治同學是英語系二年級同學，曾抄寫戰犯的名單在學院民主牆貼出，招來反動派的注意，上了黑名單。他這麼勇敢，我按理應通知他，但我想他為人爽直，又對我不熟，我怕洩漏祕密，所以只好到他寢室（他與我同住南樓樓上東邊），問他英語上的習題，纏住他，不讓他外出遇險。趙制陽住哪兒，我不知道。我又想，趙制陽同學年紀較大，老成持重，是李季谷院長的老鄉，包圍警察總局之前一夜，是我與傳青推選他為代表的；方啟明同學曾與我在北師附小同學，我不明他的住處，為了纏住宋承治，通知他已來不及。學院貼出布告，清明節放假一天，本省同學大多數回家過節，外省同學也有乘放假方便外出的，第一宿舍裡剩下的同學不很多，大都在復習功課。我到宋承治宿舍提問許多英語課上的問題，他一一給我解答，我內心很緊張，時時注意宿舍裡的動靜。中午，同學中傳來趙制陽在火車站被捕，各寢室紛紛議論，但怕消息不十分確切，一時尚未採取行動。

趙制陽：黃昏五、六點時，我在校門口買水果，突然有一福建口音的人與我搭訕，表示剛來內地（台灣），人地生疏，想打聽一位學生的消息，順道找親友，請我上車帶路。沒想到，我上車後，卻被載到派出所。④

盧兆麟：傍晚，大概是吃過飯後，有人到師院來找學生自治會會長周慎源，騙他說有親戚在校門口等他。結果周慎源一到，就被守在那裡的兩名特務挾持，推上三輪車，載走了。很巧，車子載到公園路台大醫學院附近時，剛好碰到醫學院放課，有很多學生在外面；周慎源逮到機會就奮力掙脫那兩名大漢，跳下車來，大喊特務抓人！然後衝進來來往往的學生當中。台大學生一聽說有特務抓人，那還得了，就要找他們議論。那兩名情治人員看情形不對就跑掉了。這個事情發生以後，台大和師院兩校的自治會幹部覺得不妙；他們判斷：情治單位可能不只是要抓周慎源一個人而已！所以就到師院的宿舍餐廳召開緊急會議。

陳澤論：下午三四時，台大公園路醫學院宿舍來電話，說周慎源同學被特務綁架，綁架的三輪車經醫學院，為同學所搭救，要師院同學派人去接，於是宿舍裡的同學震動起來了，糾察隊派出了三十輛腳踏車奔赴醫學院宿舍。不久，醫學院用三十輛腳踏車護送，一迎一送，共六十輛腳踏車送周慎源回第一宿舍。同學聞訊，群情激憤，慷慨激昂。遍查中國學校史，清明節向來不放假，可是師院布告上明明宣布四月五日放假一天。原來是反動政府摸清了大學生一放假就東奔西走的習慣，一面宣布放假，一面在學院周圍張布羅網，一俟他們要捕捉的目標走出校門，特務就跟蹤，到了僻靜處，就張開魔爪，祕密逮捕，神不知鬼不覺，同學無法搭救，連消息都無從打聽，待同學誤認×××同學因事外出未歸，哪知道他已身陷囹圄。過了一些時候，同學發現他已失蹤，向政府交涉，他們又裝聾作啞，說什麼他們正設法尋人，同學們營救無門，要罷課遊行抗議又無依據，這就是反動政府對中國進步學生一貫使用的特務手段的老譜。清明節放假是反動政府鎮壓學生預謀的第一個步驟。趙制陽、周慎源兩同學在同一天被逮捕是第二個步驟。他們的預謀，他們的手段正在實施，正在升級。

盧兆麟：師院的學生宿舍是一九四八年蓋的，是棟兩層樓的建築，兩邊各一棟，中間是廁所還有洗臉的地方，最東側是餐廳。因為住在宿舍的學生比較集中，而且宿舍裡頭有一個餐廳，大概可以容納四、五百個人，大家就在那裡開會，商量如何面對抓人的問題？要有怎麼樣的應變措施？

陳澤論：晚飯後，同學們齊聚膳廳開會，周慎源同學頭髮蓬鬆、披垂，當同學向他投射慰問眼光的時候，他取出一副亮堂的手銬，在座的同學第一次見到這樣的刑具，國民黨反動派竟然把兇具加在我們年輕純潔的學生自治會主席的雙手，心裡無比憤慨，有的拍桌子，有的頓足，全體同學不約而同站了起來，同聲聲討特務暴行。慎源同學介紹被捕經過。說完，膳廳的空氣激憤升騰，似乎沒有人主持會議，又似乎大家都是會議主席，爭先發表意見，抒發激情。我平生沒有見過如此激昂憤慨的場面。第二宿舍同學派代表來參加，會議開了一個多鐘頭就通過決議：㈠無期限罷課；㈡天亮之後，上街遊行，抗議反動派綁架學生的暴行。決議做定了，送走了第二宿舍的代表，同學們可回寢室休息，可是全體同學熱血沸騰，精神旺盛，尚繼續籌畫明天罷課遊行事宜。為了壯大明天的聲勢，決定連夜通知女生宿舍和台大新生南路宿舍、公園路醫學院、法學院宿舍等九個宿舍。代表剛走出宿舍，就遇便衣暴徒包圍、阻擋，不得已退回膳廳，接著，代表和糾察隊手挽手往前衝去，又被暴徒擋了回來。要掛電話，電話不通，電話線早已

④李青霖專訪〈劫後餘生——趙制陽憶四六亂象〉，一九九七年六月十一日《聯合報》。

被特務切斷了。這時同學們才感到第一宿舍已陷於特務重重包圍之中。夜已深，風雨淒淒，外頭一片漆黑，伸手不見五指，只有我們宿舍和膳廳燈火輝煌。深夜到天亮還有幾個小時，反動派一定在籌畫如何鎮壓學生……

盧兆麟：當天晚上，我們都感覺到宿舍附近有很多人在走來走去，周遭的氣氛跟平常很不一樣。我們都覺得奇怪！因此，大家心裡就有警覺：可能今晚要抓人了！

陳澤論：我曾先請兩位同學建議輪流守夜。他兩人都認為反動派不至於如此兇暴、反動，夜晚還來偷襲。後來我自己站起來提出輪流站崗守衛的建議，同學一致同意。第一宿舍有兩幢樓，南樓和北樓，各二層，樓上住二年級同學（每間六人），樓下住一年級同學（每間八人），樓正中設樓梯，樓梯向東向西各十間寢室，一共四十間寢室。同學們決定：南樓北樓每班各十人，每班一小時，自動報名，發現敵人即敲面盆，聽到敲面盆的聲音，大家齊聲戰鬥。同學不分台籍和大陸的都認為守夜站崗是最偉大光榮的任務，爭先報名，順序一下子編好，交接班的方法方式暗號也說定了。

三 台大新生南路男生宿舍開始緊張了

殷葆衷：四月五日下午，我聽到馬宗融教授去世的消息，立刻就跟一個復旦的老同學到他家去。馬教授是巴金的好朋友，原來在復旦教法文，因同情學運，與洪琛等一批知名教授被學校辭退，後來又到台灣大學教法文，在文學界很有影響。結果，門鎖住了，沒人在。我們在那裡等了好幾個鐘頭，還是沒人回來。就在等待的時候，突然下起大雨，我們全身都淋溼了。我因為已經一個星期沒有洗澡，衣服也沒換洗，都發酸了，就想回新生南路的宿舍洗個澡，順便換件乾淨衣服穿。可我不太放心，於是就隨口問我那個老同學：你看這情況，今天晚上會不會出事呢？他說雨下那麼大，應該不會有事吧。然後，他就送我回宿舍。我洗過澡，換了衣服，看看外頭的雨勢並沒有變小，心想晚上就留在宿舍睡了，雨下得這麼大，不可能會有事吧！

林義萍：四月五日，是我們麥浪歌詠隊成立一週年的紀念日。我記得，那天晚上，我們台大的幾個學運的主要頭頭，都在台大文學院食堂開紀念會。那裡有現成的桌子，擺成一圈。一方面匯報、匯演一下；一方面紀念我們的一週年。匯報演出完以後就大家發言，說將來要幹些什麼，也討論到要怎麼紀念「五四」的事。現場的氣氛真是熱鬧極了。

張以淮：到了四月五日「音樂節」晚上，為了慶祝巡迴演出的圓滿成功，麥浪就在台大教務處後面的食堂開了一個慶祝晚會，也座談討論日後的表演計畫。晚會上，來的人愈來愈多。因為一九四九年之後，大陸的一些寄讀生過來了，來了很多；其中也有所謂的職業學生。慶祝晚會結束後，我就回到新生南路我住的台大男一宿舍。

烏蔚庭：那天晚上，麥浪歌詠隊全體隊員在校本部福利社的餐廳聚會，慶祝音樂節。臺靜農老師的女兒臺純懿及林義萍還表演了拿手好戲〈康定情歌〉。大家的情緒十分熱烈，沉湎在去中南部演出獲得的空前轟動的甜蜜回憶中。慶祝會在十一時左右結束。天空下著毛毛雨。我騎著自行車，錢歌川的女兒錢曼娜撐著傘，坐在車後書包架上；我先送她回家，然後再回到新生南路的第一宿舍二號寢室（二號館）。

胡世璘：我們很多個同學弄了點瓜子，就在台大的食堂裡聊聊天、唱唱歌，算是慶祝音樂節。那天晚上，我們就聽說要抓人了；結果沒有，延至四月六日凌晨才抓人。

林義萍：紀念會開到很晚，大概晚上十來點吧！一個住學校附近的陳姓同學（福建老鄉）就要我別回宿舍，到他家裡去住。我個人認為，「四六事件」的發生並不是因為我們那天又發動全台北的學生來搞示威遊行！不是的！沒有！什麼運動也沒有！那麼是什麼原因呢？我以為，它應該和我們在食堂裡面開紀念會有關。怎麼說呢？其實，我們當時已注意到食堂外面有特務在監視我們了。但是，他們在外面，聽不清楚我們的談話，根本不會知道裡面在討論些什麼！那麼，為什麼抓人的時間會那麼巧就在當天晚上呢？我想，除了我們的紀念會引起當局的緊張之外，就沒有別的原因了。因為之前並沒有遊行示威呀！學生沒有到街上去啊！但它半夜就開始抓人。我想，當局可能認為，我們這樣熱烈的搞紀念會，那第二天肯定會有些什麼遊行示威的安排吧！因為這距離「單車雙載事件」沒有多久時間嘛！我想，這裡面就牽涉到了國民黨是有鎮壓我們的企圖的！其實，它早就在暗中監視我們了。他們要下手，這是肯定的。要不然，陳實那一批人就不會都先走了。

殷葆衷：我的寢室正對著宿舍大門口。入睡前，雨還是下得非常大，我也感到比較放心。我看了一下錶，快要十二點了。就在這時，我聽見大門外頭有一些雜亂的聲音在響。我走近窗口一看，竟然是一群頭戴鋼盔、全副武裝的阿兵哥。起初，我想他們大概是雨太大了進來躲雨的吧！後來，軍車不斷地開來，阿兵哥也愈來愈多，我才覺得奇怪。可我當時怎麼也沒想到，那些軍人竟敢進到學生宿舍抓人！我又去看看宿舍南面的情況。我發現，南面窗外大操場上也布置了許多穿著雨衣的警察。這時，我才真的相信，他們已經不顧一切闖進來了。糟糕！我想，今天一定要出事了！

林文達：師院學生自治會主席周慎源被特務綁架然後脫逃的消息，證實了當局準備抓人的風聲的可信度。當天晚上，住在新生南路台大學生宿舍的我們就開始緊張了。大家立刻做準備，以防特務的襲擊、綁架。我們的措施是：如果發現有同學被特務綁架就敲打臉盆呼救，大家就衝過去搶救；同時，大家都把寢室的門牌全拆下來，讓那些特務搞不清楚哪個房間住了哪些人，就無法照著名單來抓到人，或者抓錯人。其實，因為新生南路的台大學生宿舍沒有圍牆，所以根本就無法做什麼準備。開始的時候，他們並沒有什麼動靜。同學們上廁所的上廁所，刷牙洗臉的去刷牙洗臉；看起來，一切如常。只是宿舍四周已布滿了武裝的軍警。大家就去睡了。

四　警備司令部的逮捕作業

與此同時，師範學院代理院長謝東閔接到台灣省警備總司令部兼總司令陳誠發出的「特字第貳號代電」，指名逮捕「周慎源、鄭鴻溪、莊輝彰、方啟明、趙制陽、朱商彝」等六名學生。台大校長傅斯年也接到了同一電令，點名要抓曹潛、陳實、許華江、周自強、朱光權、盧秀如、孫達人、王惠民、林火鍊、許冀湯、王耀華、簡文宣、陳琴、宋承治（按：宋承治是師院英語系二年級學生）等十四名台大學生。

電文指控這些學生：「首謀張貼標語散發傳單煽惑人心擾亂秩序妨害治安甚至搗毀公署私擅拘禁執行公務之人員肆行不法殊屬居心叵測」。接著又說：「該生等本（五）日晚復又糾眾集議希圖實施擴大擾亂」；因此，警備總司令部基於「維護社會安全保障多數純潔青年學生之學業起見應即予以拘逮」；最後，電文命令兩校當局立即將這些學生「按名指交到案以肅法紀至於其他學生希善為撫慰安心照常上課幸勿盲從附和致干法究」。⑤

從電文的內容看來，這份代電應是偵悉學生將於第二天早上發動示威遊行而緊急發出的吧。人們也可根據這份電文的白紙黑字判定：它既是引發「四六事件（慘案）」的導火線，也是當局蓄意製造「四六事件（慘案）」的證據。

謝東閔：事件爆發前一天晚上，我和傅校長以及當時的警備司令，名字我也忘了。我們三個人開會，提出因應之道；警備司令部堅持要動用軍隊進入校園內抓人，我和傅校長主張學生的事可以慢慢勸，不要用軍隊；後來司令部仍堅持軍隊抓人，我就告訴他，那能不能槍裡頭不要填子彈。⑥

彭孟緝：民國三十八年台大與師範學院鬧學潮，台大學生打警察，把督察長也抓走。當時陳辭公是〔台灣省政府〕主席，我是〔警備總司令部〕副總司令，後來陳辭公由南京回來，叫我來辦。〔台大校長〕傅斯年得來找我但又怕見我，他說：「我不願意去找他。」那時黃仲圖（前高雄市長）是台大總務長，我與他的個人交情很好，他說：「彭孟緝這個人是很好的，可以去找他。」所以他〔傅斯年〕來找過我。以後傅斯年與我成為好朋友，每星期五到我住所講授幾個鐘頭的歷史。當天晚上在辭公家開會，師範學院院長謝東閔先生、台大校長傅斯年先生都來了。謝東閔先生向陳辭公鞠了一個躬，他說，師範學院的院長他不做，所以後來派劉真先生去接任。同時傅斯年對我講：「我有一個請求，你今天晚上驅離學生時，不能流血，若有學生流血，我要跟你拚命！」我對他說：「若有人流血，我便自殺。」⑦

五　師院第一宿舍的全面逮捕

陳澤論：我參加守夜，自選十二時至一時，正當我換班回寢室睡下，急促的激動的臉盆聲響徹靜寂的夜空。我披衣起來，眼見路燈下，頭戴鋼盔、手持上刺刀的步槍的全副武裝的兵士一排排、一隊隊向南樓逼近。

朱乃長：六日凌晨，忽然「鐺—鐺，鐺—鐺」的聲音大作。原來有個夜裡起來解手的同學，從廁所窗口忽然瞥見離學校不遠的地方，無數身穿軍裝、荷槍實彈的士兵，還有手持棍棒的警察。他立刻回到寢室，隨手抓起一只臉盆，跑到走廊，邊敲邊叫。被驚醒的同學們紛紛跳下床來，跑到走廊去看，這才發現宿舍已被軍警團團圍住；大家立刻喧嘩起來。這時，有個高大的身影站在三樓的樓梯口，大聲吆喝：到食堂裡去！到食堂裡去！大家於是匆匆下樓，到食堂集中，然後由自治會的莊輝彰臨時主持會議。

陳澤論：我走進膳廳，守夜站崗的、睡覺醒來的同學，紛紛來膳廳集中，糾察隊（由莊輝彰組織起來，目的是保護同學）在宿舍膳廳周圍放哨，與鋼盔荷槍的兵士面對面，只幾步之距。膳廳裡的同學們的面孔顯得十分嚴肅和緊張……軍隊愈逼愈近。軍隊前面又出現了穿黑制服的警察、佩戴短槍的憲兵與穿便衣的特務，黑壓壓一大片、一大堆。膳廳四面是玻璃窗，電燈照亮，我

---

⑤一九四九年四月六日《新生報》。

⑥謝公秉專訪〈謝東閔：我從頭到尾沒有把學校關掉〉，一九九七年六月十九日《聯合報》。以下謝東閔證言皆同。

⑦前引賴澤涵、許雪姬〈彭孟緝先生訪問紀錄〉，頁三三五、三三七—三三八。

們的活動完全暴露在敵人眼前。大家決定退出膳廳，轉移北樓。膳廳與南樓由糾察隊防守，敵人有幾千，糾察隊只有二十多人，寡不敵眾，先是膳廳失守，接著是南樓失守。大家覺得只靠糾察隊力量不夠，不如退出北樓樓下，依仗樓梯的「險要」，只守北樓樓上，全體同學投入戰鬥。頃刻間，防禦工事修築好了——樓梯頭用自修用的課桌重重阻擋疊堆。廚房工人送來的早餐吃下，肚子飽了，飯碗又是很好的投擲武器，窮學生平日買來做菜的醬油瓶更為好用，搬來樓梯頭嚴陣以待，上來一個打一個，上來兩個打一雙。〈團結就是力量〉、〈你是燈塔〉的大合唱的歌聲衝破清晨的天空，響徹雲霄。

朱乃長：經過急促而短暫的商議和爭論，大家又全部轉移到位於食堂東面的新宿舍。住在底樓的不少同學已跑上樓梯，和住在二樓、三樓的同學一起占住樓梯口的制高點，決心憑險據守。有的同學到處收集瓶瓶罐罐，用來當作投擲的「武器」。有的則找來了不少掃帚和棍棒，作為肉搏的「武器」。有的拖來桌椅、長凳，橫在樓梯口，當作障礙物。另一些同學則站在三樓房間的窗口，對著那些鬼頭鬼腦、躲在宿舍周圍的軍警喊話，要他們不要抓無辜的學生。有一夥打手旋即逐漸逼近宿舍，衝進底層。學生居高臨下，不停地把各色各樣的雜物扔下去；有的搬來更多的桌、椅、床板，用它們做屏障，逐樓構築工事，堵住樓梯和樓梯口。

陳澤論：和平東路靜悄悄，公共汽車不見了，一輛掛天線的軍車來回指揮，近處遠處樓房平屋的陽台站著許多人，眼睜睜地注視我們這個陷入重圍的孤樓，聆聽我們雄壯的呼喊和戰鬥的歌聲……我們向士兵喊話：士兵們，我們都是學生，都是好人。有的士兵聽了，對我們發出微笑，沒有反應。

朱乃長：這時，有個身穿軍官服裝的傢伙，手持擴音筒，對著宿舍樓大聲喊叫：我們受上面差遣，到這裡來送交一份公函。你們別扔東西下來。我們派個人上去，把它交給你們……同學們商議後，決定不讓任何軍警上來，就從樓上向他們喊話：你們把東西準備好。我們讓人下來取。過一會，果然有人下去，取來一疊油印的傳單。大家搶著一看，原來是警方想要拘捕的同學名單，就大聲臭罵起來。於是，雙方又對峙了很久。

陳丁旺：我是高雄市苓雅寮人，一九四六年考入師院史地科，「四六事件」中被捕，繫獄七天。跟我住二〇八寢室的雄中同期同學莊輝彰〔英語系〕也在黑名單之內。軍警透過廣播要求交出黑名單上的同學，否則「開槍殺光」；但是，我們拒絕交人，並向軍警及來勸解的謝東閔代理院長說：希望軍警當局向學校協調解決問題。軍警不聽我們的要求，強迫要逮黑名單內的學生，於是以十餘人為先鋒，衝入宿舍。我們學生都集中到二樓，同時把所有的桌椅放在樓梯出入口，作為障礙物抵抗，爭取時間，讓黑名單中的學生逃走。莊輝彰由我協助，打破二〇八室的天花板，想從那裡逃走，但是因為太緊張，不小心就從天花板掉下來，而且受傷，沒有逃成。⑧

朱乃長：看了黑名單之後，有人就把名單上的同學藏在天花板和屋頂的隔層裡，還有人把他們的學生證收集起來，埋在廚房的煤堆下面。我們認為，只要大家都不說出自己的名字，不「按名指交」，軍警特務就奈何我們不得。雙方僵持到早晨六時半左右，院長謝東閔和訓育處的一些人員來到新宿舍，企圖勸說同學交出名單上的七個「首謀」，但遭到嚴詞拒絕。七時左右，他

⑧陳丁旺證言，一九九七年三月二十六日，鳳山陳宅。詳見藍博洲《天未亮》，頁一七二—一七三。

們怏怏然離開宿舍，並扔下一句話：一切後果，由你們自負。

陳澤論：謝東閔院長上樓向我們宣讀了警備司令部要逮捕的七個同學的名單，說只要交出七個同學，大家就沒事，軍、憲、警就可撤走。同學們聽了先是「噓、噓」後轉「轟」擊。有的同學站在椅子上怒吼：要抓七個同學，就把我們一起抓，我們決與北樓共存亡。轟走謝院長之後，敵人又是幾次衝鋒，頭戴鋼盔、安全帽，頭頂課桌衝上來。這時樓梯頭聚集十多人，都手執凳子腿（抵抗）。樓下開來了幾部卡車，大家預計反動派要把我們全部抓走，〈坐牢算什麼〉的歌聲立刻響起來。是呵！「生要站著生，死要站著死」，坐牢沒有什麼可怕！大家面對著都要成為階下囚，義憤填膺，沒有一個顯出畏懼憂愁的神色。謝東閔又爬上樓來，還是來勸降，苦言勸告同學們交出方啟明、周慎源等六個同學（趙制陽已在火車站被捕），同學一陣怒斥，謝院長狼狽不堪，低下頭滾下樓。

謝東閔：因為我知道軍方的態度，所以第二天一大早我告訴學生，你們把少數幾個職業學生交出來，事情就可以解決了。但是學生不從，所以軍隊進來之後就開始抓人。

朱乃長：他們剛走，兇神惡煞似的警察就揮舞著棍棒，衝了過來，對新宿舍樓上的同學重新發起攻擊。憲兵和特務則跟隨在後面，大聲吶喊，為他們助威。警察似乎要報四分局一役中的一箭之仇，所以對我們格外兇狠、毒辣。他們用從底樓寢室裡搶來的毛毯、臉盆等東西，遮蔽身體要害和頂在頭上，揮舞著手裡的警棍，從宿舍的底樓逐層往上攻；學生則從樓上不斷往下擲玻璃瓶、熱水瓶等雜物，拚命抵抗。

曾文華：他們軍警一直想辦法要攻進來。我們學生只有勇氣，既沒有槍也沒有其他什麼武器，可以說手無寸鐵啦！沒辦法，就一直用東西丟；我們這邊丟下去，他們就躲起來。到後來，我們把所有能丟的東西都丟完了，只好連吉他、木屐、墨水瓶也拿來丟。最後，沒東西丟了，他們就衝上來，所有住宿舍的同學就統統被抓去了。

陳澤論：憲警見人就打就抓。我只退後幾步，就被憲兵反剪捆綁雙手，拉下樓梯。便衣特務布列每一個梯階，見人就打。我被特務用木棍擊中頭顱，鮮血迸流滿面，又淌流衣裳，無力登上囚車。王家儉等同學扶我上去。每車約有二十多個同學，有的面部青紫，有的骨折脫臼，有的皮肉綻開，大多數同學都負傷。

朱乃長：我看到不少同學被棍棒打得鮮血淋漓，鼻青眼腫。在軍警的棍棒和拳腳下，手無寸鐵的我們只能逐漸後退，直到一個個背靠牆壁，再無退路。大約上午八、九點鐘，一場惡鬥以同學抵抗失敗告終。這時，新宿舍已經「體無完膚」；整幢樓，每一扇窗上的窗框和玻璃，已給復仇心切的警察用棍棒砸得粉碎。軍警把我們逐一反轉手臂，捆綁起來，拖拉推擠，逐一押上等待已久的警車。幾輛大卡車接著又開來，把反剪雙臂的兩百多個同學，統統押走。

陳澤論：兩百多個同學蹲伏十多部車斗，各車斗旁邊站著幾個持槍掛著刺刀的兵士，厲聲說不許東張西望，違者格殺勿論。卡車在路上開足馬力，轉了一個彎又一個彎，約莫走了二十多分鐘，終於停下來了。車上的囚徒，一個個在刺刀槍口瞄準中下車，走進一個寬大的舊房子，靠壁兩列統床，後來才知道這兒是東門台北警備司令部的兵營，距學院很近，卡車的奔馳和轉彎是故意迷惑車上的囚徒，使之不明關押的地方。

六　新生南路台大男生宿舍的圍捕

林文達：四月六日清晨，我從隔壁傳來的敲牆聲中醒過來。我透過寢室的玻璃窗往外看，在濛濛細雨下的路燈微光中，看到操場那頭布滿了荷槍的軍警。我想，要發生的事終於來了。不久，這些軍警已進入學生宿舍。我們可以聽到他們在宿舍走廊來回巡邏時，隨著腳步的規律發出的皮鞋喀喀作響聲。

孫志煜：大概是早上六點左右吧！我在睡夢中被寢室外頭鉈啦鉈啦的皮鞋聲吵醒。因為走廊是水泥地，那些軍警跑來跑去，所以很大聲。我這才知道宿舍四周已經被包圍了。他們手持步槍，把新生南路到後面巷子的四周都包圍起來，不讓我們離開宿舍。

張以淮：起床後，我發現整個宿舍已經被軍隊包圍了；部隊一共有三排，第一排是徒手的軍人，後面兩排則分別手持步槍和機關槍。我們住的是平房，一排一排的，一個房間住四個人，每個門都對著外面，門口就有軍人守著，不讓我們出去。我們還能怎樣？

烏蔚庭：我被走廊上異乎尋常的沉重的腳步聲驚醒。外頭正下著大雨。我開了門向外張望，不由得大吃一驚，因為走廊上至少有五、六位著軍服荷槍的士兵。我再走到房間的另一頭，打開窗戶，看到在室外的大操場上，至少有數十位軍人遠遠地站著；他們都套著黃綠色雨衣，倒背著步槍，團團包圍了宿舍。這時候，大家都起床了，很懼怕，不知如何是好。後來，有一位膽子較大的同學拿著面盆及漱洗用具出了房間；他想去洗臉，卻被走廊上的軍人擋住，說每個人必須留在房間，不准外出。他回到房中，面面相覷，不敢作聲。再後來，有一位同學急著要上廁所，一位士兵就把他押去押回。

林文達：天快亮時，軍警從門縫裡塞進一張警備司令部的通緝令。通緝名單包括台大和師院的學生，一共有二十一名。其中，台大學生聯合會主席陳實也名列其中；其實，他早在麥浪南下公演結束後就離開台北，到了香港。照這樣看來，我們判斷，一種情況是特務的情報根本不靈，還有一種情況就是它要抓的人一定不只是名單上的學生而已。

張以淮：我記得，那張油印的通緝令要抓的人大約有三、四十個。可奇怪的是，他們頭一個要抓的曹潛並不是台大的學生。我後來問過曹先生，他說，他當時才從浙江過來，準備要考台大！

殷葆衷：曹潛雖然考取了台大，卻並沒有來台大上學。他和我一樣，是復旦的學運骨幹，被開除，來台灣之後，在一所中學擔任行政工作。也不知國民黨的特務工作怎麼做的，他竟被認為是這次學潮的首要分子，而且還跑到台大宿舍要人！後來，他還是在別的地方被捕，坐了三年多的牢。可真冤枉啊！黑名單上的第二號人物，事隔多年後，有人說是在此之前已經離開台灣的陳實；也有人說是一個叫孫達人的內地同學；甚至，也有人說是我。可我自己記得，我排第三個。反正都是他們點名要抓的人。我認為，我們不能老老實實地等著他們來抓。我在上海的經驗告訴我：被抓沒關係，只要讓學校知道，生命就會有保障；如果被抓進去，卻沒有人知道，那就完了。我立刻把我的想法，跟一個也是國民黨要抓的同學周自強商量；他也同意我的想法。我們便爭取時間，設法讓校方派人來現場，看著我們被抓。

林文達：天亮後，軍警們依然沒有動靜。平時宿舍裡起床後的熱鬧不見了，一切都是沉悶的，時間在安靜中一分鐘一分鐘地過去。同學們開始像平常一樣去洗臉、刷牙、上廁所。我也利用這個機會觀察周圍的動靜。我看到三三兩兩的武裝軍警仍然在走廊上來回走動，宿舍周圍的各個角落都有軍警站崗。早餐時間到了。原來分散在各個房間的同學們也都集中到飯堂，吃早飯。

軍警也利用這個機會把包圍圈縮小。同學們聚在一起，一邊吃早飯，一邊議論如何面對這樣的變化。

殷葆衷：他們一直到我們進食堂吃早餐都還沒有動手抓人。我於是向周自強提議：我們吃了早餐之後就不要再出來，用桌子、板凳，把門窗都頂著；他們要是進來抓，就抵抗，能抵擋多久算多久；反正，只要把事情鬧大就是了。這樣，即使我們被抓進去了，也不會被祕密處決。周自強同意照我提的點子做，並且也說服其他同學。吃過早餐後，大家就一起動手搬食堂的桌椅。雙方的對峙就從宿舍轉移到食堂。

林文達：後來有人提議：吃過飯後，大家留在飯堂不要走！他認為，那些軍警應該不至於衝進飯堂抓人。大家覺得有理，草草吃過早飯後就留在飯堂，集中起來。那些軍警看我們沒有離開飯堂，就把包圍圈縮小到飯堂的周圍，既不衝進來，也不讓我們出去。

殷葆衷：後來，周自強怕同學們的抵抗意志會被時間削弱，就要我站起來，發表演講。可我認為，我們幾個列名黑名單的人不能露面啊！如果我們站在那裡發表演講被看見了，以後就會說我們煽動；那將會罪上加罪。我於是要同學們站在椅子上，把我包圍起來；我就站在水泥地上演講。我講的內容主要還是說：軍人到學校宿舍抓學生是不合法的，我們是正義的，如果他們硬要抓，就要按照法律來辦事。再一點，我們堅持要求校方派人來現場，看著我們，知道我們是被誰抓去的，抓到哪裡。要不然，我們的生命都沒有保障……我話還沒講完，突然卻有個同學按捺不住地大喊一聲：衝啊！這一下子，就出問題了。因為心裡面已憋了一肚子氣，所以一些同學聽到有人喊衝就毫不考慮地衝出去。他們一衝出去，那些在外頭的軍人就對空鳴槍。其中一些沒經歷過學運鬥爭的同學，一聽到槍聲就本能地往後退；這樣，有幾個衝在前面的學生就被趁機抓走了。

林文達：不少學生高聲抗議，我們被剝奪了人身自由，高喊我們要自由、我們要上課……的口號；同時，也有人抗議警備司令部通緝學生的行徑，反對聲、抗議聲不斷。後來，同學當中有人喊了一聲：衝！陳錢潮一聽就第一個衝出去，我緊跟在他的後頭，我的後面還緊跟著一些同學。這時候，在大門口待命的武裝軍警見勢就朝地下開槍，一個軍官頭子指著陳錢潮喊說：抓住他！幾個軍警立刻衝向奔往大門口的陳錢潮，抓住就打。體魄魁梧的陳錢潮扭不過他們，一邊挨打一邊被抓走。這樣，陳錢潮雖然不在通緝名單上，卻成為台大宿舍第一個被抓的同學。大家眼看這情況就知道衝是衝不出去了！於是又回到飯堂。

烏蔚庭：在飯廳裡，大家圍成一堆，我記得最清楚的是我們幾個人把名列黑名單之一的孫達人圍在中心。許多軍人也到了飯廳，但他們似乎束手無策，不知如何著手。這樣，大家僵持了至少有十五分鐘之久。

林文達：這時，一個軍警頭子走進來，向我們說：只要你們把通緝名單上的學生交出來，你們就可以馬上回學校上課。但是，他的講話遭到許多學生的辯駁；大家表示，寧可被捕也不願交出名單上的同學，同時，仍然高喊：我們要上課、我們要人身自由之類的口號，僵持不下。軍警的交涉毫無結果，於是就開始抓人。

烏蔚庭：終於有人出主意了，他們開始一個一個拖出最外圍的學生，並要其出示身分證，如果這個學生沒有列名黑名單上，就叫他走回自己的寢室。這種個別擊破的方式顯然很管用。

林文達：當我們穿過飯堂小門要離開飯堂時，飯堂門外已經布置好了軍警特務，有的拿著照片在指認。當王耀華經過時，有一個便衣立刻指著他說：就是他！這樣，王耀華被捕了。後來，前學生會主席周自強也同樣被捕了。接著，吳聖英、陳克臻、朱昭直、陳秋玉、史靖國等同學也都在離開飯堂時一個個被抓了。

鄭約翰：一九四八年秋，台大當局要求同學組織的社團於年底前向訓導處登記。一九四九年一月，訓導處要各同學登記住宿地點，並派專人檢查同學來信，監視「重點同學」的住處和行動，其實就已經為製造白色恐怖統治做好準備了。

烏蔚庭：圈子愈來愈小了，我們在中間的，已經感到絕望。被圍在核心中的孫達人當然更緊張。可他們見到他身分證上的名字為「孫志煜」，就叫他回房間。當大家正在替他慶幸絕處逢生時，台大校本部收發室的辦事員突然來了；他對軍人們說：這個人就是孫達人，我認識他，把他抓起來。原來孫志煜寫得一手好文章，尤其會寫散文，「孫達人」是發表文章時用的名字，我們平常也叫他「孫達人」。因為他來往的信件多，經常到收發室去取信，所以那位收發員認得他。如果那天治安單位沒有這位臥底於收發室的特務，孫達人就不會失去自由了。

孫志煜：當那些軍人在抓人的時候，學校收發室那個管理信件的人，就躲在他們的背後指指點點。這個人年紀很輕，平常經常穿著軍裝；這時，我們才知道，他原來是臥底的特務。大部分學生在大陸的同學很多，互相的信函往來也很多；有時候是從安徽大學、政大、交大，甚至還有更遠的地方寄來的。那些平常信件很多的同學，一定早就是他特別注意的人了。事實上，那些軍人並不認識名單上的同學；而他在管信，認識學生，所以，一定要通過他指認，才知道要抓誰吧！當然，他還是有不認識的人，所以他們也錯抓了一些並不在名單上的同學。

殷葆衷：輪到我的時候，他們沒問我什麼，我也一直不吭聲。我看他們拿著一份資料，一邊看我，一邊核對資料上的照片；有人說像！有人說不像！最後，就把我放過去了。我覺得很奇怪，怎麼又不抓我了呢？後來我才知道，他們資料上的照片是從復旦大學轉過來的：剃光頭（因為愛游泳），也沒有戴眼鏡。我是後來因為遊行時頭部挨了打，眼睛受傷，才開始戴眼鏡。難怪他們會認不出我來。結果，他們錯抓了一個跟照片上的我長得很像的物理系學生史靖戈。他是基隆要塞司令史宏熹的姪子，據我所知，他從不參加任何活動，只是跟一些進步學生有往來而已。

林文達：有些不在通緝名單上的同學，雖然明知自己被錯抓，也不辯解，為了保護通緝名單上的同學，寧可將錯就錯。麥浪原先在唱的一首名為〈大家唱〉的歌，歌詞裡頭的一段是：一個人唱歌多寂寞，大夥兒唱歌多快樂！同學們就將它改成：一個人被捕多寂寞，大夥兒被捕多快樂！毫不畏懼地唱著。雖然這反映了同學們不知天高地厚、天真的一面，但也清楚表現了同學們為了保護同學而義無反顧的情誼。

孫志煜：我們被捕以後，就一個個由四、五個持槍的士兵押走。到了新生南路的宿舍門口，那些兵就把我們押向左轉，踩著碎石子路，走到信義路、新生南路口的八路公車終點站。那裡已經停了幾部十輪大卡車。我們一個個被推上卡車。上了車，那些士兵立刻用繩索把我們五花大綁。幾個先被抓的同學就這樣動彈不得，看著他們一批又一批地把其他同學抓來。大概是過了好幾個小時吧！快要中午了，他們的抓人行動才告一段落。我們就一車一車地被載離現場。當卡車就要開動時，那名收發員還在車下指指點點。

烏蔚庭：大家對這次事件的發生十分憤怒，三三五五的走到大門口。我見到在新生南路上停有幾部大卡車，上面已經站著不少被抓的同學。我的同班好友沈慕如（嘉興人）看了以後，就很有正義感地大聲罵說：怎麼可以這樣亂抓人？一位在他身旁的軍官就狠狠地說：為什麼不可以？

隨即跟後頭的士兵說：把這個也抓了，看他的嘴巴還硬不硬。於是沈慕如也被拉上卡車。等到卡車開走，軍人撤走了，我們才在操場上集合，討論應當怎麼辦。眾人皆贊成到校本部去。可是馬路仍封鎖著，小路也走不通，只好各回房間，或留在飯廳中，互詢各自的經過情況。

林文達：後來，基本上就不再抓人了。他們只是把我們包圍在宿舍裡，不讓出去。我們被困在宿舍裡，哪裡也不能去。這時候，我才深刻地感到自由的可貴；平時熙熙攘攘的宿舍，現在已變為讓人受不了的一片死寂。我們就這樣熬過了兩天。第三天，那些軍警才讓我們走出宿舍；但宿舍大門仍有軍警在站崗監視，晚上也還實行宵禁。

七 陳誠整頓中上學校學風

四月六日，警備總司令部通過中央社，向各新聞媒體發布了一則拘捕二十名台大和師院學生的名單和理由：

警備總部，近據確報有台大及師院學生十餘人，首謀張貼標語，散發傳單，煽惑人心，擾亂秩序，妨害治安，甚至搗毀公署，私擅拘禁執行公務人員，居心叵測，實甚明顯，而該生等昨晚復又糾眾集議，希圖擴大擾亂，頃聞該部為維護社會安全，保障大多數純潔青年學生學業起見，已電令兩校當局迅將該生等拘案依法偵訊，以便其餘學生仍可照常安心上課，茲將各該學生名單探錄如下：

㈠台大：曹潛、陳實、許華江、周自強、朱光權、盧秀如、孫達人、王惠民、林火鍊、許冀湯、王耀華、簡文宣、陳琴、宋承治。

㈡師院：周慎源、鄭鴻溪、莊輝彰、方啟明、趙制陽、朱商彝。⑨

當一般讀者看到上述那則通訊的時候，兩校的逮捕行動基本上已經快要完成了。

為了「整頓學風」，逮捕行動結束以後，台灣省主席陳誠特別以「台灣省警備總司令部兼總司令」的身分，向社會各界發表談話。與此同時，他又以台灣省政府的名義，以同樣的理由，電令師範學院「即日暫行停課，聽候整頓」；同時還通令全省中學以上學校：「務希剴切告誡學生，安心求學，不得再有越軌行動，違者應由該校開除學籍，政府亦必加以有效制裁。」

兩通電令的內文同樣通過中央社發布給各報刊載，讓全省民眾廣為知之，心生警惕。

陳誠：台省學風，向甚淳樸，惟近來台大及師院有少數外來學生，迭次張貼破壞社會秩序之標語，散布鼓動風潮之傳單，甚至搗毀官署，私擅拘禁公務人員，凡此種種違法干紀之行動，絕非學生所應為，本部為維持公共治安，保障大多數純潔青年學生起見，經查報確實，業將首謀者予以拘捕，依法處理中，殊恐社會各方不明真相，特先做一簡單說明：本部此種措施為青年前途及本省前途計，實出於萬不得已，在執行過程中，容或使兩校教職員先生及各學生家長受到虛驚，殊感歉疚！學風之敗壞，自非一朝一夕，政府與學校當局，及學生與其家長，均難辭

⑨一九四九年四月六日《新生報》。

其咎，政府整頓學風，已具決心，尚望今後各方皆能善盡其責，務使不再有此類事情發生，庶全體青年學生，得以安心向學，至各校所感到的困難，及教職員的生活，政府當竭力之所及，盡量注意解決改善。[10]

中央社：省府鑑於近來各校迭有少數學生，行為不法，妨害公共治安秩序，而校風之敗壞，尤以省立師範學院為甚。為徹底整頓計，特令該院即日暫行停課，聽候整頓，所有學生一律重行登記，再行定期復課。[11]

台灣省政府：查近來師範學院少數不法學生張貼破壞社會秩序之標語散發煽惑人心之傳單甚至搗毀官署私擅拘禁公務人員擾亂秩序妨害治安殊堪痛恨為整頓學風保障大多數純潔青年學生學業起見不得已將為首學生拘送法辦茲著令該校即日暫行停課聽候整頓所有學生應一律重行登記再行定期復課敕希該校轉知全體教職員暨各生家長仰體政府整頓教育之居心約束學生安分守法不得再有越軌行動。[12]

中央社：省府為切實整頓學風起見，特通令全省中等以上學校，希各剴切告誡學生安心求學，不得再有越軌行動，否則除由各該校開除其學籍外，政府應加以有效制裁。[13]

台灣省政府：查近有少數不法學生，張貼破壞社會秩序之標語，散發煽惑人心之傳單，甚至搗毀官署，擅自拘禁公務人員，其敗壞學風，擾亂治安，莫此為甚。本府為整頓學風，並維護多數純潔青年學業起見，不得已對於為首學生業已拘送法辦。唯恐搗亂分子造謠生事，鼓動風潮，務希剴切告誡學生，安心求學，不得再有越軌行動，違者應由該校開除學籍，政府亦必加以有效制裁。[14]

八　擁護政府整頓學風的各界輿論

中央社的通訊同時揭露，就在陳誠的「聲明」發表以後的當天下午，立刻就有部分據云對於「近來有少數不良分子混入各級學校，鼓動風潮」的學風「甚感憂慮」的學生家長，在中山堂集會，「討論如何協助政府整頓校風」。⑮

第二天，也就是四月七日，這些「學生家長」以「台北市各級學校家長會」的名義，聯合發表了「擁護政府整頓學風」的〈告各家長及在校同學書〉。作為台灣民意最高代表機構的台灣省參議會，也發表了四點書面談話，表明態度。作為官方喉舌的《中央日報》，除了刊登陳誠「整頓學風」的談話全文之外，也刊載了一篇批判學生、擁護政府，題為〈法紀與治安〉的短評，把這次的大逮捕行動，定性為主要是針對「少數」所謂「受到京滬等地帶來的囂張風氣之傳染，屢次鼓動學潮」的「台大及師院外來學生」。言外之意，也就是「職業學生」、「共產黨」了。

---

⑩一九四九年四月七日台北《中央日報》、《新生報》。
⑪一九四九年四月七日台北《中央日報》。
⑫台灣省政府三十八卯魚府綜機字二〇二五二號代電，引自國立台灣師範大學「四六事件」研究報告（一九九七年六月十八日），頁三。一九四九年四月七日台北《中央日報》、《新生報》。
⑬一九四九年四月七日台北《中央日報》。
⑭一九四九年四月七日台北《中央日報》。
⑮一九四九年四月七日台北《中央日報》、《新生報》。

四月八日，台灣省教育會也「以日來台大及師院少數學生，鼓動風潮，妨害治安，影響甚大，殊堪憂慮，為保持台省之傳統優良學風，擁護政府徹底整頓之決策」，而緊跟著發表「剴切勸戒」的〈告教育界同仁書〉。

台北市各級學校家長會：近年以來，由於國家多事，社會弗寧，學生在校，每易為外間事物刺激，衝動感情，有心人乘機利用，以遂其破壞秩序，擾亂社會之陰謀，輒因細故，從中煽惑教唆，使純潔青年於不知不覺中，受其愚弄，動輒罷課，遊行呼口號貼標語，甚或聚眾要挾，目無法紀。政府花費巨資，廣施教化，意在培植健全國民，蔚為國用，學生此種行動，徒增政府困難，豈是愛國之舉？父兄以血汗所得，送子弟入學，端為子弟獲得知識，增加生活技能，以成有用之材。而若干內地人士以慕台灣環境安靜，學風淳樸，遠道送子弟來台就學，用心尤感可佩。凡我在校同學應如何仰體斯意，努力向學，方不負國家寄託之重，家長指望之殷。乃聞吾台學校，近亦時生風潮，軌外行動，間有所聞，學校一向純良樸實之學風，遭受破壞。同學一向潛心向學之志，為之動搖。此風一長，不僅校紀敗壞，而最大多數在校青年受極少數人之影響，犧牲學業，甚或盲從附和，走入歧途，殊非我全體家長所忍聞。茲悉政府決心整頓學風，採取斷然處置。吾人為愛護子弟，愛護台灣教育，對於當局此種不得已之處置，深為同情。盼望我在校青年均能體念時艱及政府苦衷，各安本位，努力學業，勿受外界誘惑，勿以感情用事，讀書以外，心毋他求。目今社會情形複雜，是非利害皆宜以理智稍加辨別，不可盲從附和，稍一不慎，即墜入他人彀中，不能自拔，豈不可懼？尤望我全體家長對於子弟嚴加管束，時予訓誡，一切囂張言行，皆宜勸阻，毋令流為越軌行動。庶幾父兄克盡教育之功，子弟皆成有用之材，國家教育實躬賴之。[16]

台灣省參議會：本省過去學風，頗稱淳樸優良，光復後仍保持此種敦美風氣，年來因內地戰禍瀰漫，各省學生均紛紛來台就學，其間不無攙雜極少數輕率分子，不時鼓動風潮，行動逾越常軌，致使素稱社會安定之台灣，亦感不安，多數台灣學生，亦被捲入漩渦，深表遺憾。目前國步艱困，政治未上軌道，經濟波動，物價狂漲，人民生活困難，青年學生亦屬如此，本會對此素極關懷，本省學生向極純潔，甚望共守秩序，渡此難關，在此較安定環境中，運用理智，檢束自己，並盼各家長教導子弟，安心求學，以冀將來造福人群。關於此次政府所拘捕之學生，其屬於善良者，希迅予訊明釋放，其確有違法者，亦盼依照法律途徑辦理。國立台灣大學，三年來更換校長四次，而省立師範學院，自去年迄今，尚未派定專任院長，當局不無失當與疏忽之處，此後政府除整頓校風外，應特別確立人事制度，謀校長教授工作之安定。⑰

中央日報：在全國動亂的局面下，台灣至今仍是一個比較安定的省份。這誰也不能否認是台省全體人民的幸福。台省之所以比較能保持安定，並在安定中求經濟的發展，謀民生的改進，一半誠然是由於特殊的地理環境，另一方面也是由於民情純樸，法紀較易維持，治安較易確保的緣故。維持法紀，確保治安，是全體人民的要求，也是政府的責任。沒有一個求安定的人民會贊成妨礙治安的舉動，沒有一個政府應該容忍破壞法紀的陰謀。這一個不辯自明之理，無需我們費詞申說。不幸近來有少數學生，竟受到京滬等地帶來的囂張風氣之傳染，屢次鼓動學潮，進

⑯一九四九年四月八日台北《中央日報》。
⑰一九四九年四月八日台北《中央日報》、《新生報》。

而擾亂治安，破壞法紀。這種情形，如果聽任其發展，台灣的安定，便將毀損無遺。為著全省人民的福利，省政當局遂以必要的措施，來抑制這種不良風氣。我們相信，全省人民對這種措施，一定能瞭解其不得已的動機，而加以支持的。我們竭誠盼望，大部分的青年學生能夠以人民的希望為希望，以人民的要求為要求，不要隨風附和，為人利用，類此的事情，就一定不致再度發生。我們同時更盼望學生的家長們，如果發現子弟染有不良的習氣，應該盡力勸導，重建純樸的學風。

台灣省教育會：台灣教育發達，學風淳樸，向為國人稱道，但近年以來，少數學生習於澆薄，每藉細故，鼓動風潮，由小而大，而漸及深，起初只是搖旗吶喊，口講筆畫，最近更聚眾要挾，目無法紀，以致學風敗壞，研讀的風氣一天不如一天……如不速加整頓，不僅廣大青年的學業被犧牲，社會治安受影響，而在此環境中薰染出來的青年，是否能成就擔當國家未來重任的健全國民，頗堪憂慮。省政府深感此一問題的嚴重，最近決心大加整頓，採取斷然處置，我們站在愛護台灣教育，愛護青年前途的立場，認為政府此種措施，實屬必要。⑱

九　陳誠的兩手策略

為了有效「整頓學風」，陳誠除了一手採取強硬的逮捕政策之外，同時也另一手採取懷柔措施，來安撫社會大眾，與台大和師院兩校的教職員。

四月八日，上午九時，陳誠以省府主席身分親自主持省府第九十三次例會。他在會上報告了整頓國立台灣大學及本省師範學院等校學風的經過，然後對台灣今後的教育，做了三點指示：一、教育計畫應該和施政方針配合，以解決學生出路問題。二、設法改善教職員生活，使能安心教學。改善辦法包括：配售各校教職員家屬米、煤、油、鹽、糖、布等生活必需品；加發職務加給與研究費等。三、各校學生務須嚴予管教，定期招生，嚴格考試，並須有家長保證。⑲

四月九日，中午十二時，陳誠又在中山堂光復廳邀集台大教授餐敘，傅斯年校長、鄭通和訓導長、各學院院長及科系主任、教授等一百七十餘人出席。餐後，陳誠首先致詞表示：「此次整頓學風，承各位諒解協助，實深感謝。此種舉措實非得已，殊深歉憾。吾人之共同出發點為愛護青年，使大多數學生皆能安心讀書，故決定將幾個首謀不法學生，以公開方式與不流血方法，依法迅予處理，以免影響大多數學生之課業。以後希望不再有同樣事件發生，否則政府為貫徹整頓學風之決心，對於不良分子，仍非繼續法辦不可。」他批判了「幾個首謀不法學生」之後，接著又表示非常關切各校教職員的生活；他「以堅定的口吻」說：「最近期內決定配售生活必需品，先從教職員家屬做起，同時加發教職員之職務加給及研究費。」最後，他並簡略地說明本省的經濟情形。

陳誠的致詞結束以後，先前住宅被搜查過的台大教授會代表蘇薌雨立即起來答謝說：「此次少數學生，行為不法，事前未能加以管教，深感歉疚。」接著，工學院長彭九生、訓導長鄭通和

---

⑱一九四九年四月八日台北《中央日報》、《新生報》。
⑲一九四九年四月九日台北《中央日報》、《新生報》。

及傅斯年校長相繼起來致詞；他們一致表示：「贊同政府整頓學風，惟希望被捕學生除行為不法者，即予依法辦理外，其餘早予保釋，對於各校實際困難問題，亦望能協助解決」等等。談話一直到下午兩點才結束。[20]

台大的教授們擺平了。

兩天後（四月十一日），陳誠接著又在同一時間與地點宴請師院教授；一共有劉真院長及各科系教授九十餘人出席。陳誠在即席致詞時同樣表示：「整頓學風實非得已！」並且強調：「師院為本省最高師資訓練機關，學生不法行為，如不嚴加糾正，則畢業後何以為人師表」。最後，為了安撫教授們，他同樣表示非常關切各校教職員生活之艱苦，並且「以堅定的口吻」說：「除加發教職員之職務加給及研究費外，決於最近期間配售實物，以期逐漸改善教職員生活。」[21]

十　香港《大公報》與島內學生的聲援與營救

從當年島內各大報的報導看來，輿論顯然是一面倒地批判台大及師院的「少數外來學生」。只有遠在香港的《大公報》，在四月九日，通過「台北通訊」的方式，以〈戰犯陳誠在台灣製造屠殺人民的「四六慘案」〉為題，報導了從「三月二十日學生被警察無理毆打」起，一直到「四月六日清晨」大逮捕的「四六慘案」經過，隔海聲援。

除此之外，在台灣本島，幾名台中農學院的進步學生也敢於用言論或行動，公開聲援被捕的學生。與此同時，住在師院第二宿舍，幸免於被捕的原師院學生自治會常務理事陳玉成，即刻與同學林慶清、黃旭東，共同組織了營救會。以麥浪歌詠隊隊員任先哲等為主的幸免於難的台大同學，同樣積極展開了營救被捕同學的活動。

《大公報》：六日清晨五時，警備﹝總﹞部派出大批軍警自羅斯福路、和平東路、新生南路、公園路等處戒嚴，並包圍兩校宿舍，據說師院學生數人已被架走，當時有百餘同學自願與被捕同學共患難，分乘警備車六輛而去。新生南路台大宿舍學生為反抗這種無理迫害，曾與軍警衝突，一說學生三人重傷身死，但因附近交通隔絕，無法證實。公園路台大宿舍內則歌聲嘹亮，一次又一次地交織著堅決的呼喊：「團結就是力量！」「為人權自由奮鬥！」武裝軍警堅持要交出被拘學生，直到深夜，四處仍緊密包圍，交通斷絕，甚至台大教授蘇某等住宅亦被無理搜查。[22]

薛秋帆：「四六」消息傳到台中農學院，同學們群情激憤。一天深夜，下著小雨，我與進步學生社團便當社同學呂從周、秦長江，摸黑到學校民主牆貼上大字標語：抗議當局逮捕學生的反動暴行，支援台大、師院同學的正義鬥爭！擲一石激起了波瀾。次日，在同學間引起了廣泛而激烈的議論，台中農學院當局十分震驚。

陳玉成：我眼睜睜地看見共同戰鬥的二百多名同學，遭到反動當局逮捕、毆打等慘酷的鎮壓，義

---

⑳一九四九年四月十日台北《中央日報》、《新生報》。
㉑一九四九年四月十二日台北《中央日報》、《新生報》。
㉒前引《近代史資料》一九五四年第三期，〈台灣問題資料輯錄〉，頁八七—八八。

憤填膺，痛心疾首。早上十時許，我和師院第二宿舍同學林慶清、黃旭東三人，組織了「四六事件」營救會，推選我為主席，林慶清、黃旭東為委員。我們決定先印發傳單，揭露、控訴陳誠迫害學生的罪行真相，呼籲社會各界人民聲援。我負責對外聯絡，發動募捐，進行慰問……後來從同班同學柯某某處探知了同學被關押在東門警備司令部軍營內，便組織一些學生代表前往慰問被捕同學，鼓舞他們的鬥志。

朱乃長：一天，軍警忽然把同學們召在一起，讓大家聚集在營房中的一塊地方，距離營房大門約有二十公尺左右。大家正在詫異和擔心的時候，大門開處，進來了二十多個同學和師長。原來「四六事件」發生後的第二天，教師們和未被捕的同學組成了「四六事件營救會」，這時他們派代表來慰問我們。我們看到親愛的同學和敬愛的老師，雖然只能隔著二十多公尺互相招手致意，通過目光來交流彼此的情誼，心裡真是高興極了。

陳培基：當局大規模逮捕學生之後，兩校師生都成立了營救會，並互有聯繫，台大的聯絡人是匡敏，師院的聯絡人是匡介人。師院第二宿舍的學生，在第一宿舍全部學生被押走後，由林慶清聯繫陳玉成、黃旭東等同學商討決定，由陳玉成、巢靜陪同王德昭、謝似顏、黃肅秋等教授，帶領幾名同學前往拘留所慰問被捕同學。

中央日報：為台大師院兩校學生被捕事件，昨（八）日兩校學生相繼集會，討論營救事宜。台大學生並組織「四六」事件營救委員會，但學生對此多不感覺興趣。又昨天兩校學生採取「休課」行動，以示抗議，惟教授仍照常上課。[23]

林文達：我們在宿舍「開放」後，立刻趕到學校上課；但是，學校已經停課了。我從其他同學那裡聽到兩天來的一些情況：就在新生南路宿舍被圍捕的同時，公園路上的台大學生宿舍也同樣被武裝軍警包圍，並抓走了一批學生……社會上傳聞，一些文化人、新聞記者也在四六當天被捕，聽說楊逵先生因為草擬〈和平宣言〉也被捕了。還好，一些通緝名單上的同學得以安全逃出，如：王惠民化裝成受傷的軍官逃出去了，殷葆衷也乘黑夜逃離了。台大一些沒有被捕的同學，不曉得由誰組織，很快就在學校裡組成「四六營救會」，積極營救被捕同學。其中，包括草擬〈告全國同胞書〉，揭露「四六」當天的真相，以及組成學生代表，前去監獄慰問、看望被捕同學。營救會的另一工作就是幫助那些被通緝的同學逃離台灣。我也交出了我的身分證，以備那些同學做假身分證逃離。

台大學生自治會：在本校同學周自強等二十八名，及師院的三百多名同學被捕後，本校全體三千多名同學乃被捲入恐怖的浪潮中。我們是有熱情有正義感的青年，雖然我們不能不顧到本身的安全，但同時我們更沒有忘懷被捕同學的鐵窗之苦。在同學們一致的要求下，我們的營救會就宣告成立了。我們並不願擴大事態，造成血案，我們誠心實意地企圖將此次事件，通過學校當局和政府的交涉，大事化小，使已波及於本校的三千同學獲得自由和安全。[24]

殷葆衷：我從報上得知台大同學組織了一個營救委員會，就立刻與台北的進步同學聯繫，參與營救活動。一個人要逃命是很容易的，但自己跑了卻把同學扔下來不管，這樣會被看作是膽小

㉓一九四九年四月九日。

㉔謝漢儒《關鍵年代（一九四八—一九五二）的歷史見證——台灣省參議會與我》（台北：唐山出版社，一九九八年），頁七一。

鬼、無情無義的人！我下決心要把營救工作幹到底！只要一天沒被抓，就幹一天。營救會動用了各種有限的力量，聲援被捕的同學；每隔一天兩天，就會找個人，送點魚肝油、牛奶、餅乾等食品，或是保暖的衣服，給牢裡的同學。這是為了要讓當局知道，這些學生是有人關心的，使得他們不敢下毒手。我們把麥浪演出時募集的一點錢都用到這裡了。

樊　軍：我當年是台大歷史系學生。一九四九年四月六日上午十時許，幸免於被捕的台大學生們，在文學院大廳召開了學生大會，經討論做出了如下決定：一、成立「台大、師院『四六事件』營救會」，由文、理、農、工、醫、法六學院各選派學生代表一名組成大會主席團，進行集體領導，主席團下設報導、糾察、總務三組，分頭負責各項具體工作。二、由主席團出面找校長傅斯年，要他立即出面和台灣當局就相關事宜進行交涉，並允許學生代表立即慰問被圍被捕同學，向他們提供生活物品。上午十一時許，學生大會再次召開，經過一番緊急討論，大會推舉出主席團，並由報導組的十餘名同學負責編輯《營救快報》，撰寫說明此次事件真相、控訴台灣當局暴行的〈告全國同胞書〉、〈告全校師生員工書〉、〈告寄讀同學書〉，同時向台灣各報記者散發〈書面談話〉，並進行營救動態和實況採訪。晚六時許，由於校方和警總交涉的結果，台大師生被允組團向被圍宿舍慰問並運送生活物資。七日清晨，細雨濛濛，台大校園，人潮洶湧，人流如織，一時達二千多人。除了在市區住宿的同學們，大都是來自台灣中南部和東部各縣市未在校住宿的同學。九時以後，主席團見校園人數激增，再次召開學生大會。主席團介紹了昨夜慰問、採訪經過，然後宣布全校學生罷課、教授罷教、校工罷工，並要求與會同學充分發表意見，共商營救之策。大會一致決定，向台灣當局提出六點要求：一、立即解除兩校學生宿舍戒嚴，恢復市區正常交通。二、對根據省警備總部命令被捕的同學，不得刑訊施暴，確保其人身安全，由情報處移送法院，依照司法程序處理，不得搞「莫須有」。三、立即無條件釋放在警總搜捕中與軍警衝突的全部被捕同學。四、立即無條件釋放師院全部被捕同學。五、允許學生代表團慰問根據省警備總部命令被捕的同學，並向他們提供生活物資。六、台灣當局保證今後不再發生類似事件。大會一致決定，仍由台大代表團負責出面與台灣當局交涉。上午十點半，代表團銜命出發。會談是在台北市重慶南路警總進行的。經過師生們和彭孟緝一番唇槍舌劍，據理力爭，總算從彭孟緝嘴裡得到了以下承諾：你們提出的六點要求，我們將向陳主席請示加以考慮，但是，我有一個先決條件，就是你們必須馬上復課，停止一切抗議活動。代表團歸來，主席團立即召開學生大會，通報談判情況，並號召廣大同學為實現自己的正義要求，繼續堅持不懈的抗爭。

八日早上，台北市東區的戒嚴解除，市內交通恢復，新生南路和公園路宿舍已解圍，全部同學已來校……連日來全體師生全力以赴的營救工作，總算取得了初步成果。㉕

十一　告全國同學同胞書

四月九日，校園裡頭的學生已經祕密流傳著一份由「台灣學生控訴『四五暴行』聯合會」發

㉕樊軍〈四·六風暴〉，台北《遠望》雜誌，一九九七年十一月。以下樊軍證言皆同。

表的控訴陳誠暴行的〈告全國同學同胞書〉：

同學們！同胞們！

戰犯和劊子手們剛在南京製造了「四一慘案」，接著便在台北市演出了「四五暴行」。四月五日晚上十點鐘時，反動政府動員了大隊的軍警憲包圍和平東路的師範學院宿舍和新生南路與公園路的台灣大學宿舍，荷槍實彈封鎖交通，如臨大敵。包圍以後即分頭衝入，要求交出所謂「黑名單」上的學生。同學們因為這些學生們正是最善良、最能為同學謀福利的人，拒絕交出。武裝的匪徒們乃持木棍鐵尺，衝入房內，並開槍示威，同學們赤手空拳被打得頭破血流，結果師院捕去二百餘人，台大被捕去四十餘人，都捆綁上銬，途中棍拳交加。同學們被捕時，在卡車上英勇地唱著〈團結就是力量〉的歌子。有很多人是自動爬上卡車，願意陪伴被捕同學的，旁觀的人民都搖頭嘆息，婦女有流淚者。

同學被捕後，大批武裝人員仍舊駐在宿舍內，翻箱倒篋恣意搜查，自來水筆手錶鈔票，大都易手。迄八日晚封鎖仍未解除，被捕的二百餘人，仍舊拘禁在警備旅內。戰犯陳誠更於六日發表強詞奪理、歪曲事實的談話，並令師範學院停課，聽候整頓。御用參議會非但不能站在道義的立場上為人民講話，反幫著反動政府，甘心做幫兇的工具。

同學們！同胞們！反動政府於一夜間，非法逮捕二百餘大學生，並濫施非刑，軍警封鎖達三天之久。這種暴行，是日本帝國主義統治台灣的五十一年中所未有，而在「光復」三年後的今天乃見之。

同學們！同胞們！我們不用抗議，我們不用呼籲，向劊子手和幫兇們抗議和呼籲有什麼用

呢？我們要控訴，向全省、全國、全世界的正義人士們控訴，大聲地控訴這種非人的暴行，
我們要把憤怒深深的埋在心頭，等到最後一次的爆炸。㉖

陳玉成：這份〈為陳誠迫害台灣學生告全國同胞書〉的傳單，由黃旭東同學主筆，在第二宿舍附近的和平東路一間小教堂祕密印發。

陳培基：黃旭東負責起草並刻印〈為國民黨迫害台灣學生告全國同胞書〉，薛愛蘭、李德育、張森元、劉永生、王登寅等同學負責分發和郵寄各地。後來，薛愛蘭和李德育先後被捕。據當時《南洋商報》駐台灣特派員蘇菲在〈台灣魔窟歷險記〉中報導，李德育於一九四九年十月三十日被祕密殺害。

陳玉成：女同學某某（薛愛蘭）在寄給大陸某某大學她的弟弟那份傳單的信封上，寫了個「蘭」字，暗示是自己的姊姊寄的，這封信，被特務郵檢了，他們認定「蘭」字，一定是女學生寄的，特務查遍台大女學生，沒有一個叫「蘭」的，師院女學生有叫「蘭」的，台灣的軍警就包圍師院女生宿舍，進行大搜查。這一女同學迅速將剩下的一張傳單揉成一團從樓窗中扔出，不意被樓下的軍警拾得，立即逮捕她。這一女同學始終供認傳單是在路上撿到的，從未洩漏過營救委員會和傳單的撰稿人、印刷場所等，堅貞地掩護了參加營救的所有同學。

㉖前引《近代史資料》一九五四年第三期，〈台灣問題資料輯錄〉，頁八九。

十二 警總分批釋放學生

四月六日大逮捕的三天後，警備總部開始分批釋放部分被認為沒有問題的學生，由家長具保領回。其中，四月八日，計有台大學生十二名、師院學生一百零五名；四月九日，又有師院學生百餘名。

彭孟緝：後來我調來部隊，不拿槍，只拿繩子，士兵和警察把這些犯法的學生捉起來，差不多抓了五、六百名學生，任務前我對士兵講話：「你們沒有別的任務，只要將學生抓到營房來就行了」，以後我每天早上把學生叫到操場上，跟他們一同做早操、一同吃飯，我說：「職業學生、共產黨一定要出來。」㉗

朱乃長：營救會前來「探監」以後，就開始由特務對學生逐個進行「審問」。問題大抵是：為什麼跟隨共產黨鬧事？鼓動和組織鬧事的是誰？你究竟還想繼續讀書嗎？每次審訊一批，十人左右。然後，由荷槍的士兵把每個學生帶回原來囚禁的地方。

孫志煜：我們這些四月六日當天被捕的學生都被蒙著眼睛，關進那座還沒有拆掉的日據時代的兵營。進去以後，就兩個人銬在一起，隨便堆在地上躺著不管。當天下午，我們被一個個地分別偵訊。偵訊的內容不外就是：有沒有人煽動你們去遊行？有沒有發覺同學裡有共產黨的活動或組織？幕後主謀者是誰？……等等了無新意的問題。因為人數多，每個人的審問都只有幾分鐘就結束了。軍警單位主要的目的還是要抓名單上面的那些人，當然，也藉這個機會看看有沒有其他「非法分子」？同時也想多打聽一些校園情況。所以，只有叫去問話，沒有刑求。

謝東閔：學生被抓的次日，我怕學生出事，帶著香蕉、橘子探望學生。他們有些人還笑嘻嘻的說，院長你來看我們喔，我說，你們實在是太調皮了。

樊　軍：八日早上九時許，又傳來消息說：台灣當局已允許學生明天去看望根據命令被捕的同學，並將五日夜因衛護自己的同學而被抓的學生全部釋放，要代表團明天下午備車去延平北路警察總局領回。中午，《營救快報》的「號外」一出，學校內外，一片歡騰。

中央社：台大學生高守榕（土木系，福建籍）、馬志欽（電機系，浙江籍）、汪燮之（土木系，安徽籍）、史靖國（化工系，江西籍）、沈慕如（農化系，浙江籍）、葉于鏗（機械系，福建籍）、謝培基（化工系，福建籍）、陳克臻（土木系，福建籍）、朱昭直（經濟系，浙江籍）、張金盛（化學系，福建籍）、陳秋玉（中文系，福建籍）、孫經武（農經系，浙江籍）等十二名，因妨礙執行公務致遭逮捕，當局刻通知各家家長領回管教中。記者頃承警備總部發言人告以該部拘捕台大及師院非法學生，當時原將應行拘捕姓名送請學校當局指交，台大業已照辦，惟師院方面學生拒絕，不得已乃由憲警入內查拘，當時自知將受拘捕之少數學生，故意造成混亂，鼓動全體學生湧上車，致使憲警不得不將所有上車學生一齊帶回，以便清理。茲經清查結果，原定拘捕極少數分子，業已查明依法處理，及因無學生證或身分證，正向學校當局查詢外，現已有一百零五名，均已由該部通知其家長領回。[28]

台灣大學：頃閱四月八日中央社訊：「記者頃承警備總部發言人告以該部拘捕台大學生當時原將

㉗前引賴澤涵、許雪姬〈彭孟緝先生訪問紀錄〉，頁三三八。

㉘一九四九年四月八日台北《中央日報》、《新生報》。

應行拘捕姓名送請學校當局指交，台大業已照辦」等語。查此次警備司令部在本校拘捕學生，全係警備司令部自行辦理，所謂「台大業已照辦」，全非事實。㉙

樊　軍：九日上午十時，代表團車載慰問品去上海路警備旅營房慰問被捕的同學後，立即又由幾位師生備車去延平北路警察局，接運因與軍警搏鬥被抓的同學回學校。當接運同學的兩輛救護車到達校本部所在的羅斯福路四段時，校門內外人聲鼎沸，鑼鼓喧天，爆竹之聲，不絕於耳，一派喜慶氣象，連附近的台北市民，亦為之夾道歡呼不已。進入校園，每從車上下來一個同學，大家便一擁而上，把他們用肩膀高高架起，一口氣抬到設在食堂大餐廳的會場。布置得五光十色的會場裡，燈光輝煌，蒙難而回的同學被安排在主席台前就座，享受著全體與會者的鼓掌歡呼。本來寬敞明亮的會場，被參加歡迎的同學們擠得水泄不通，連兩面窗台上都站滿了人。主席團報告了連日來營救工作的經過，被捕歸來的同學則用他們的切身感受，控訴了台灣當局的暴行。會上，群情激昂，紛紛仗義發言，大家一致表示，今後一定要和台灣當局繼續交涉，直到所有被捕同學恢復自由，重返學校。大會在慷慨激昂的氣氛中一直進行到深夜，最後，在全體同學高唱〈團結就是力量〉的歌聲中結束。

台大學生自治會：在六日到十二日的一星期內，我們沒有一天沒有一小時不是為了被捕同學的自由而奔波。終至在九日下午，名單外之十二名同學，獲得釋放。㉚

警總發言人：本部對於師院學生繼續清理完畢，除極少數非法學生移送法院依法辦理，以及非師院學生當晚住在師院情節可疑者，計台大學生吳汎修〔農化系，彰化人〕、歐龍雲〔法律系，台南人〕、許嘉犖〔醫預科，澎湖人〕、鄭文憲〔歷史系，福建籍〕、駱濱濱〔中文系，福建籍〕，成功中學學生傅昭柱、李思陶等，須續加偵訊外，其餘百餘名一概由本部通知各家長至

台北市上海路警備旅旅部領回。至於八日公布的名單，當日即由不少家長前往領回。㉛

洪敏麟：我就是這批被釋放的百餘名師院學生之一。他們通知家長來把我們領回，我那不識字的母親就自己一個人從草屯搭車到台中，然後再坐五個小時的火車到台北；到了台北以後，她一路問路，終於找到我們被關的地方。然後她又在保證書上蓋印，才把我領出來。出來前，他們還要我寫「悔過書」。我覺得很奇怪，我又沒做什麼壞事情，為什麼還要我寫這種東西呢？雖然心裡不願意，我還是無可奈何地寫了。

李松盛：被捕以後，我和二十幾名學生自治會的糾察隊員受到特別關禁，因而被遺漏於公布的被捕名單上。當時，旅北六堆同鄉會的鄉親很多人知道我被軍車押走，但是，他們在官方公布的被捕名單上卻找不到「李松盛」的名字。後來，當大部分被捕同學一一釋回時，他們又沒看到我，於是設法營救。他們得悉查辦「四六事件」的主官是身為省參議的六堆同鄉劉兼善先生，就硬拉著他，親身跑到警備總司令部交涉，最後終於拿到了「李松盛等二十六名無罪釋放」的文件。這樣，我雖然比其他同學晚了十幾天才出來，總算也逃過一劫。

朱乃長：過了大概四五天後，集體被捕的同學大部分被陸續保釋出去了。不容許保釋的同學日漸稀少，不免感到寂寞而擔心。不久，只剩下幾個，其中有我、樓必忠、郎立巍、魯教興、趙制

㉙一九四九年四月九日台北《中央日報》。

㉚前引謝漢儒《關鍵年代（一九四八—一九五二）的歷史見證——台灣省參議會與我》，頁七一。

㉛一九四九年四月九日台北《中央日報》、《新生報》。

陽、莊輝彰、王俊廷等人。從此，再也無人前來「探監」，也無法得到外面的任何消息。各自整日價躺在床上，沉默不語，硬著頭皮熬下去。

十三　十九名「依法處理」的學生的下落

四月八日，台北的《中央日報》和《新生報》等主要的官方媒體同時刊載了一則中央社的通訊：

> 記者頃探悉警備總部業已備文將周自強、莊輝彰、許華江、王耀華、丘宏義、黃金揚、盧秀如、許冀湯、趙制陽、孫達人（又名孫志煜）、陳錢潮、張光直、申德建、陳琴、藍世豪、徐桂邨、鮑世渚、方啟明、陳炳章等十九名，移送台北地方法院檢察處依法處理。史習枚（《新生報》橋副刊主編歌雷）、董佩璜（《中華日報》記者）二人，亦經警備總部另案移交法院處理。[32]

然而，四月十二日，警備總司令部對外發表處理學生事件經過時卻宣稱：「此次事件，純依法定手續，迅捷處理，目下所有學生，除十四名解送台北地方法院檢察處依法辦理外，餘均已由家長或該兩校當局領回管教」。[33]

訊息顯然沒有明確說明：原先送交台北地檢處「依法辦理」的十九名學生，為何變成十四名？是否已經又釋放了五名？由於警總並沒有公布釋放名單，究竟有哪五名已經被釋放？無從得知。

四月十五日上午，台灣大學學生自治會在學生食堂舉行記者招待會。針對警備總司令部有關「處理學生事件經過」的說法，招待會主席報告四月六日所發生事件的情形後說：「本校同學無論本省外省，根據以往的事實，在學習上都是密切砥礪，互相觀摩，在感情上親愛互助，並無任何裂痕。對於營救被捕同學，我們當前工作重點只是訴訟上問題，希望當局對尚未開釋同學早依法辦理，完成偵審，無罪者應即開釋，並希望各界主持正義。」㉞

同一天，台北地方法院檢察處沙姓首席檢察官又告訴《中央日報》記者：「該案正積極偵查，因為證據確鑿，還沒有特別困難，不過因為各方牽涉很多，偵查起來很費時間，現在他們已商請警備總部派員協同偵查。」㉟

從沙姓首席檢察官的這段談話看來，這「十四名」或「十九名」送交「依法辦理」的學生命運，終究還是掌握在警備總部的手上。但是，因為在後來的報章媒體上看不到任何相關的報導，我們也就無從得知他們的下落。一直要到四十五年後的一九九四年六月三十日，當時的警備總部副總司令彭孟緝在接受中研院學者採訪時，才透露了這段祕密：

㉜一九四九年四月八日台北《中央日報》、《新生報》。
㉝一九四九年四月十三日台北《中央日報》、《新生報》。
㉞一九四九年四月十六日台北《中央日報》。
㉟一九四九年四月十六日台北《中央日報》。

其中師範學院〔學生〕就解散由家屬領回，台大是國立大學，我們不能管，所以我叫傅斯年負責台大的學生，後來他也叫家屬來領回去。我清查以後約不到四十人是大陸派來的職業學生，你們看，四十個人便可搞這麼大的事情。我想這些年輕人雖然其罪不可免，但我同情他們，我問他們：「願意留在這兒的人我辦個學校訓練一下你們，要回去的就送你們回去，請你們考慮三天。」結果只有一個人願意回去，後來我也送到馬祖，派個船送他回去。其餘的三十幾個便在板橋辦了一個「新生訓導處」，請了大學教授來授課，他們也都很感激我，所以後來有幾個留美的回來，帶了妻子、小孩特地到了日本來看我。我這個人是非常善良的人，我雖然是軍人，但我對敵人很大方，對親人非常愛護……[36]

如果「對敵人很大方」的「非常善良的軍人」彭孟緝的說法是事實的話，當時未被即時釋放的學生，就不只是送交台北地檢處「依法辦理」的周自強等「十四名」或「十九名」學生而已！那麼，當時的媒體根據中央社提供的資訊所做的各項報導，顯然也就不符事實了。然而，彭孟緝的說法又與那「十四名」或「十九名」學生當中的張光直的證言有很大的出入：

在我的記憶中，台大被捕的十一人：王耀華、周自強、陳錢潮、盧秀如、黃金榮〔揚〕、許冀湯、許華江、申德建、孫志煜（達人）、藍世豪、陳琴。師大〔院〕三人：宋承治〔不在報載名單〕、莊輝彰、趙制陽。建國中學一人：張光真（我的名字被誤植為「真」），一直沒有改正，所以許多人看了報還不知道我被捕之事）；成功中學一人：丘宏仁；新聞界二人：史習枚（新生報），董佩璜（中華日報）；職業不明者一人：王惲；共十九個人……也許還有，但這四十多年存在我記憶裡面只有這十九個人。這十九人都同時在警備司令部的情報處（原日本時代的西本願寺的地窖）初步受訊，然後同時關進台北監獄，同時都在台北監獄一起居住了好幾個月，然後這十九人被分開，我能夠說出十幾個人後來的命運，但是還有幾個人的命運不為我所知。[37]

十四 「移送法辦」的學生的獄中鬥爭

綜合幾名受難學生的歷史證言，至少有原在報載十九名學生名單中的「徐桂邨、鮑世渚、方啟明、陳炳章」等四人不知下落。另外，我們大致可以整理出這批被移交台北地方法院依法處理的學生移監的動線：從上海路警備旅軍營或警察局拘留所經情報處祕密監獄到愛國東路台北地方法院看守所。於是師院和台大同學不但在台北地方法院看守所「會師」，把「麥浪的歌」唱進了被高牆圍繞的台北監獄的押房裡頭，而且一同展開了一場又一場的獄中鬥爭。

陳錢潮：「四六」被捕的三百多名學生，被關押了十多天後，大部分陸續交保。可我和台大及師院的另外二十一名同學，卻繼續在警察局拘留所或設在警備旅軍營裡的臨時關押所禁閉。

[36] 前引賴澤涵、許雪姬〈彭孟緝先生訪問紀錄〉，頁三三八。
[37] 前引張光直《蕃薯人的故事》，頁六三。

朱乃長：一天深夜，營房裡進來了二十多個全副武裝的士兵。他們叫我們全都起來，命令我們排成一行，逐一叫著名字，讓我們每兩個站在一塊；然後有人過來給我們戴上手銬——每兩個的手腕銬在一起。然後又有人厲聲吆喝，讓我們一對對上了一輛黑色囚車。車門砰然關上，卡嗒一聲上了鎖，車就風馳電掣地行駛起來。我緊張地屏息凝神，頭腦裡一片空白。車子一路顛簸著行駛了一個鐘頭左右才停下來。有人吆喝道：下來，下來。我們又兩個、兩個依次下了車。我悄悄地朝著周圍一看，只見自己站在一座上有一個綠色拱頂的建築物前面。後來，我才知道，那裡就是令人談虎色變的情報處祕密監獄。

陳錢潮：經過情報處的審訊後，分別在一個月黑風高、燈火迷茫的夜裡，被關進了囚車，在手持衝鋒槍的武裝人員監押下，一同被送到位於愛國東路的台北地方法院看守所裡，開始過著集體而又分開的鐵窗生活，等待接受「法辦」。

中央社：〔四月十二日〕台北地方法院檢察處首次偵訊學生案件，由檢察官兩人分別訊問，問畢仍還押看守所。據有關當局稱：在押學生每兩人拘一室，所受待遇較一般嫌疑犯略優，普通嫌疑犯需四人居一室。按台北看守所係附屬於台北監獄之下，其所受待遇亦較台北監獄略優。㊳

朱乃長：一個多星期後，師院和台大的難友們在台北市地方法院看守所裡碰了頭。事後，兩所學校的同學稱之為「兩校會師看守所」。我記得，在法院看守所的師院同學包括我、宋承治、樓必忠、魯教興、趙制陽、莊輝彰、方啟明、郎立巍、王俊廷、毛文昌、薛愛蘭共十一人。除了薛愛蘭被關押在看守所的女牢裡以外，其餘十人都在看守所裡和台大的被捕同學「會了師」。比師院同學早幾天來到看守所的台大同學有周自強、黃金揚、王耀華、盧秀如、藍世豪、許冀湯、孫達人、許華江、陳琴、申德建和陳錢潮，一共也是十一人。另外，還有軍警在「四六事件」中拘捕的兩個中學生和幾位「社會人士」。兩個中學生中，一個是後來成為國際知名的人類考古學家的張光直，還有一個是後來在台北地方法院法庭開庭時跳樓自殺的丘宏仁（聽說他是台灣名人丘漢平的兒子），都是建國中學的學生。

陳錢潮：台北市地方法院看守所和台北監獄相鄰。它是一幢像一隻張開的手掌的平房。掌心是看守長的辦公室和值班高台。坐在高台上可以看見每個牢舍裡的動靜。每個牢舍有一條三米寬的過道，兩側是兩排六平方大小的牢房。除了木門、鐵窗以外，牢房周圍是磚牆，地上是木板。地板下面放著一只供大小便用的馬桶。每間牢房關著三、四個犯人。我們的牢房叫「二舍」。除了我們台大和師院的二十二個同學之外，還有「四六」前後被拘押的兩個中學生和幾位社會進步人士。如台灣著名的文學家楊逵先生和《新生報》副刊「橋」的主編史習枚等人。由此可見，當年台灣警總的大逮捕，並不只是針對引發「三二一腳踏車事件」的台大與師院學生，而是包括文化人在內的全部所謂「不安」因素。

朱乃長：除了台灣知名作家楊逵和台灣《新生報》文藝副刊「橋」的主編史習枚之外，社會人士還有印尼華僑古可喜，一個北方籍的商人，一個寧波籍的商人，另外一個身分不確名叫苗利生的北方人；還有一個蓄著山羊鬚，頭兒模樣，一直在鐵路上幹活的老先生。

陳錢潮：楊逵先生與台大麥浪歌詠隊演出部部長王耀華同學很熟悉。麥浪歌詠隊到台中演出時，從演出場地到一些道具服裝，都是楊先生給幫忙解決的。楊先生一見到王耀華就私下告訴他：

㊳一九四九年四月十三日《中央日報》、《新生報》。

我是被特務祕密抓來的，他們可以隨便處死我；但你們是公開被捕的，他們不好隨意下毒手。你們……王耀華明白楊先生的意思，馬上表示：只要有機會，我們坐牢照樣要鬥爭！第二天早晨，王耀華和周自強隨即發動了絕食鬥爭，要求改善伙食。全體同學堅持兩天不吃一口之後，第三天中午，伙食真的有所改善了，入獄後的第一次鬥爭取得勝利。之後，當局為了避免事態擴大，影響形象，特別允許我們這些「犯人」享受國軍士兵的伙食待遇，即每月供應大米四十五斤。主管部門深知監獄人員均有剋扣犯人口糧的罪惡行為，因此特地要求他們務必辦理報銷手續，即由我們按指印予以承認，否則，不予通過。但是，當監獄的庶務課長拿著一本伙食報銷帳，塞進每間牢房的小洞，要我們每個人在自己的名字下面按手印時，曾經在台大水道町宿舍管理過伙食的我，一看帳目就發現其中有問題。我和周自強等同學研究之後，認定監獄人員有貪污行為，於是又展開一場「算清伙食帳！處罰貪污犯！」的反貪污鬥爭。除我是當然代表外，台大選出黃金揚，師院選出宋承治，代表和典獄長算帳。我們堅持「帳目不搞清楚，絕不按手印」。還提出一套具體的檢驗用糧和菜金的方案，是否同意執行，要求他們必須在二十四小時內答覆。第二天，我們三位代表首先作為監督人員，按我們的方案進行檢驗。結果庶務課長不得不承認：我們每月每人只吃了三十二斤大米，共結餘五百多斤糧食。菜金則由於物價上漲，登記差價等原因，很難說清。他們表示，今後一定改善伙食，同學們也就既往不咎了。為了保證今後伙食費不再被剋扣，我們向典獄長提出：每天我們輪流出二人到伙房監督。典獄長也只能答應了。至於以前被剋扣的大米，按照當時的米價折成現金，在獄中商店購置一些日用品分發給同學們。我們這次在獄中的反貪污鬥爭，說明了一條真理：任何貌似強大的邪惡，在正義的面前，終歸要失敗。

幾個月悄然過去了，有許多同學於是利用相對穩定的獄中生活，開始學外語、寫日記、寫詩、寫歌曲和小說；也有一些同學一再背誦高風亮節的詩詞，藉以鞭策、勉勵自己；可是，也有極個別的人開始悲觀失望，不知何時才會把牢底坐穿，為了陶醉自己，就開始找點樂趣來打發時間。但在我們二舍，除了「四六事件」被捕的學生和難友之外，還住著兩個坐「優待班房」的特殊犯人。為了避免這兩個令人不齒的傢伙的糜爛生活，對我們某些意志比較軟弱的同學的不良影響，我們特地組織全體同學對下面一些問題進行討論：我們為什麼坐牢？應該怎樣對待坐牢？在牢中應該幹些什麼？經過這場討論，彼此相互提醒，使那些開始有些消極跡象的同學有了很大的轉變。他們重新認識到個人的作用，珍惜自己的青春，對生的目標和死的價值有了新的認識，重新恢復了剛入獄時那股蓬勃的朝氣和旺盛的正氣。

張光直：〔在台北監獄〕，生活中最有樂趣的事，莫過於學歌了，麥浪的人（在我們裡面主要是陳錢潮、王耀華、藍世豪、黃金榮和孫達人）教我許多歌。大家最喜歡唱的是〈學生之歌〉：「密雲籠罩著海洋，海燕呼喚暴風雨，你是最勇敢的一個，不管黑暗無邊、夜霧茫茫……在南方，在北方，從中原，到邊疆，你響亮的聲音，鼓勵著鬥爭中的人民，溫暖著受難者的心。你是光明的象徵，你是勝利的旗幟，你是光明的象徵、勝利的旗幟！勇敢的中國學生們，我們光榮地生活在你的年代，朝著你的方向，跟著你的火炬，走向自由幸福的新世界。勇敢的中國學生們，我們光榮地生活在你的年代，學著你的榜樣，跟著你的火炬，走向自由幸福的新世界。」還有，〈唱出一個春天來〉：「青年的朋友趕快來，忘掉你的煩惱和不快，千萬個青年一條心，唱出一個春天來。西邊的太陽下山了，東邊月亮爬上來，從黑暗一直到天明，快樂歌聲唱不完。」還有，〈向太陽〉：「兄弟們，向太陽，向自由，向著那光明的路，你看那黑暗快消滅，萬丈光芒在前頭。」還有，再引一個，雲南一二一慘案[39]後唱的〈追悼歌〉：「安息罷，死難的同學，別再為祖國擔憂；你流的血照亮著路，我們會繼續向前走。你是民族的光榮，你為愛國而犧牲。冬天有淒涼的風，卻是春天的搖籃。安息罷，死難的同學，別再為祖國擔憂；現在是我們的責任，去爭取平等自由。」這些歌使我們能夠度過無聊的日夜，但是我們這批年輕人的精力實在是太充沛了。大概在住進台北監獄一個月以後，我們就辦了一個雜誌，我還寫了一篇文章，叫〈為什麼扭秧歌〉……獲得周自強的欣賞……雜誌出了一期，便停掉了，因為大家都覺得太危險。[40]

孫志煜：因為我們平常沒事，不是唱歌，就是下棋（甚至可以隔著牢房叫棋）。有一次，放封的時候，我和周自強等人就決定在裡頭偷偷地辦一本雜誌。雜誌名稱叫《火炬》，二十四開，手寫的，發行對象主要針對「四六」被捕的同學，但有條件的傳閱，平常就藏在馬桶下面。我記得，前後一共辦了兩期。

陳錢潮：為了調劑牢獄生活，幾位喜愛寫作的同學開始建立幾個小組，共同編寫、出版獄中的小報《火種》。這是一種手抄的不定期刊物，內容有詩歌、短評、雜文等等。同學們自由投稿，選用後就抄寫出版。一般每星期出刊一期。它迅速成為同學們自我教育的小小「火種」，給獄中的同學帶來穩定精神和追求光明的希望……送水的勞工犯見了一定要借去讀一讀。因為那些內容全部摘自國民黨的報紙，不怕人家抓辮子，我們也就借給他去看了。幾天後，勞工犯把它還給我們時說：「二二八」見了很喜歡。可是他們的中文水平不高，有些還看不太懂，如果有一張用日文寫的這樣的刊物就好了。在二舍旁邊的三舍裡，關押著由於「二二八事件」而被捕的一些台籍青年。他們長期失去自由，卻仍關心著台灣人民的解放事業。自從我們這些「四六事件」的難友們被關押到二舍來以後，我們的歌聲、口號聲，給他們帶來了新的希望。他們的心田裡開始盪漾起一股只能在戰友和同志之間才會產生的感情……有一天，一個勞工犯來送水時，告訴我們說：「二二八」頂撞看守長，挨打了。我們於是用木屐敲打地板，一邊齊聲高呼：反對體罰！反對看守長打人！我們的集體聲援終於迫使看守長有所收斂。後來，送水的勞工犯給我們送來了「二二八」用日文書寫的一張字條，向我們表示謝意。因此，當送水的勞工犯向我們轉送「二二八」希望有一張用日文寫的刊物的願望時，我們認為這個想法太好了！再出一張日文小刊物，讓它在「二二八」難友中進行宣傳，溝通彼此的感情，不是很有意義嗎？經過討論，為了安全起見，規定由孫達人同學出面和送水勞工犯接觸，傳讀後定期收回。於是，一個以《台灣人》命名的手抄日文小刊物又在獄中誕生了。記得某期《台灣人》裡面有一

㊴一九四五年十月，國民黨政府在美國帝國主義支持下，公然違背〈雙十協定〉，向解放區發動進攻，因而激起全國人民的憤慨。十一月二十五日，雲南省昆明市大中學校學生六千餘人舉行反內戰時事晚會。雲南當局竟然出動大批武裝軍警包圍會場，並在學校周圍實行戒嚴，禁止師生通行。二十六日，全市三十餘所學校聯合罷課，成立「罷課委員會」，發表〈爲反對內戰及抗議武裝干涉告全國同胞書〉，提出立即停止內戰、撤退駐華美軍、組織民主聯合政府、確保人民民主權利等四項要求。「罷課委員會」同時組織了一百多個宣傳隊上街講演，散發傳單，演活報劇，揭露抨擊國民黨政府的內戰獨裁政策。十二月一日，雲南當局指令軍警特務武裝鎮壓罷課師生，結果有四人被殺害，二十餘人受傷。史稱「一二・一慘案」。全國各大中城市的學生紛紛舉行抗議和示威遊行，聲援昆明學生，掀起國共內戰時期以學生運動爲主體的大規模反內戰、爭民主的群眾運動。〈追悼歌〉就是在這樣的歷史背景下產生的。到了台灣五〇年代白色恐怖時期，這首歌成爲監獄裡頭爲即將押赴馬場町受刑難友送行時廣泛吟唱的一首歌，只是將歌詞中的「同學」改爲「同志」，並改名爲〈安息歌〉。

㊵前引張光直《蕃薯人的故事》，頁七一—七六。

篇題為〈苦難的台灣人民〉，它對日據時期和光復以後台灣人民種種苦難的原因做了比較，說明：只有和全國進步力量結合起來，喚起台灣人民的覺醒，一起創造未來，台灣才會有光明的前途。這篇文章很受三舍難友的歡迎，他們拜託送水勞工犯傳言：它說到了「二二八」的心坎上。

朱乃長：我們這些「囚徒生」先後被台北市地方法院的檢察部門提審，有的一兩次，有的好幾回。大家也都盼望早日開庭審訊。最早一批被起訴和獲釋的都是師院的同學，除了我，還有宋承治、樓必忠、郎立巍、魯教興等六人。

陳錢潮：經過台灣法院的所謂「開庭」和看守所的偵查，四個月後，師院的薛愛蘭與台大的陳琴兩人交保出獄了。六個月後，朱乃長、宋承治、樓必忠、郎立巍、魯教興、趙制陽等師院的六個同學以「妨礙公共秩序」的罪名判刑，服刑期滿後交保釋放。十個月後，我和台大的藍世豪（歷史系，福建籍）、許冀湯（農經系，浙江籍）等三人，加上師院的兩個同學（名字不詳）共五個同學，也以「妨礙公共秩序」判刑，緩刑兩年，交保釋放。

十五　師院的整頓過程

如前所述，四月六日當天，台灣省政府即以「三十八卯魚府字綜機字二〇二五二號」電令師範學院：「即日暫行停課，聽候整頓，所有學生應一律重行登記，再行定期復課」，以便「徹底整頓」。

四月七日，台灣省府當局為表明整頓本省學風之決心組織成立了「師範學院整頓學風委員會」；委員包括：省參議會代表、台北市參議會代表、省政府祕書長、教育廳長、台北市長、省立師範學院院長、劉明（台籍企業家）、劉真、陳蔡煉昌（師院國文系教授兼訓導主任）、謝似顏（體育系主任），並指定劉真為主任委員。與此同時，台灣省政府也發表師範學院院長的任免令：一、兼省立師範學院院長謝東閔，請辭兼職，應予照准；二、聘師範學院整頓學風委員會主任委員劉真，暫行代理師範學院院長。[41]同一天，劉真在南京接到台灣省主席陳誠之電報，隨即當夜搭機來台。第二天（四月八日）上午，他看到了陳主席「聘劉真先生為省立師範學院學風整頓委員會主任委員兼院長」的手諭。[42]

四月九日，中午十二時，師範學院整頓學風委員會在省主席「盡速召開會議」的要求下，舉行第一次會議。會議由主任委員劉真主持，出席者包括台北市長游彌堅、台北市參議會議長周延壽、劉明、謝東閔、陳蔡煉昌、謝似顏、蒲薛鳳等人；台灣省參議會議長黃朝琴列席。會議做了五項決議：一、請劉兼代院長即日接事並執行本會決議事項等。二、整頓範圍以學生為對象；至應復課為止，暫以約二星期為整頓期間。三、學生學籍重行登記，由謝東閔委員請教育廳負責，於本學期內草擬「台灣省立師範學院學生學籍重新登記辦法」，經本會通過後，呈請省政府核定

㊶一九四九年四月八日台北《中央日報》。
㊷劉眞證言，一九九七年十二月十一日。收錄於監察院「台大、師院四六事件」調查報告（87）院台教字第872400178號函，頁七—八。

施行；「關於不予登記之標準及名單，以及重行登記手續，由劉主任委員與謝委員東閔研究後，提經本會商討決定之」。四、本會開會地點可臨時決定；印信請省政府刻製頒發。五、本會辦公人員由省政府教育廳及師範學院調用之。㊸

四月十一日，劉真接長師範學院。當天，陳誠在中山堂邀宴師院全體教授，說明「整頓學風實非得已，希望迅速登記早日復課」。㊹

四月十三日，師院學風整頓委員會主任委員劉真向記者表示：該會「為整飭學校秩序，維護學生學業，並樹立良好學風起見」，業經訂定「師範學院學生學籍重行登記辦法」一種，並經呈奉省政府核准，即可實施，其要點包括：一、所有師院學生須一律重行登記，聽候甄審。二、自四月十六日起至二十五日止，在師院辦理申請登記手續，逾期不得申請補登。三、申請登記時，應繳登記表、保證書、戶口抄本、最近二寸半身相片三張。四、經該會甄審合格者，由師院換發學生證及證章，重行取得正式學籍。五、甄審合格的學生，憑新發之學生證重行註冊上課，上課日期由學院另定。六、本辦法自公布之日實行。㊺

顯然，整頓學風委員會是想通過學生重新登記、甄審的程序，進行學生之審查；並據此「合法」的去除「不法學生」。㊻

當天下午三點，師院新任院長劉真特在該院會議室舉行茶會，招待全校一百二十名教授，就「學風之整頓，經費之增加，設備之充實，員生之福利」等問題，「熱烈交換意見」。㊼

四月十六日，師院學生開始重行登記學籍。師院學風整頓委員會「為從速辦理登記，以期早日復課免誤學生學業起見」，除了「預發每人照相費一萬元，以示體恤」以外，並「在各報發布消息刊登廣告」，同時也「請（省）新聞處利用電台廣播全省」；該會「復恐僻遠鄉村不易周知」，又特地「個別函知學生家長，告以登記辦法及日期，請其督促子弟如期辦竣登記事宜」。經過這樣那樣的努力之後，據統計，當天一共有二百二十四名學生辦理登記。劉真並且規定，登記期間，所有辦理登記人員，星期日照常辦公。㊽

四月十八日，師院宿舍重新開放。然而，返宿的學生卻僅及原來人數的五分之一；而且，這些學生都有「不堪回首」的感慨。㊾朱商彝見證說，「儘管他們一直聲明，只要我們師院學生重新登記學籍，即可復學；可我知道我是不能去登記的啊！我要是去的話，一定會被抓走的。所以，我就和鄭鴻溪一起展開我們的逃亡生涯。」

四月十九日，師院學風整頓委員會公告，登記手續於二十五日一定可以辦理完竣，並定五月一日正式開課。㊿

㊸一九四九年四月十日台北《中央日報》。另據師大「訓導字第十一卷第十九號」檔案所載，該次會議於四月八日舉行；轉引《國立師範大學「四六事件」研究報告》。這裡根據《中央日報》的報導。
㊹一九四九年四月十二日台北《中央日報》。
㊺一九四九年四月十四日台北《中央日報》、《新生報》。
㊻前引《國立師範大學「四六事件」研究報告》，頁六。
㊼一九四九年四月十四日台北《新生報》。
㊽一九四九年四月十七日台北《新生報》。
㊾一九四九年四月十九日台北《中央日報》「學府風光」欄。
㊿一九四九年四月二十日台北《中央日報》。

四月二十日，師院學風整頓委員會負責人對外宣稱：學生登記已達五百餘人，但是，正式復課日期尚待開會決定。(51)

四月二十五日，師院學生重行登記學籍截止，師院學風整頓委員會辦事人員「日夜趕辦各項通知復課事宜」。(52)

四月二十六日，下午三時，師院學風整頓委員會在省府祕書長辦公室舉行第三次會議，出席者有劉真、蒲薛鳳、游彌堅、謝東閔、陳蔡煉昌。會中討論決議事項有三：一、甄審學生計有逾期不來登記學生周慎源等十四人，現在法院有案者朱乃長等十人，教育部令偽造證件法辦者趙制陽等四人，應個別通知不予合格外，經治安機關偵明屬重大罪者章志光等十二人，除阮庭瑜一名經陳蔡煉昌先生保證確係優良學生，暫予以留校察看外，餘十一名應予以不合格處分。二、決定四月二十九日正式復課。三、「學生及宿舍管理員，因四月六日學生與憲警衝突事件遺失衣物錢財，請求救濟」之事，決議：「不討論」。會議結束後，該會隨即以「整頓學風委員會」名義，將處理情形結果函致：「台灣警備總司令部、（保安處）林（秀欒）處長、警務處」及「台北市警察局」等警政機構：「查省立師範學院學生，經本會甄審不予合格者，計有朱乃長等二十五名（內趙制陽、程皓蘭、王立榮、徐俊等四人偽造證件，教育部曾令法辦在案），除由會分別通知即日遷離學院外，相應抄送名單一份函請備查。又學生周慎源等十一人因逾期未來會申請重新登記，亦經依照規定予以除名，併希查照為荷。」

總計，在「重新登記甄選」之後，師院學生共有三十六人被除名。(53)

四月二十七日起，該會按照預定計畫辦理註冊手續，秩序進行迅速，一日之間、註冊者即達六百二十人（全院八百餘人）。二十八日，註冊事宜辦理完畢。(54)

四月二十九日，師範學院正式復課。當天清晨五點左右，劉真院長就已經到達學校，並且親自前往各教室、宿舍等處巡視；到了七點半，就「領導全體學生在大操場舉行業已停頓半年的升旗典禮」，並「做極懇切扼要的講話，勗勉學生應提高學術研究興趣，養成優良生活習慣及發揮愛護國體之精神」。當天，「師生教學情形極為良好，學校秩序亦已恢復常態。」[55]

十月十五日，「整頓學風委員會」的整頓工作正式結束。經過「整頓」後的師院校園，事實上是處在情治機構的監視之下；台灣省警備總司令部從此可以直接行文學校按名指交「不法」學生，學校成為警總的下屬機關。[56]

這樣，創校以來一直扮演著台灣學運領頭羊角色的師院，從此以後就變成一頭長期沉默的羔羊了。

---

[51] 一九四九年四月二十一日台北《中央日報》。
[52] 一九四九年四月二十八日台北《中央日報》。
[53] 前引《國立師範大學「四六事件」研究報告》頁六—九。
[54] 一九四九年四月二十八日台北《中央日報》。
[55] 一九四九年四月三十日台北《中央日報》。
[56] 前引《國立師範大學「四六事件」研究報告》頁七、九。

尾聲
你流的血照亮著路

社評
抗議日警槍殺我臺胞
美軍暴行案
血ぬられた"美しい"フォルモサ
台灣新生報
劇運在臺灣
林曙光
公署專科以上學校公費生公告
中華民國三
處理違警事件起因
警員學生發生糾紛
臺大、師院學生一度列隊向
請願，已有結果。
警備總部
電令台大師院兩校
拘執不法學生十餘人
臺灣大學麥浪歌詠隊
出演
歌謠舞蹈會

安息罷，死難的同學
別再為祖國擔憂
你流的血照亮著路
我們會繼續向前走
你是民族的光榮
你為愛國而犧牲
冬天有淒涼的風
卻是春天的搖籃
安息罷，死難的同學
別再為祖國擔憂
現在是我們的責任
去爭取平等自由。

——〈追悼歌〉

總的來說，相較於國民黨政權歷來在大陸鎮壓學運的態度，一般認為，台北學生的「四六慘案」因為發生在國共和談期間，所以還算是比較溫和的對待。

四月二十五日，台灣當局先是在台北市舉行戶口假檢查；五月一日，接著又在全省實施戶口總檢查。在這樣惡劣的政治環境下，許多學生在營救工作告一段落後，被迫離開台灣；一小部分的人去了國外，一部分人回到或流亡大陸。

五月十日，師院方生社讀書會會長陳澤論和學生自治會祕書長鄧傳青離開台灣到了廈門，同時以「台灣全省大中學生聯合會」名義印發了一份〈為「四六事件」告全國同胞書〉：

全國父老兄弟姊妹們！

當人民解放軍就要徹底解放全國人民於苦難的今天，國民黨反動政府戰犯陳誠正在加緊進行剝削殘害我台灣人民，掠奪我台灣所有資源，企圖建立反動的最後堡壘，反抗全國人民到底。為了壓制我同學正義的呼聲，到處利用流氓特務的恐怖手段橫加迫害。「四六」血案發生以後，這批在人民審判下落魄逃亡的奴才，更瘋狂地大批逮捕虐殺我大中學生，接著整頓學風，師範學院橫遭解散，全省各地學生相繼失蹤，紛紛被迫離校逃亡。文化流氓傳斯年，靠豢養特務起家的陳雪屏、鄭通和以及陳誠的忠實走狗劉真之流，狼狽為奸，大加獻媚主子，想繼承法西斯匪徒的衣缽，對我台灣學生加緊壓迫奴化，甚至挑撥省內省外同學間感情，收買少數敗類，勾結美、日帝國主義，做著賣身投靠的無恥勾當。

同胞們！在日本帝國主義奴役我台灣人民五十一年中，血腥事實給我們的教訓是慘痛的。光復三年多來，在國民黨反動政府特務槍桿子的統治下，我們的回憶是更加沉痛啊！但是，歷年來全國波瀾壯闊的學生運動和一切解放運動，給了我們莫大的鼓舞和無比堅強的信念。為了國家民族的前途和拯救我台灣文化教育於淪亡，我們台灣十萬大中學生只有在學聯的組織下，團結一致，加緊學習，為台灣的徹底解放而奮鬥，為新民主主義新中國的建設而努力向前！

今天，從遼遠的海島上，在我們十萬大中學生的大團結下，我們含著滿眶興奮的眼淚，悲壯地發出了迎台解放的呼聲，我們正熱切地需要著全國同胞的鼓勵和援助！①

然而，光復以來的台灣學運卻被迫完全潛入地下了。

五月十九日，台灣省政府、台灣警備總司令部宣告：自二十日起，全省戒嚴，基隆、高雄兩港實施宵禁。緊接著，國家總動員法、懲治叛亂條例、動員戡亂時期匪諜檢肅條例、台灣地區戒嚴時期出版物管制辦法、非常時期人民團體法等等法條都通過了。

這樣，一個極其嚴密的控制體系逐漸完成了。

夏秋之交，情治單位通通一名台大商學院畢業生王明德的被捕而引發的「基隆中學事件」，展開了一場全面而徹底的大逮捕。

台灣的歷史全面進入五〇年代白色恐怖時期。一批又一批的青年學生陸續被捕入獄，並分別遭到監禁或刑死的慘酷對待。

經過這樣全面而徹底的肅清之後，光復初期（一九四五－一九四九）曾經在寶島台灣高唱過的一個世代的青春戰鬥曲，也隨著這些青年學生血染馬場町的青春肉體，一同被歷史的煙塵所埋葬，以致湮滅、喑啞了半個世紀以上……

白色恐怖時期（一九五〇—一九五九）學生身分槍決名單

槍決日期	案名	姓名	判決文號
一九五〇 十一・二十九	省工委學生工作委員會案	台灣大學：王超倫、鄭文峰 師範學院：陳全目、陳水木	〈39〉安潔字第二三〇二號
一九五〇 十二・十一	省工委桃園南崁支部案	台灣大學：簡文宣	〈39〉安澄字第三五〇〇號
一九五一 二・十五	省工委台南市工作委員會案	台南工學院：梅衡山、唐朝雲、軒轅國權、曾錦堂	〈40〉安潔字第一一八七號
一九五一 三・十	省工委台南市工作委員會案	台南工學院：邱焜棋	〈40〉安潔字第一一八七號
一九五一 六・二十九	中共中央社會部潛台間諜案	台灣大學：張慶	〈40〉則副字第〇五八九號

①前引《近代史資料》一九五四年第三期，〈台灣問題資料輯錄〉，頁九二—九三。

槍決日期	案名	姓名	判決文號
一九五一 七・九	省工委桃園學生支部案	泰北中學：林秋祥、黃鼎實 開南商工：施教爐	〈40〉安潔字第二九二二號
一九五一 八・八	省工委台南後堀基地案	師範學院：謝傳祖 高雄中學：陳登龍	〈40〉則副字第〇七五一號
一九五二 六・二十四	中共中央社會部潛台餘黨獄中叛亂案	台灣大學：蘇爾挺 國防醫學院：遲紹春	〈41〉安潔字第一〇七五號
一九五二 八・五	國防醫學院讀書會案	國防醫學院：霍振江	〈41〉安潔字第二七二五號
一九五二 十二・二	中共中央社會部潛台間諜案	台灣大學：于凱	〈40〉則副字第一一九〇號
一九五三 三・三	省工委台大支部案	台灣大學：吳東烈 師範學院：陳榮添	〈41〉安潔字第二〇五五號 〈41〉安潔字第三三六八號
一九五五 四・二十九	省工委台大法學院支部案	台灣大學：葉城松、張碧坤	〈44〉理崎字第一一六五號

槍決日期	案名	姓名	判決文號
一九五六一・十三	綠島新生訓導處在訓叛亂案	台南工學院：楊俊隆 台中商校：許學進 新竹女中：傅如芝	〈44〉審復字第二四號
一九五九三・二十五	潛匪叛亂案	台北工專：宋錫璋	〈44〉審特字第二五號

文學叢書 444

台灣學運報告 1945-1949

作　　者　藍博洲
總 編 輯　初安民
責任編輯　鄭嫦娥
美術編輯　陳淑美
校　　對　呂佳真 藍博洲 鄭嫦娥

發 行 人　張書銘
出　　版　INK印刻文學生活雜誌出版有限公司
　　　　　新北市中和區建一路249號8樓
　　　　　電話：02-22281626
　　　　　傳真：02-22281598
　　　　　e-mail：ink.book@msa.hinet.net
網　　址　舒讀網 http://www.sudu.cc

法律顧問　巨鼎博發法律事務所
　　　　　施竣中律師
總 代 理　成陽出版股份有限公司
　　　　　電話：03-3589000（代表線）
　　　　　傳真：03-3556521
郵政劃撥　19000691 成陽出版股份有限公司
印　　刷　海王印刷事業股份有限公司

港澳總經銷　泛華發行代理有限公司
地　　址　香港新界將軍澳工業邨駿昌街7號2樓
電　　話　852-2798-2220
傳　　真　852-2796-5471
網　　址　www.gccd.com.hk

出版日期　2015 年 5 月　初版
ISBN　978-986-387-040-1

定價　399元

國家圖書館出版品預行編目(CIP)資料

台灣學運報告.1945-1949／
藍博洲著, -- 初版. -- 新北市：
INK印刻文學, 2015.05
384 面；14.8×21公分. --（文學叢書；444）
ISBN 978-986-387-040-1（平裝）

1.學運　2.台灣

527.86　　104008005